城市·空间·行为·规划丛书｜柴彦威主编

国家自然科学基金面上项目（批准号：41571144）

西宁城市时空行为的社会分异

Social Differentiation of Space-Time Behavior in Xining City

谭一洺　著

南京·2023

内容提要

本书在笔者的北京大学优秀博士学位论文基础上整理与提升而成。全书从时空行为视角出发，在不同的地理背景和社会背景下，结合民族特征，对居民时空行为模式与民族差异进行分析，搭建城市社会空间分异及其民族差异的新的理论框架与方法。同时，以青海省西宁市为研究案例，基于居民生活空间问卷调查，利用活动日志数据与城市空间数据，对城市社会空间分异与民族差异进行实证研究，并揭示了城市建成环境与社会环境对居民时空行为的制约。

本书可以为城市地理学、城乡规划学、城市社会学以及交通行为研究领域的科研人员和政府决策人员提供参考。

图书在版编目(CIP)数据

西宁城市时空行为的社会分异/谭一洺著. —南京：东南大学出版社，2023.4

(城市・空间・行为・规划丛书/柴彦威主编)

ISBN 978-7-5641-9760-5

Ⅰ. ①西… Ⅱ. ①谭… Ⅲ. ①城市社会学-研究-西宁 Ⅳ. ①C912.81

中国版本图书馆 CIP 数据核字(2021)第 262657 号

责任编辑：孙惠玉　　责任校对：张万莹
封面设计：王　玥　　责任印制：周荣虎

西宁城市时空行为的社会分异

Xining Chengshi Shikong Xingwei De Shehui Fenyi

著　　者：谭一洺
出版发行：东南大学出版社
社　　址：南京市四牌楼 2 号　邮编：210096　电话：025-83793330
网　　址：http://www.seupress.com
经　　销：全国各地新华书店
排　　版：南京布克文化发展有限公司
印　　刷：南京艺中印务有限公司
开　　本：787mm×1092mm　1/16
印　　张：16.5
字　　数：365 千
版　　次：2023 年 4 月第 1 版
印　　次：2023 年 4 月第 1 次印刷
书　　号：ISBN 978-7-5641-9760-5
定　　价：69.00 元

本社图书若有印装质量问题，请直接与营销部调换。电话(传真)：025-83791830

总序

进入21世纪，地理流动性越来越成为塑造人—地关系的核心要素，物流、能量流、人流、资金流和信息流所形成的流动性网络正在改变着我们生活的世界。当信息化、全球化、机动化逐渐成为城镇化与城市发展的重要推力时，“变化的星球与变化的城市”就越来越成为科学界的共识与焦点。地理学长期关注不断变化的地球表层以及人类与环境之间的相互关系，因此，其日益成为当今科学和社会的核心内容，一个地理学家的时代正在到来。

经过20世纪的几个重要转向，人文化和社会化已然成为当今地理学科发展的重要特征之一，人文地理学的研究重点正在从人—地关系研究转向人—社会关系研究。解释人文地理现象的视角从自然因素、经济因素等转向社会因素、文化因素、个人因素等，研究的总趋势从宏观描述性研究走向微观解释性研究以及模拟与评估研究。与此同时，地理学研究的哲学基础从经验主义和实证主义转向行为主义、结构主义、人本主义及后现代主义等。可见，在以人为本和后现代思潮的大背景下，人与社会的实际问题越来越受到关注。

在学科发展整体转向的大背景下，城市空间研究也经历了深刻的转型。基于时空行为的个体研究正在成为理解城镇化与城市发展、城市空间社会现象的关键所在。分析与挖掘时空行为本身的规律与特点及其对城市环境和决策制定的影响，已成为当下城市空间研究的重要视角和热点问题。时空行为决策与时空资源配置、日常活动空间、城市移动性、生活方式与生活质量、环境暴露与健康、社会交往与社会网络、社会空间分异、移动信息行为等新的城市研究思路，正指向一个更加人本化、社会化、微观化以及时空整合的城市研究范式。可以说，基于个体时空行为的城市空间研究范式蔚然初现，并向地理信息科学、城市交通规划、城市社会学、健康与福利地理学、女性主义等领域跨界延伸，在交叉融合中不断拓展学科的研究边界与张力，在兼收并蓄中不断充实城市空间与规划研究的学科基础与理论建构。

以时间地理学和行为地理学等为核心的时空行为研究，注重现实物质性的本体论认识，突出对“区域与城市中的人”的理解，强调制约与决策的互动影响，通过时空框架下的人类空间行为研究，深化了“人、时间与空间”的认识，建构了以地理学为基础的城市研究与规划应用的时空哲学和方法论。随着时空行为数据采集、计算挖掘、三维可视化与时空模拟等理论与技术的不断革新，时空行为研究在研究数据与方法、理论与应用等多个方面展现出新的转向与可能性。

改革开放以来，中国城市经历了社会、经济、空间等的深刻变革。由于全球化和信息化的影响，中国城市空间正处在不断重构的过程中。城市空间的拓展与重组、郊区的形成与重构、社会空间的显现与极化、行为空间的扩展与隔离、信息空间的形成与异化等成为近几十年来中国城市空间研究的热点。单位制度解体与快速城镇化等促进了城市生活方式的多样化和个性化，移动性大大增强，并呈现多元化和复杂化的趋势，交通拥堵、长距离通勤、生活空间隔离、高碳排放、空气污染、公共设施分配不平衡等城市病已经成为政府部门和学界急需解决的重大问题，也成为影响城市居民生活质量的关键因素。因此，如何科学地把握居民各种空间行为的特征与趋势，引导居民进行合理、健康、可持续的日常行为，建立重视居民个人生活质量的现代城市生活方式，已经成为中国城市研究与规划实践的当务之急。

中国正在打造经济社会发展的升级版，转变社会经济发展方式、推动人的城镇化与城市社会的建设、加大公共服务和民生保障力度、遏制环境污染等已成为发展的重点所在。城市发展逐步从大尺度的宏观叙事转向小尺度的空间调整，从扩张性的增量规划转为政策性的存量规划，对城市规划的公共性、政策性与社会性提出了新的发展要求。面对转变城镇建设方式、促进社会和谐公正、提高居民生活质量和保护生态环境等目标，城市研究与规划工作者应在考虑土地利用、设施布局、交通规划等物质性要素的基础上，更加重视居民时空行为的数据采集与挖掘，探索城市居民时空行为规律与决策机制，提供实时性、定制化、个性化的信息服务与决策支持，加强城市规划方案与居民行为响应的模拟评估。通过基于人的、动态的、精细化的时间政策与空间政策的调整，减缓对居民时空行为的制约，提高时空可达性，促进社会公正。通过城市时空组织与规划、生活方式与生活质量规划、个人行为规划与家庭移动性规划等来重新建构城市的日常生活，从而回归以人为本的核心价值表述。

2005 年以来，以城市地理学、城市交通学、城市社会学等学科为主的学者组成了一个跨学科的“空间行为与规划”研究会，聚焦于人的行为的正面研究，企图建构基于人的行为的中国城市研究与规划范式。该研究会每年举行一次研讨会，聚集了一批同领域敢于创新的年轻学者，陆续发表了一些领先性的学术成果，成为行为论方法研讨的重要学术平台。

本丛书是时空行为研究及其城市规划与管理应用的又一重要支撑平台，力求反映国内外时空行为研究与规划应用的前沿成果，通过系列出版形成该领域的强有力支撑。在时空行为研究的新框架下，将城市、空间、行为与规划等完美衔接与统合，其中城市是研究领域，空间是核心视角，行为是分析方法，规划是应用出口。

本丛书将是中国城市时空行为研究与规划的集大成，由时空行为的理论与方法、城市行为空间研究和城市行为空间规划三大核心部分组成，集中体现中国城市时空研究与规划应用的最新进展和发展水平，为以人为本的城市规划与行为规划提供科学支撑。其理论目标在于创建中国城市研究的行为学派，其实践目标在于创立中国城市的行为规划。

柴彦威

序言

本书是谭一洺博士学位论文《基于时空间行为的城市社会空间分异及民族差异研究——以西宁市为例》的整理与提炼，该博士学位论文获得了2017年度北京大学优秀博士学位论文。本书面向中国城市内部空间，基于时空行为视角来识别与剖析城市中的社会分异现象，系统梳理了社会空间、行为空间与城市空间的关系，透视了城市社会时空行为分异与民族差异的影响机制。该著作对丰富中国城市社会地理学与社会空间研究具有重要的理论意义。

本书在案例地与研究对象选择上独具特色。谭一洺博士以中国西部城市西宁这一典型城市为案例地，关注城市中的不同民族居民群体，结合文化特色、生活习惯解读居民的时空行为特征与差异。这是国内第一次对不同地理背景与社会环境下的不同民族时空行为差异及其影响机制进行的研究，在一定程度上揭示了时空行为视角在解读中国城市社会空间分异与民族差异中的有效性，对社会空间研究的行为转向进行了中国城市案例的支撑，对于理解中国城市发展中的社会问题具有实践指导意义。

本书对西部城市空间和特殊居民群体的理解，是建立在谭一洺博士长期的观察与研究基础上的。她本科、硕士都在兰州大学资源环境学院就读，在杨永春教授的指导下调查研究了兰州市回族居民的居住地选择等，积累了一定的经验。她进入北京大学攻读博士学位时，我正好主持青海省教育厅“昆仑学者”项目（题目为“西宁市城市空间转型与生活空间重构”，合作方为青海师范大学），她作为项目秘书，参与了西宁市调查与研究的全过程，对西宁市有了全面和深刻的了解，这奠定了其博士学位论文研究的坚实基础。

谭一洺博士在北京大学攻读博士学位期间，得到了人文地理学的系统训练，参与了由我主持的国家社会科学基金重点项目“单位制度的演变及其空间与社会响应研究”（批准号：11AZD085）、“十二五”国家科技支撑计划项目之课题“城市居民时空行为分析关键技术与智慧出行服务应用示范”（批准号：2012BAJ05B04）、国家自然科学基金海外及港澳学者合作研究基金“城市居民时空间行为的中美比较研究”（批准号：41228001）等，参与组织了多个国内外学术会议，发表了多篇中英文学术论文，表现出扎实的专业功底、优秀的独立从事科研的能力以及协调组织能力等。

谭一洺博士现就职于中山大学地理科学与规划学院，继续开展时空行为视角下的居民社会分异研究，并于2018年获得了国家自然科学基金青年项目“中国世界城市中不同族裔外国居民的时空间行为与分异研究——以广州市为例”（批准号：41801157）。她作为中国城市时空行为研究网络的核心成员之一，关注社会公平与分异问题，立足全球化背景下广州这一世界城市的新现象新问题，开展与时空行为相关的城市地理与社会空间研究，对于拓展中国城市研究行为学派的研究主题具有重要意义。看着她逐步成长为一名独立科研的青年学者，我深感欣慰，也期待谭一洺博士在未来的研究中继续勤奋求实，成为行为视角下我国城市地理学研究的青年骨干。

柴彦威

2021年1月于北京大学

前言

中国快速城市化过程中的人口流动与城市空间重构，带来了中国城市社会群体的日趋异质化和生活方式的多样化，城市内部社会群体之间的空间分异与融合正成为城市社会转型发展中的科学问题。特别需要注意的是其中少数民族居民的情况。在城市研究移动性转向的背景下，西方城市社会空间分异研究正在突破传统的静态居住空间视角的局限，探索多角度的研究方法论。而这些理论与方法的探索，为理解中国城市社会空间分异、解读少数民族的日常生活与民族间互动提供了新的视角。

本书从时空行为理论出发，对城市社会空间研究的脉络和行为转向进行了归纳与总结，介绍了时空行为对社会空间分异的理论与方法论推进，梳理了行为视角下的最新研究进展，并基于民族视角下的城市社会空间分异评述进一步思考民族特征对行为的影响，构建了如何从时空行为视角理解和研究社会空间分异与民族差异的框架。在此基础上，本书以青海省西宁市这一典型的民族混居城市为例，基于居民日常活动问卷调查、活动日志城市空间数据等进行实证研究。在对西宁市居民日常时空行为特征总结的基础上，通过统计分析与时空可视化，对城市居民的时空行为与民族差异进行度量与表征；考虑不同地理背景，分析居民时空行为模式的影响因素并考察民族因素的效应；考虑不同社会背景，构建基于个体的社会背景暴露测度指标，并利用计量模型，分析居民社会背景暴露的影响因素。

本书是在我的博士学位论文基础上整理与提升而成的，在此特别感谢我的博士生导师柴彦威教授长期以来的指导，以柴彦威教授为核心的北京大学时空行为研究团队与青海师范大学共同完成了本书的数据采集。柴彦威教授深厚的学者气质，严谨的治学态度，对学科的热爱与情怀，都在不断地感染着我。感谢国家建设高水平大学公派研究生项目（批准号：201506010226）的支持，使我能够有幸受教于伊利诺伊大学厄巴纳—香槟分校（UIUC）合作导师关美宝（Mei - Po Kwan）教授，她的悉心指导与学术热情让我受益良多。感谢我的硕士生导师杨永春教授，是他带着我走上了学术的道路，让我决心一窥城市地理学领域的深奥。同时感谢为我授业解惑的北京大学城市与环境学院的各位老师，感谢青海师范大学的刘峰贵老师、王小梅老师、张海峰老师和陈琼老师，以及福州大学马妍老师在西宁居民生活空间研究中所给予的诸多帮助。

我毕业后就职于中山大学地理科学与规划学院，并在这里开始了书稿的整理与完善。特别感谢薛德升教授的指导与支持，他开阔的研究视野与深厚的学术底蕴给予了本书新的思考。感谢学院各位前辈与同仁对我科研工作的指导和帮助。本书得以成稿，也得到了中国时空行为研究网络众多前辈的关心与支持，在此感谢中山大学的周素红老师，北京联合大学的张景秋老师，中国科学院地理科学与资源研究所的高晓璐老师、张文忠老师，美国明尼苏达大学的曹新宇老师等提供的宝贵意见与建议。

本书在研究过程中得到了国家自然科学基金面上项目“以时间地理学为核心的空间—行为互动理论构建及中国城市验证研究”（批准号：41571144）以及青海省教育厅“昆仑学者”项目（合作方为青海师范大学）“西宁市城市空间转型与生活空间重构”的资助。

本书是在东南大学出版社徐步政老师、孙惠玉老师及其编辑团队的大力协助下得以付梓出版，在此特别感谢。

最后，感谢所有给予过我关心与帮助的同仁与朋友，对长期以来无私支持我的家人致以最诚挚的感谢。

谭一洺

2020 年 8 月于广州

目录

1　绪论

1.1　研究背景

改革开放后，中国城市进入了快速发展期。2011 年，中国城镇人口占总人口的比重首次超过 50%。2021 年，中国的城镇化率达到 64.72%，相较于 1980 年改革开放初期的 19.39%，提高了 45.33 个百分点。伴随着城市化进程的快速推进，中国城市面貌发生了很大变化，人民生活水平、市政设施、公用设施水平得到了很大提高。

在快速城镇化的同时，新的城市问题也随之涌现。一方面，城市中出现了与其他国家相似的问题，如社会群体间的空间分异与融合、职住分离、交通堵塞、环境污染、城市蔓延（吕斌等，2013）等；另一方面，也呈现出具有中国特色的城市问题，如城市化进程中的中西部区域差异、户籍制度约束下的大规模的流动人口（宁越敏，2012）、流动人口的集居地“城中村”与少数民族居民的聚居区等问题。针对这些问题的讨论，以往研究多基于城市经济功能并从居住地视角出发，而从行为的视角分析居民生活与城市空间的互动关系，解读城市社会空间问题的相关研究，可以给予基于个体生活的动态性的补充。

1.1.1　转型期西部城市问题与发展机遇

自 1999 年提出西部大开发战略以来，到现在已经过去了 23 年。“十二五”规划中同样对西部大开发提出了相应的要求，明确指出西部地区应该坚持对外开放，通过加强交通运输业的发展，打造一批内陆开放型经济省份（万华，2015）。在国家政策的支持下，虽然西部地区的经济增长速度高于全国平均水平（白永秀等，2014），西部地区的经济水平得到了有效的发展，但是与东部沿海省份相比仍有不足，特别是经济外向度长期处于较低水平，一直是中国经济发展的末端（刘慧等，2015）。

同时，在转型与发展过程中，西部不但受到东部城市若干相近问题的困扰，而且面临着发展基础相对较差、资源快速流失、人居环境相对恶化等问题。从人口构成来看，西部少数民族人口比例相对较高；在居民的社会分异问题上，除收入水平、受教育水平、年龄等带来的差异外，不同民族在城市空间中还面临生活习惯、宗教传统等带来的影响，产生了基于民族的社会分异与行为差异问题。但目前对于这一问题的关注，以宏观的居住格局等视角为主，这种基于地块的研究方式难以切实满足提升居民生活质量的城市社会转型发展需求。

自“十三五”规划以来，西部城市面临着新的发展机遇。一方面，“一带一路”作为新时期重要的国家倡议，为西部地区在发展中提供了借力的平台，从而带动西部地区外向型经济的发展，加快西部和边境地区的人口集聚，促进西部地区和边境地区的城镇化发展。除“一带一路”倡议引导下的地缘政治、能源战略、经济全球化、区域发展等直接研究外（刘卫东，2015），西部城市的空间与社会问题研究，同样为新政策下的西部城市发展提供了有力的支撑。特别是从居民生活视角进行的城市空间解读，有效地补充了以西部经济发展为核心政策的城市微观研究。另一方面，在对“以物为本”“见物不见人”的城市发展观得到全面反思，强调以人为核心的新型城市化（仇保兴，2012；胡鞍钢等，2010）建设的背景下，以往侧重于城市物质空的研究难以满足城市空间结构与个体行为动态调整的需求，而从西部居民时空行为实际出发，了解西部城市居民所面临的生活空间问题，从时空行为透视城市空间与社会空间的研究，对切实提高西部城市居民生活质量具有现实意义。

1.1.2 城市少数民族人口的社会融合与生活方式变化

在我国，不仅有自治区、自治州和自治县等民族人口集聚的地区，而且在其他城市或地区中也广泛分布着少数民族人口。根据全国人口普查统计，新中国成立初期我国少数民族居民在总人口中的占比为6.06%[①]，至1990年增加到8.01%[②]，在2010年第六次全国人口普查中，少数民族人口占全国人口的8.40%[③]。改革开放以来，特别是20世纪90年代以来，伴随着全国范围的人口流动，少数民族人口向城市流动的趋势显著，其在城市发展中的地位日益重要，在活跃了城市经济的同时，也促进了城市文明的多样性（许宪隆等，2013）。在人口的城市化过程中，有别于以经济中心为导向的人口迁移，少数民族人口的文化与宗教特征促使其更加关注社会文化环境，并向文化中心进行集聚。

少数民族居民在城市发展的同时，也受到城市化过程中城市空间重组与社会分层的影响，世居少数民族居民居住地在城市空间发展过程中不断变迁，同流入城市的外来少数民族居民一起，以或大或小的聚居区与汉族交错居住，形成了“大散居、小聚居、交错居住”的局面（林钧昌等，2014）。同时，随着城市化程度的加深，除居住方面的空间特征与差异外，受生活习惯、文化特征、宗教信仰等方面的影响，少数民族居民一方面与汉族居民一样，面临着行为模式、交往方式与人际关系的变化，另一方面在其生活或融入过程中，有研究表明城市少数民族居民的民族意识要强于民族地区少数民族居民，这种民族认同感的强化，使得少数民族居民在住区选择与日常生活中表现出有别于汉族居民的特征。

虽然城市化过程中少数民族居民的生活方式变化与日常生活的民族间互动已成为城市规划、管理及社会政策需要关注的议题，但是目前对少数民族居民的社会空间分异与行为差异的研究，要远低于对中国城市中其他社会群体的关注，如城市低收入群体（兰宗敏等，2010，2012；刘玉亭等，2005；张艳等，2011）和性别差异（许晓霞等，2011）等。而针对少数民族居民的城市社会空间分异的研究，大多数基于居住空间，采用统计年鉴、全国人口普查、居住调查等数据进行讨论，民族间时空行为差异的讨论目前有对购物、休闲行为等方面的描述性研究（郑凯等，2011），对行为模式差异与分异机制的研究有待进一步挖掘。

1.1.3 城市空间研究及规划的移动性转向

在地理学的人文化与社会化转向的大背景下，城市空间研究也经历了相同的转型过程，立足人类空间行为的视角正在成为理解城市空间、城市社会、城市发展的关键（Aitken，1991）。在经历了近半个世纪的发展后，行为学派不断壮大，逐渐形成了强调主观偏好与决策过程的行为主义地理学（Golledge et al.，1997）、强调客观制约与时空利用的时间地理学（Hägerstrand，1970；柴彦威，1999）、强调活动—移动系统与规划应用的活动分析法（Chapin，1974；柴彦威等，2013）等多视角的方法论。

近年来，西方城市研究者对行为研究的理论与方法论不断完善与融合，通过与结构化理论（Pred，1981；Hägerstrand，1984）、地理信息系统（GIS）技术（Jones et al.，1983；Miller，1991；Shaw，2006）、行为模拟技术（Golledge et al.，1994；Arentze et al.，2000；Goulias et al.，2011）、叙事分析技术（Kwan et al.，2008）结合，实现了与社会学、城乡规划学、交通规划等学科的交叉，在女性主义地理学、赛博地理学、健康地理学等学科中不断开拓出新的应用研究领域（Kwan，1999；Couclelis，2009；Richardson et al.，2013），在社会分异、环境暴露、地理背景、可达性等研究议题上推进了地理学研究的时空融合（Gulliver et al.，2005；Neutens et al.，2010b；Kwan，2012b；Ren et al.，2014；Wang et al.，2013），引领了地理学混合研究方法的创新（Kwan，2002）。

在时空行为研究理论与方法论被引入中国的近 20 年间，微观个体行为与城市空间的互动关系成为透视中国城市转型与发展的重要切入点。研究阶段业已从 20 世纪 80 年代的引入介绍阶段，经过中国学者的大量实证研究，发展到关注行为与空间相互作用、构建具有一定普适性的解释地理空间与人类行为互动关系的中国模式理论的需求阶段。然而从空间尺度上来看，目前已进行过居民时空行为研究的实证分布多集中于东部一线城市，如北京、广州等地，西部地区仅在兰州、乌鲁木齐等地进行了相关探索。其中，在西部城市研究中，学者们发现了一些西部城市与东部城市的时空行为特征差异，也开始对西部城市特色问题有所关注，如在对乌鲁木齐这一典型西部城市的研究中，有研究者发现，乌鲁木齐相比于东部大城市具有通勤距离短而通勤时间长的特征（石天戈等，2013；郑凯等，2009，2011）。但从总体上来看，目前西部城市的时空行为研究主题与内容与东部城市的研究区别度较低，方法论上多为国际与中国东部城市研究的沿用，对西部城市特色问题的关注尚显不足。

1.1.4 面向政策的时空行为规划引导

城市内部空间结构的优化调整，除了需要基于产权的制度设计外，还需要以个体日常生活对城市空间的需求为依据。城市空间发展应从生产空间导向转向生活空间导向，从强调土地功能与城市结构优化转向强调居民个体的生活质量提升。从将居民作为均质整体转向关注不同群体间的差异性，从忽视居民实际需求与主观决策转向从居民实际需求出发。在新型城镇化战略下，过去“以物为本”“见物不见人”的城市发展观应得到全面反思，应强调以人为核心，全面转向以人为本的城市发展观。

因此，城市规划应更多地考虑居民的时空行为及多样化需求，从物质空间优化和时间政策的角度进行精细化、智慧化、个性化的满足（柴彦威等，2014b）。与此同时，城市社会空间的问题也应当受到足够的重视，少数民族居民、低收入人群、女性、老年人等群体的移动性困境和边缘化趋势需要城市规划更加关注人的行为差异及其制约机制，并进行科学合理的调整（塔娜等，2010）。

时空行为的研究与应用，能够弥补传统城市规划对居民时空行为规律与决策机制考虑不足的弊端，促进传统的基于土地的、静态的、蓝图式的城市规划，转向基于人的、动态的、精细化的规划。在对城市居民时空行为模式分析的基础上找出城市问题突出的地段，从城市形态结构和功能布局的视角有针对性地做出解释，并对该城市的空间结构、土地利用、基础设施和公共服务设施布局等方面进行合理调整，运用城市规划手段对城市问题给出精细化和个性化的应答，通过空间引导建设不断生长而又保持规模与结构动态平衡的智慧城市（柴彦威等，2014b）。

1.2 研究目标与意义

1.2.1 研究目标

面向社会导向的城市研究，本书旨在从时空行为视角出发，解读城市空间分异与民族差异问题，理解城市居民时空行为的民族差异与少数民族居民的行为制约，结合地理背景不确定性问题，从不同地理背景、社会背景来剖析行为模式差异的影响因素与居民在社会背景中的暴露，透视城市社会空间分异问题。具体目标包括以下方面：

（1）完善基于时空行为的城市社会空间分异研究框架；

（2）理解西宁城市居民的时空行为模式及民族差异；

（3）基于地理背景不确定性问题解读城市居民时空行为模式及民族差异；

（4）从时空行为视角分析城市居民在不同社会背景中的暴露及民族差异。

1.2.2 研究意义

（1）理论意义

本书针对目前城市社会空间分异研究中强调居住空间而对日常生活及其群体差异关注不足的问题，立足微观行为研究，正面讨论地理背景不确定性问题与居民在社会背景下的暴露，构建从时空行为视角透视城市社会空间分异与行为差异的理论框架，以完善城市社会空间分异研究的理论与方法论。同时关注不同地理背景、社会背景下的城市居民时空行为的民族差异，透视不同民族居民行为模式与社会空间分异机制，形成理解城市社会空间分异及民族差异的研究体系，以丰富中国城市社会空间分异与少数民族居民行为研究。

（2）实践意义

本书选择西宁市作为研究案例地区。西宁市作为中国西部中心城市之一，其发展阶段与市场化程度仍落后于沿海城市，居民生活方式与沿海地区相比仍存在明显差异，同时少数民族居民特别是回族居民在此聚居，城市面临空间发展制约、民族融合、设施供给不平衡等诸多社会与空间问题，具有一定的典型性与代表性，值得进行理论与实践的探讨。基于西宁市城市空间对居民行为的影响机理、城市社会空间分异的研究，一方面对于理解西宁城市发展中的问题具有现实意义，另一方面对少数民族居民时空行为的挖掘与解读，为民族的空间分异与融合问题及其研究提供借鉴。

1.3 研究框架与章节结构

1.3.1 研究框架

社会空间的分异和融合的动态特征作为行为主体在生活活动中的汇总行为模式与表现，受到行为主体的特征、城市宏观社会结构与个体在城市空间中的微观时空背景的共同影响，同时这一城市社会空间分异或融合的状态又制约了行为，并与城市空间形成互动关系（图1-1）。具体来看，行为主体、城市空间、行为空间的内涵与逻辑关系如下：

在城市空间中的行为主体不仅单纯地指作为自然人的居民个体，而且包含由其构成的群体，以及这些群体影响时空行为的特征。而这些特征一方面来自个体的社会经济属性，另一方面源自个体从属家庭、群体的共同生活习惯、文化、宗教信仰等方面特征。在本书中，主要强调不同民族，特别是回族、汉族作为行为主体时的共同性特征。行为主体在城市空间中基于物质与社会地理背景进行活动移动时，会形成行为空间，其在城市空间中集聚或分散的表现即社会空间的分异与融合。

行为空间强调将行为主体的活动时间安排、活动空间与为完成活动时所进行的必要出行视为整体，进行系统性的考虑。其中活动时间安排对出行行为存在影响与反馈，而这种影响与反馈又共同左右行为主体在城市空间中的活动范围。行为空间在以城市空间为载体的同时，也会通过行为反馈来影响对城市空间的利用。从短期动态性来看，不同个体行为空间的交汇构成了社会空间；对于长期行为而言，这种反馈可以改变城市空间的物质环境。

行为主体在城市空间中同时受到物质环境与社会环境的影响，这种影响并不局限于其居住地周边，还包括以活动地作为地理背景范围时的城市环境。物质环境方面，居民在不同的地理背景范围内，所接触的建成环境设施密度存在高低差异，当设施受等级规模或活动同伴可达性、个人偏好等影响不能满足个体活动需求时，居民会通过出行前往其他城市空间进行活动。社会环境方面，居民在其居住地或活动移动过程中，所接触的社会群体、社会关系同样存在差异性。当针对不同民族的交互时，如果该民族居民存在很大可能接触到另一民族居民时，则为暴露程度相对较高；如果该民族居民更多地与本民族居民互动时，表现为所受到的社会环境暴露程度相对较低。这一在社会环境中的暴露状态与社会空间的融合分异表现互为因果。

通过从个体到行为主体，从时空行为到行为空间，关注不同地理背景与社会背景，分析个体环境暴露，讨论社会空间、物质空间的相互关系，本书构建了基于行为视角的城市社会空间分异与民族差异理论研究框架。以此为基础，通过对时空行为群体差异的描述及机制解释，透视中国城市空间社会分异问题。

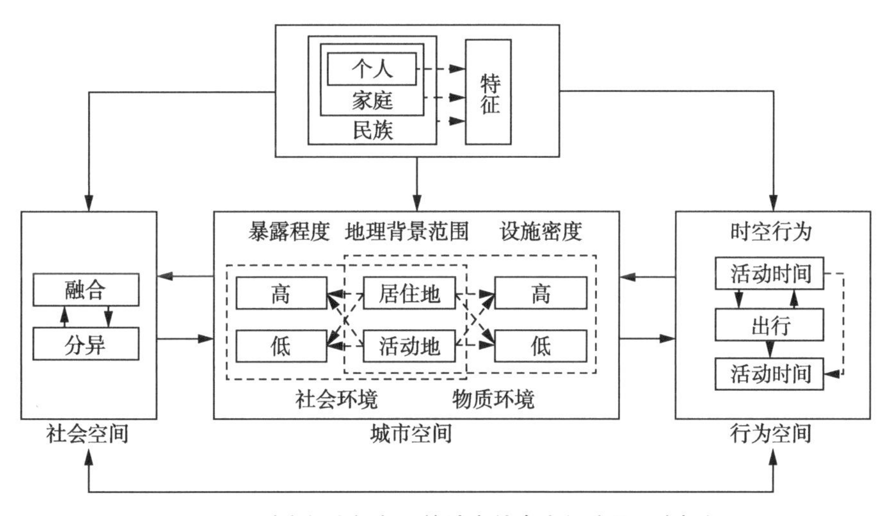

图 1-1　时空行为视角下的城市社会空间分异研究框架

1.3.2　章节结构

本书共包括 10 个章节（图 1-2）。

本章，即第 1 章，为绪论，从现实需求和研究转向背景出发，说明研究的必要性与可行性，并对研究目标与意义、研究框架与章节结构进行了介绍。

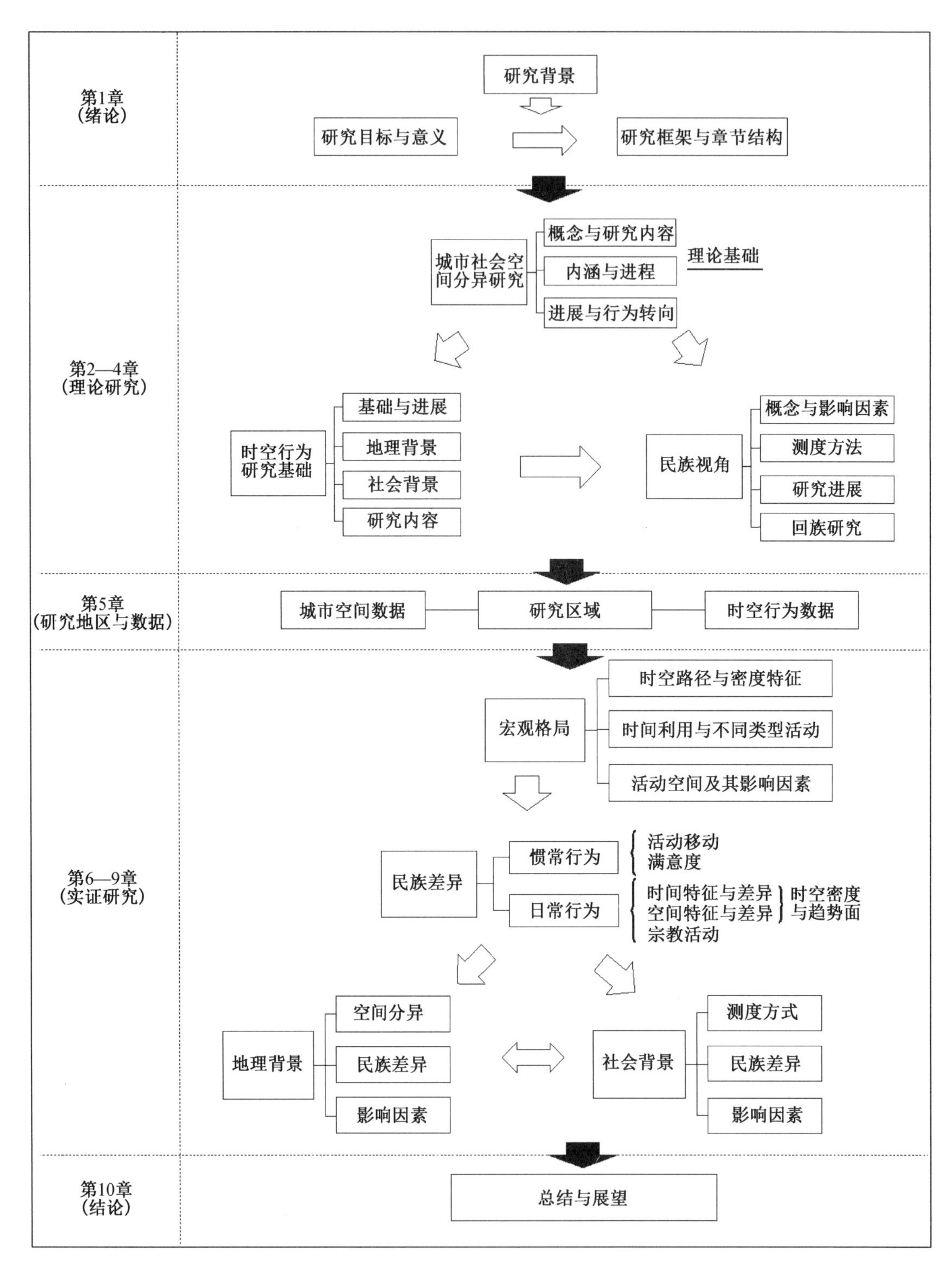

图 1-2　本书研究内容与结构

第 2 章至第 4 章为理论研究部分。第 2 章对社会空间概念进行了辨析，梳理了城市社会空间分异内涵与进程、研究进展，强调了社会科学的新移动性范式与城市社会空间分异研究的行为转向，并揭示了在此背景下的中国城市社会空间分异研究同样在发生着行为转向。第 3 章对时空行为研究的理论与方法基础、研究进展进行了梳理和评述，介绍了地理背景不确定性下的时空行为研究和社会背景下的居民时空行为研究，进而关注从行为的视角剖析城市社会空间分异的研究，为本书对城市社会空间分异与行为差异的特征阐述、测度指标与影响因素的选择与分析提供了理论和方法论基础。第 4 章关注民族视角下的城市社会空间分异概念与影响因素，阐述了分异指标的测度方法，介绍了我国民族视角下的社会空间分异及研究进展，并对回族居民的城市社会空间分异研究进行了强调，为本书的民族差异讨论提供了参考。

第 5 章为研究地区与数据介绍部分，说明了案例地区西宁市的城市空间发展与回族居民特征及空间分布，介绍了本书中的数据采集与获取方式，以及样本的选取与特征。

第 6 章至第 9 章为实证研究部分。第 6 章首先从西宁城市居民日常的时空路径、时空密度特征、时间利用与不同类型活动的时空分布等多方面阐述了时空行为的特征，并对其活动空间进行刻画并分析其主要影响因素。第 7 章进一步分析了回族居民所面临的时空行为制约，与受时空行为制约影响下其惯常行为、日常行为特征与汉族居民所表现出的差异性。第 8 章、第 9 章分别从不同地理背景和不同社会背景入手，在说明从动态地理与社会背景视角理解时空行为分异的必要性后，一方面分析了地理背景不确定性问题影响下的时空行为及其民族差异的解读，另一方面强调了汉族、回族居民在城市空间中所面临的社会背景中暴露差异性与影响因素，以理解城市时空行为的民族差异，透视城市物质空间、居民行为空间与社会空间分异的互动关系。

第 10 章综合全书，总结西宁城市时空行为的社会分异现象与机制，并对城市时空行为的社会空间分异研究进行展望。

注释

① 参见国家统计局：《关于全国人口调查登记结果的公报》，1954 年 11 月。

② 参见国家统计局：《第四次全国人口普查公报（第 1 号）》，1990 年 10 月。

③ 参见国家统计局：《2010 年第六次全国人口普查主要数据公报》，2011 年 4 月。

2 城市社会空间分异的研究进展与转向

2.1 社会空间概念与研究内容

2.1.1 社会空间概念解析

社会空间（Social Space）一词的内涵在不同的学科背景下被给予了不同的界定。

（1）社会学哲学视角下的社会空间概念

在社会学的早期研究中，马克思、恩格斯等人虽然没有提出某种系统的空间理论，但已开始关注一些空间与社会的内在联系，如恩格斯（1951）在《论住宅问题》中研究了19世纪曼彻斯特的社会居住空间模式，并在阶层划分的基础上将其投影到城市空间以揭示城市内在的社会分异现象。齐美尔在《社会学：关于社会化形式的研究》的章节“社会的空间和空间的秩序”中讨论了社会中的空间问题，说明了社会行动与空间特质之间的交织（高峰，2007）。

埃米尔·涂尔干（2000）将社会空间解释为社会群体居住的地理区域。索尔于20世纪50年代扩展了涂尔干的界定，认为社会空间是个人对空间的主观感受或在空间中的社会关系。社会学者布尔迪厄（Bourdieu）等人，从个人位置角度定义社会空间，认为社会空间是，在个人集合构成的社会中，因为每个人处于不同的位置和地位，从而构成不同的场所，这些场所被称为社会空间（李永文，1996）。此外，以列斐伏尔为代表的学者认为“（社会）的空间是社会的产物”，社会空间是由人类的劳动实践活动生成的生存区域，即人类实践活动生成的生存区域。在《空间的生产》一书中，尚存在着真实空间与精神空间的二元割裂，而社会空间的实践性恰恰能够弥补物质与精神之间的鸿沟（Lefebvre，1991）。

（2）地理学视角下的社会空间概念

对于地理学视角下的社会空间概念而言，其最大区别是广义与狭义之分，广义的社会空间概念，通常被认为是由社会的生产、构筑、组织而成的具体可视的地理空间，这些社会物质、关系和存在空间的总体构成社会空间。狭义的社会空间，是指特定社会集团生活场所占去的地理空间，即特指的社会空间。其中前者所具有的意义形成了渗透今日社会地理学的基本精神（李永文，1996）。地理学视角的定义者是默迪（Murdie），他在 1971 年提出城市社会空间模型，实质是在城市物质实体空间之上叠加三种社会类型的空间——经济、家庭与民族状况（姚华松等，2007）。

值得一提的是，美国学者马克·戈特迪纳、雷·哈奇森（Gottdiener et al.，2006）在《新城市社会学》一书中，首次提出了城市研究的“社会空间视角”（Social Spatial Perspective）这一新概念。在 2000 年该书的第二版中，作者更加强调空间的社会意义，并对社会空间视角的应用做了更为详细的讨论。在他们看来，社会空间概念强调的是空间的社会意义，而“社会空间视角”则可以具体表述为：①空间与社会因素（这里指阶级、教育、权力、性别、种族等）的关系。②空间与行为因素的关系，强调空间与行为的互动。③空间与文化、心理因素的关系。特定的社会文化是空间意义的基础与渊源所在（Gottdiener et al.，2006；马克·戈特迪纳等，2011）。“社会空间视角”的提出引起了地理学、社会学学者对社会空间研究的关注和讨论，为城市研究提供了新的思维与新的视角。

城市社会空间研究为我们建构了一个松散的等级系统，来理解以城市为载体的空间与社会关系。底层单元是“邻里”，是一个在人口统计、经济和社会等特征上具有广泛相似性的群体居住地域；第二层次是“社区”，作为一些生活方式的集合，社区内部人们的习惯、兴趣、思维和说话方式具有一定的均质性；第三层次以集体性为代表，是一种意识层面上的社区，在一定程度上具有明显的社区精神，不一定非要建立在地域一致的基础上，也称“社会区”。基于非汇总的城市社会空间研究有时将个人或家庭作为底层单元，认为邻里的统计单元并非具有完全一致的相似性，在一定程度上抹杀了城市社会空间异质性的特征（柴彦威，2009）。

2.1.2 社会—空间互动关系

对社会与空间关系的讨论由来已久。最初对于社会的理解，是脱离于空间的，即社会、空间的二元论关系。但是伴随着城市化进程中城市空间的变化与重构，空间与社会的关系不断被提及。

20 世纪 70 年代，马克思主义地理学开始将空间性拉回社会与经济研究中，以列斐伏尔（Lefebvre，1991）为代表的社会学家通过对社会与空间关系的审视，认为空间是社会关系的产物，是社会关系重组与社会秩序构建的动态、矛盾的异质性实践过程，并对社会—空间的辩证关系进行了系统阐述，强调了物质的空间实践、空间的表象化和再现性空间三个维度（包亚明，2003）。而以福柯、哈维、苏贾等为代表的后现代理论家运用地理学思想去认识不断复杂化、分异化的社会空间，并重构空间性与历史、社会的相互关系，为空间结构与社会的互动关系提供了研究基础（黄继刚，2009）。值得一提的是，爱德华·W. 苏贾（2004，2005）基于人类活动的历史性、社会性和空间性提出了“三元辩证法”，该理论包括两个方面内容：一方面强调了社会与空间的辩证关系，即空间的社会性与社会的空间性；另一方面强调了空间与时间的相互作用，即空间性与历史性，说明社会既是空间的存在也是时间的存在，这一理论在对洛杉矶的研究中得到了实践应用。

在苏贾（Soja，1989，2009）的人类生活的历史性、社会性和空间性的三元辩证法讨论基础上，新城市社会学结合对空间的生产、城市的权利、集体消费、都市社会运动的关注及由此产生的“社会—空间互动观点”（Gottdiener et al.，2006），为空间—行为互动理论的探索提供了认识论基础。社会—空间互动观点批判了以往忽略空间，仅将空间作为社会活动的容器的倾向，提出将空间维度重新拉回社会科学研究中，赋予空间定义行为的意义（Lefebvre，1991）。在理论阐释中，社会—空间互动观点将人和空间的二元关系作为个体行为基础的社会因素联系起来，强调社会与空间的相互作用（Gottdiener et al.，2006）：一方面，人根据诸如性别、阶级、人种、年龄和社会地位等社会因素对空间做出反应；另一方面，社会关系中的事件通过空间而形成、制约和调解，即社会建构空间，也通过空间形成社会关系的相互作用关系。

社会—空间互动观点的深入剖析了人与空间的二元关系，借用了社会学理论、结构主义、行为主义、人本主义研究方法，其对于社会空间与城市空间互动关系的论述，为从时空行为视角解读城市社会空间分异、理解社会排斥提供了理论基础（柴彦威等，2017b）。但其对行动者及其行为的强调不足，在透视社会与空间互动及其产生的分异结果的微观机制时，有必要在此基础上，进一步讨论社会空间与行为空间以及城市实体空间的关系。

2.1.3 地理学视角下的社会空间研究

自恩格斯通过居住模式解释群体间社会空间隔离后，学者进行了大量的调查研究。西方国家城市社会区分析表明，影响社会空间的因素主要有三个：社会经济状况，涉及居民的职业、收入水平、受教育水平、居住条件等；家庭状况，涉及家庭人口规模、婚姻状况、性别构成和年龄构成；种族状况，不同少数民族的家庭在居住区位选择上有同族相聚和异族排斥的行为倾向（许学强等，1997）。最近30年在结构主义、新马克思主义等影响下，种族隔离、城市贫困、社会极化等成为社会空间研究的关键词，相对于此前基于城市社会要素分异的描述和一般性解释而言，当代社会空间研究更加注重背后的社会与文化机制阐释，社会空间形成背后的社会结构、体制、权力等的解析，研究主题包括社会空间结构研究、城市社会空间分异研究、感知与行为空间研究、社会问题研究等内容。

（1）社会空间结构研究

城市形态和物质环境的空间差异，在城市社会空间统一体内集中体现于城市居民居住空间结构。城市社会空间结构研究以因子生态分析为主要技术手段，最初源于芝加哥学派，历经20世纪60年代的“计量革命”逐渐发展成熟，成为西方城市地理学研究的重要范式之一，至今仍发挥着重要的作用（徐昀等，2009）。城市社会空间结构研究于20世纪50年代首次引入“社会区”的概念（Shevky et al.，1949），此后研究者们将时间、空间两个要素相结合，探讨城市社会空间结构演化的过程。城市社会空间结构研究进入多元化发展阶段后（Wyly，1999；Baum et al.，2006），因子生态分析及其衍生出来的多元回归分析等定量手段一般仅作为研究的背景或空间分异的原因加以探讨。城市社会空间结构定量研究手段的广泛应用，同时与定性研究相辅相成，是目前西方城市社会空间结构研究的主要趋势。

（2）城市社会空间分异研究

分异强调个体由于不断增长的社会经济属性和差异产生了社会距离，从而从原本群体中不断分开或异化的过程（杨上广等，2006）。社会的分层与极化促使社会空间的分异，甚至是社会空间的隔离，社会空间分异是城市社会阶层结构及社会流动性的物化过程（庞瑞秋，2009）。彼得·罗伯等（Peter Lobo et al.，2002）分析1970年、1990年两个时间截面的纽约城市少数族群的空间分布特征，并用城市生态学派的“侵入演替”理论加以解释。哈德威克等（Hardwick et al.，2005）以波特兰城市统计区为研究区，考察种族多样性对美国中部城市发展的影响。近年来，研究者从行为视角入手，通过分析时空行为特征与模式差异，解读种族与族群的城市社会空间分异问题（Kwan，2013），并加入了休闲等非工作活动的研究（Goodin et al.，2005；Silm et al.，2014a，2014b），从时间、空间两个维度分析城市社会空间分异问题。

（3）感知与行为空间研究

生活在具体地理空间中的人对周围环境有一个感应、观察与认知的过程，研究这种认识过程、形成机制是城市社会空间研究的重要任务（姚华松等，2007）。此领域的开创性人物是林奇（Lynch），通过对波士顿（Boston）、新泽西州（New Jersey）和洛杉矶（Los Angeles）的调查，探讨了城市结构对居民意象的影响。早期研究大多集中于街道、标志性建筑物等物质层面（凯文·林奇，2001），后来过渡到市民互动等情感与精神层面（Cosgrove，1982）。此外，在西方多数城市完成工业化进程步入后工业时代背景下，对生活质量的关注成为必然诉求，居民日常行为空间和生活质量研究成为热潮，结合城市不同群体的日常行为地理是社会空间研究的新动向（Pacione，2003）。随着自下而上和人本主义理念的兴起，对城市内部特殊群体微观层面的日常行为空间考察成为城市社会空间研究的主要方向。

（4）社会问题研究

社会空间视角对研究城市中的社会问题具有先天优势，目前已开展针对城市中的犯罪地理学、疾病与健康、弱势群体等多类研究主题。

犯罪地理学早期研究集中于犯罪模式、犯罪类型、犯罪者和受害者等的空间分布，之后转向对犯罪结构性机理及各类犯罪文化内涵的探讨（Harries，2006；Mcllwaine，1999）。

疾病与健康研究。随着人本主义理念的不断深入，疾病与健康问题成为重要关注点，研究涉及全球、国家、区域和地方等层面，探讨疾病治疗的有效供给程度、医疗护理可利用性等。

弱势群体研究。弱势群体集中在外来移民、老人、儿童、残疾人等。帕克等（Park et al.，1998）对弱势群体地理研究进行了归纳，认为此前的研究主要关注弱势群体的生理等物质性层面，而忽略心智等精神方面，提倡这类研究要与话语权、种族等相结合。对女性、种族、肥胖患者等相关弱势群体的研究（Goodchild et al.，1984；Kwan et al.，2008；Palmer et al.，2013；Silm et al.，2014a，2014b）构成了社会空间视角研究的新命题。

2.2 城市社会空间分异内涵与进程

2.2.1 城市社会空间分异概念与内涵

城市社会空间分异指的是城市中不同的人口组别彼此在居住地（或其他空间）上的相对的分隔（Musterd，2013），强调不同人群在社会空间的分离性与非均匀性（石恩名等，2015）。它表现为各社会群体在城市空间中布局的不均衡程度，即当某特定的人口组别在城市的某些区域中占比较高而在另一些区域中占比较低，即可认为城市中存在一定程度的社会空间分异现象（Kährik，2006）。可以认为，社会空间分异是城市社会经济分化及文化隔离的一种间接指标（Lloyd et al.，2015）。

城市社会空间分异的根源是住房市场中的社会群体在一系列社会制约与机会，以及个体选择的作用下所形成的不均衡分布（Peach，1998；van Kempen et al.，1998）。一般认为，导致城市社会空间分异的结构化因素包括：城市社会中既有的社会经济分化、住房存量的空间分异（特别是某类住房的短缺及引发的竞争）以及政府对住房市场的干预（Smith，1994；Musterd et al.，1999）。另外，社区服务供给以及环境质量的差异性，也在一定程度上导致特定住房子市场的高度竞争，从而加剧了城市社会空间分异（Smith，1994）。

具体来说，城市社会空间分异与城市的社会经济分化高度相关，特别是收入水平的贫富差异。在市场经济国家，由于城市的历史发展及主要的住房政策，不同质量的住房及所有权类型通常在城市中不均衡分布，形成不同类型的住房市场。在此背景下，不同住房市场的空间可达性以及家庭对不同类型与区位的住房的偏好，造成了不同收入阶层的居民在城市不同区域的集中分布（Smith，1994）。而收入不平等的加剧直接造成住房市场类型的分化，并因此导致城市社会空间分异现象的形成（Castells，1978；Musterd，2013）。与此同时，政府及社会福利系统的干预也对城市社会空间分异格局起到了再分配的作用（van Weesep et al.，1992），表现为住房政策与社会政策增加了低收入阶层的住房获取的可能性，对社会空间分异起到了一定的调节作用；但这种调节机制可能会缓和社会空间分异，也可能会加剧城市社会空间分异，例如分散建设的保障性住房项目有利于缓和社会空间分异，而集中在特定区域（特别是本身地租与房价水平较低的区域）的保障性住房项目则有可能在长期尺度上加剧社会空间分异（Houston，2009）。

城市社会空间分异产生的空间结果是具备一定社会经济属性或社会层级特征的群体聚居区，例如种族文化意义上的“民族聚居区”，经济收入意义上的“贫民窟”“剥夺社区”抑或“门禁社区”“绅士化地区”等。已有大量研究表明，不同的社区类型影响居民的生活机会及社会总体的融合程度（Atkinson，2000，2004）。例如，贫困社区的居民有较大可能面临社会及物质空间意义上的排斥，进一步影响其与其他阶层社会成员之间的社会关系及其劳动力市场参与（Wilson，1984；Morrison，2003），最终导致当地的高失业率甚至高犯罪率等社会问题

(Bolt et al.，1998)。在美国，大规模的郊区化导致服务业劳动力需求从黑人聚居的城市中心区向郊区转移，但城市中心区住房和房贷市场的种族歧视，限制了黑人向这些低技术的就业岗位集中区发生居住迁移的能力，从而造成了黑人聚居区失业率的上升（Kain，1968；Ihlanfeldt et al.，1998)。在英国，由于公共住房项目主要分布在内城地区，而公共住房分配机制限制跨区域的居住迁移，因此居住在公共住房中的低收入群体由于住房机会的制约被困在内城中而面临高失业率的困境(Houston，2009)。

2.2.2 西方城市社会空间分异

(1) 以种族文化隔离为主的城市社会空间分异

北美的美国、加拿大等国家的城市，由于经历大量、连续的种族移民潮，社会突出表现为种族、文化的隔离与分层（黄怡，2006)。1920年美国主要大城市中有一半以上为外来移民及其后代的不同种族和民族人口，这些人在美国城市自愿形成隔离区，以保持其语言、文化、生活习惯和宗教信仰（Ward，2010)。在美国城市发展中，虽然种族隔离地区也处于郊区化进程中，但整体上仍以种族隔离为主要社会分异形式。加拿大主要为少数移民居住隔离，黑人社区占比并不太高。

以美国城市为例，参考汪天德（2013）与金洛奇（Kinloch，1988）相关研究中对美国发展阶段与社会问题的解读，美国的城市发展历程如下所述：

20世纪20年代以前，美国社会经历了快速工业化与城市化，人口大量流动，城市快速扩张，在20年代后期美国收入不平等问题达到顶峰（Reardon et al.，2011)，城市内部矛盾主要集中在社会阶层冲突，同时移民的状况也是关注重点，但是此阶段相关研究尚处于起步阶段。20世纪20年代，美国社会繁荣发展，社会相对稳定。20世纪30年代，美国经历经济大萧条，社会矛盾加剧，主要包括种族问题与阶层冲突。20世纪40年代，美国经历第二次世界大战，阶级差异与少数族裔等问题受到关注。20世纪50年代，美国经济快速发展，主要关注家庭与社会变化问题。20世纪60年代，伴随着经济和社会的高速发展，贫富差距加大，种族矛盾加剧，同时性别平等开始进入研究者的视线。20世纪70年代，社会不平等与特殊群体成为关注热点。20世纪80年代后，美国社会工农业持续衰退，城市空间中的种族、收入水平、性别等问题持续作为关注重点。

1970年后，结合艾斯兰德（Iceland）和温伯格（Weinberg）的

1970—2000 年美国收入水平与种族隔离情况报告，以及费希尔（Fischer，2003）对收入水平和种族的相对重要性的研究（表 2-1）可以看到，尽管隔离的状况有所缓解，但对于不同群体而言缓解的程度不尽相同，种族差异仍是城市社会空间分异的主要原因，同时黑人和贫困群体与其他群体相比，隔离的程度更高。

表 2-1　1970—2000 年种族与收入熵值

类别	种族/族裔				收入水平				总体情况			
	1970 年	1980 年	1990 年	2000 年	1970 年	1980 年	1990 年	2000 年	1970 年	1980 年	1990 年	2000 年
60 个标准化大都市统计区平均值												
全部地区	0.490	0.457	0.331	0.233	0.077	0.088	0.097	0.077	0.180	0.202	0.175	0.136
区域平均值												
东北部	0.499	0.461	0.374	0.271	0.062	0.079	0.085	0.067	0.154	0.182	0.179	0.140
中西部	0.624	0.637	0.489	0.361	0.073	0.093	0.105	0.079	0.209	0.248	0.221	0.178
南部	0.542	0.491	0.325	0.222	0.093	0.097	0.102	0.080	0.226	0.225	0.180	0.137
西部	0.318	0.278	0.190	0.120	0.069	0.008	0.091	0.075	0.149	0.152	0.133	0.099
主要城市												
伯明翰	0.471	0.642	0.515	0.451	0.092	0.092	0.108	0.102	0.200	0.261	0.231	0.224
水牛城	0.639	0.603	0.547	0.465	0.054	0.075	0.101	0.095	0.160	0.198	0.218	0.205
芝加哥	0.696	0.625	0.518	0.406	0.088	0.106	0.131	0.113	0.283	0.303	0.292	0.246
底特律	0.669	0.683	0.619	0.522	0.077	0.099	0.199	0.106	0.242	0.28	0.277	0.266
休斯敦	0.496	0.434	0.278	0.250	0.108	0.104	0.122	0.119	0.243	0.236	0.191	0.176
洛杉矶	0.488	0.400	0.278	0.238	0.090	0.110	0.115	0.111	0.249	0.239	0.189	0.169
迈阿密	0.534	0.411	0.315	0.286	0.088	0.093	0.090	0.090	0.266	0.231	0.194	0.181
纽约	0.317	0.281	0.247	0.221	0.053	0.078	0.088	0.078	0.153	0.163	0.164	0.150
费城	0.598	0.600	0.505	0.410	0.075	0.100	0.118	0.121	0.214	0.252	0.252	0.231
圣安东尼奥	0.552	0.391	0.225	0.187	0.124	0.109	0.114	0.106	0.288	0.217	0.157	0.146

这种以种族文化隔离为主的地区，城市社会空间分异研究以种族间的居住隔离为主导，经典的芝加哥学派的人类生态学研究就是起源于帕克关于于城市社区内安排人口和社会机构的各种力量的解释，并通过修改植物和动物生态学的框架去分析人类社区，代表了社会学中的一个新的领域（柴彦威等，2012a）。20 世纪后期，美国社会分异研究的重点仍是种族隔离视角下的分异与融合问题，同时加入了新的主题，如种族倾向引起的犯罪问题等（Umemoto et al.，2012）。2000 年以来，伴随着

行为学派的发展、技术手段的提升与数据来源的多元化，时空行为研究对种族视角下的社会分异问题的讨论优势日益显现（Krivo et al.，2013；Kwan，2013；Wong et al.，2011）。行为视角的研究，也补充了传统居住隔离外的其他时间尺度、空间地域的城市社会空间分异研究。

（2）福利制度影响下的城市社会空间分异

以英国、荷兰、瑞典为代表的一些拥有相对稳定的社会福利体制的欧洲国家，社会分异情况不同于以种族文化隔离为主的美国地区。这些国家一般表现为社会阶层、收入水平以及部分文化种族差异所带来的空间隔离现象。整体上，欧洲国家虽然高度分散且多元化，但城市的隔离水平较美国城市低（Musterd，2005），结合斯米丁等（Smeeding et al.，2000）研究中计算的欧洲与美国基尼系数高低（图 2-1）可以看到，美国收入差距高于欧洲主要国家，而且在欧洲国家中瑞典受其完善的福利体制影响，收入差异最小。以瑞典地区为例，在一套完善的福利和补贴制度影响下，其社会空间分异问题主要表现为贫困群个体以及边缘化个体的社会空间排斥问题（Bevelander，2004）。

图 2-1　基尼系数与收入水平不平等

（3）发展中国家的城市社会空间分异

发展中国家整体的经济社会发展水平相对落后，城市社会空间分异部分相近，主要表现为收入水平与阶层差异所带来的空间隔离，同时伴随种族与民族分异现象。但国家间的政治、福利制度差异较大，此处以巴西和南非为例进行简要说明。巴西的现代化发展起源于 20 世纪 30 年代，80 年代进入军政府统治时期，社会问题开始突显，大量农村人口涌入城市边缘地区，形成贫民窟（王云飞等，2015），带来典型的城市社会空间分异现象，同时由于巴西民族主要由最初的印第安人、葡萄牙人和非洲人混血组成，种族问题同样在巴西造成社会分层（Telles，1992）。南非在 1991 年取消种族隔离法后，种族隔离有所下降，但种族隔离遗留与城市乡村发展差距的快速拉大，使得城市边缘区的贫困问题加剧，城市中社会空间分异表现为低收入群体的聚居，以及通过住房质量、价格标准带来的富人相对集中，同时种族隔离仍然是南非主要讨论的城市社会空间分异形式。另外，在发展中国家，基于性别的空间分异现象同样受到研究者的关注（Chang，2004）。

2.2.3 中国城市社会空间分异

(1) 新中国成立前至改革开放前

新中国成立前，我国社会阶层按生产资料所有情况划分为阶级，社会分层以社会经济地位为主要影响因素。新中国成立后至改革开放前，我国以计划经济为主导，在公有制下单位不同地位等级由上级单位主管部门机关决定，而居民的住房、工资、福利按单位的行政级别安排（景跃军等，1999）。其中福利项目包括配建的医疗服务、食堂、幼儿园等设施，这些内容均由单位的地位等级决定。由此可见，在计划经济体制下，单位地位是居民在城市中社会分层与空间分异的重要标准。

此时，居民的社会分层以政治分层为主，具体可以划分为两个时期：①1949 年到 1956 年底的国民经济恢复时期和"三大改造"时期，这一时期中国的社会分层主要建立在阶级分层基础之上。②1957 年到改革开放初期，中国社会分层以身份分层为主，为第二个历史时期。从 1957 年到 20 世纪 80 年代初期，一方面城乡间的制度壁垒阻断了居民的城乡流动，另一方面城市内部的不同身份（干部、工人）形成了社会分层（吴鹏森，2002）。受单位主导居民生活的制度与社会分层所带来的社会不平等的影响，在计划经济时期，居民工作和生活活动围绕单位进行，此时城市社会空间分异来源相对简单，城市空间被分隔为以单位为核心的社会区，城市社会空间固化，区域间流动较少。

(2) 改革开放后

改革开放后，我国的政治、经济和其他各方面的政策有了重大调整，从单纯的公有制经济转变为多种所有制形式，从单一的计划经济转变为增加市场调节的成分，并逐步形成了新型的社会主义市场经济体制。20 世纪 90 年代，随着国有企业的改革、单位制的改革，城市出现了住房、医疗、养老、就业四大体制的变革。所有这些都在不同程度上导致了我国社会群体本身和各个社会群体之间的关系发生了重大变化，社会分层结构和城市社会空间分异情况也发生了重大变化（李强，2008）。

在此背景下，中国社会贫富差距增大，社会阶层内部发生分化，职业和经济收入的差距在社会分层中的地位越来越突出，中国从以政治分层为主体的社会转变为以经济分层为主体。特别是单位制改革、住房私有化后，单位福利分房制度逐渐退出历史舞台，居民拥有住房选择权，城市内部空间分异加剧，社会分层趋向多元化。

目前我国城市社会空间分异所面临的社会问题，与美国 20 世纪初期和中期发展中的社会问题有很多相似之处（汪天德，2013）。根据世界银行公布的我国基尼系数数据①，1990 年我国基尼系数为 0.322，2005 年为 0.409，2010 年达到 0.437，此后虽略有降低（2019 年为 0.382），但仍接近 0.4 的国际收入差距警戒线。另外，城乡壁垒被打破后，伴随着城市快速发展建设的劳动力需求，大量农民工（其中也包括少数民族居民）涌入城市中，然而大部分流动人口受限于收入与文化水平，在城市中被边缘化，同样带来社会分层与城市内社会空间的分异。值得一提的是，不同于西方完全市场化的制度体系，虽然大部分“单位大院”在转型过程中被城市社区替代，但单位影响在城市中部分居住空间仍有残留，如单位团购的低于市场价的住宅、电力系统或教师的住宅等。同时我国政府宏观调控对城市空间布局较西方更为显著，我国的社会空间分异除了由个体社会经济属性带来的空间差异性，还有居住区与住宅来源性质对城市社会空间结构的影响。

与此同时，伴随着城市化进程的推进与城市空间重组，少数民族居民这一特殊的社会群体也成为我国城市社会空间分异的主体之一。改革开放前，我国少数民族居民主要居住于城市中的民族聚居地区或民族自治地区，居民流动性较弱，群体结构相对稳定；改革开放后，一方面在城市重组过程中原有居住格局被打破，大量世居少数民族居民主动或被动迁居，另一方面大量少数民族流动人口在城市中就业、生活，加剧了民族空间结构的复杂性。

2.3 城市社会空间分异研究进展

2.3.1 兴起背景

工业革命以来，社会生产力迅速发展，物质水平得到了大幅提高，大量的农村人口和社会闲散劳动力涌入城市转化为工业劳动力，并围绕就业岗位聚集，这些人的经济状态也由曾经的自给自足转向参与商品市场之中，生活节奏加快，生活方式发生变化（庄解忧，1985）。

而在工业化与城市化进程所带来的生活方式现代化的同时，诸多社会问题也随之涌现。在城市建设与管理上，伴随着人口向城市的大量转入，原有的城乡格局已经不能满足工业生产与人口增长的需求，对城市空间结构与演化机制的判断的相关讨论在此时尤为重要。在社会阶级结构上，随着工业革命的进展，新的资产阶级与无产阶级两大直接对立的阶级关系取代了原有的社会阶级结构，生产资料集中在资产阶级手中，城市中的贫困人群与工人阶级受到恶劣的工作条件与生活环境的影响，同时又面临失业问题，城市贫富分化严重，城市犯罪问题、社会冲突等问题突出。

在城市快速发展与城市问题日益严峻的情况下，居住于城市中的群体之间的矛盾不断激化，居住空间的分隔不断加深，原有的城市发展与指导理论已经不能适宜高速发展的城市空间需求。在此背景下，以芝加哥学派为代表的诸多视角与流派，开始了对城市空间结构的解读与城市社会空间分异问题的探讨，为社会空间分异研究提供了理论基础。

2.3.2 理论视角

(1) 人类生态学

芝加哥学派（人类生态学派）试图用自然平衡理论来理解人类社会，认为城市是由自然区组成的，而城市空间组织的秩序及其变换是竞争和共生的过程，并通过这一过程实现社会群体的演替等来排列，使城市系统维持平衡（Park et al.，1925）。

帕克首先提出社区的生态学研究途径，强调人在竞争过程中产生分化，而这些分化形成了空间各功能区的分布格局。此后，伯吉斯（Burgess）、霍依特（Hoyt）、哈里斯（Harris）等人先后提出了描述城市空间结构的三个古典模型：同心圆模型、扇形模型、多核心模型（图 2-2）。其中同心圆假说直接基于芝加哥学派，扇形模型与多核心模型对其进行补充与发展。同心圆模型在 20 世纪 20 年代的芝加哥较为适用，认为城市中心具有支配性地位并决定了城市整体的空间结构，在此前提下讨论了群体在城市空间中的向心与离心过程，并结合侵入演替理论，来说明群体之间相互替代的过程与区域人口和土地利用类型的改变过程（Park et al.，1925）。扇形模型同样对不同等级的居住区在城市空间的布局进行了讨论，并结合过滤理论说明了城市空间结构变化的更替过程：住房按社会等级向下过滤而居民则向上过滤，并在同心圆基础上加入了对于交通区位的考量（Hoyt，1939）。多核心模型强调城市除了中央商务区（CBD）之外，还有其他区域性中心时的城市空间结构（Harris et al.，1945），是对同心圆模型与扇形模型的修订。

在古典人类生态学派中，同心圆模型、扇形模型、多核心模型三种经典模型都将城市中的阶层分布差异作为讨论重点，并强调城市空间本身的决定性，而对城市空间背后的城市社会与人类行为、文化要素缺乏讨论，没有考虑形成人类行为的社会变量的作用。基于这一问题，新人类生态学理论强调将城市作为一种文化形式进行认知，并将城市空间与社会文化进行结合，对人类生态学理论进行了发展（Hawley，1986；约翰·R. 洛根等，2015）。

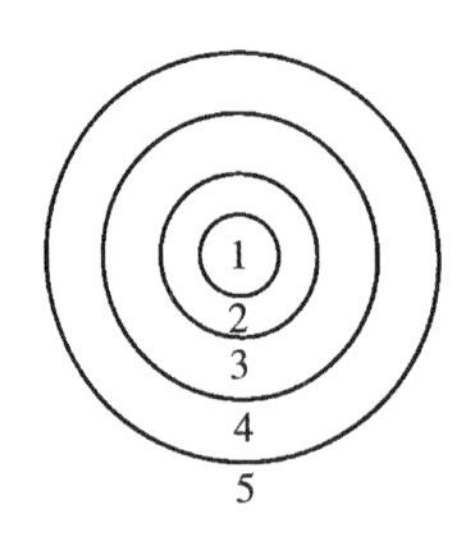

1. 中央商务区;2. 过渡带;
3. 工人住宅区;4. 中产阶级
住宅区;5. 通勤人员住宅区

(a) 同心圆模型

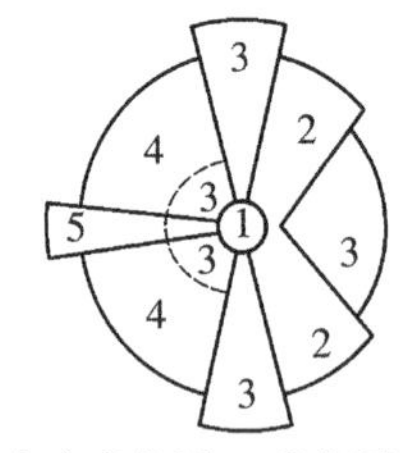

1. 中央商务区;2. 商业区;3. 低收
入人群住宅区;4. 中等收入人群
住宅区;5. 高收入人群住宅区

(b) 扇形模型

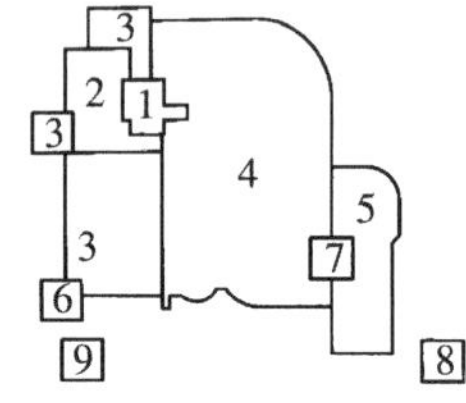

1. 中央商务区;2. 轻工业/批发业区;
3. 低收入人群住宅区;4. 中等收入人
群住宅区;5. 高收入人群住宅区;6. 重
工业区;7. 卫星商业区;8. 近郊住宅区;
9. 近郊工业区

(c) 多核心模型

图 2-2　古典人类生态学派城市空间结构主要模型

(2) 行为主义方法

从 20 世纪 70 年代开始，强调城市和个人行为之间关系的行为主义方法开始被研究者加以重视。该方法强调主观感受，旨在发展基于微观层面对城市空间进行理解的模式。该方法试图说明个人在迁居过程中的选择与偏好的决策过程。

这一方法因综合考虑家庭生命周期、家庭收入水平、家庭模式等方面的选择，也被皮奇（Peach，1991）称为“选择学派”。同时，物质层面的住宅特征，如面积、户型等也影响着居住选择的行为（van Kempen et al.，2009）。而由于不同类型的住宅分布于城市的不同空间中，因此这一选择过程也会带来居住空间分异的过程。这种基于家庭状况的居住空间分异表现为：老年人及许多非核心家庭往往聚居在破旧的内城，随着内城居民的外迁，持续增多的年轻人口在外部集中形成人口生育率较高、以核心家庭为主的同心环带（Golledge et al.，1997）。

种族文化作为使用该方法进行住宅选择时重点考虑的方面之一，同样作为选择不同住宅区位与条件的原因，即不同的种族居民在城市中存在差异化的住房选择，同时种族内部也存在着差异（Caner et al.，2013）。

(3) 管理主义方法

基于新韦伯主义理论的管理主义方法诞生于 20 世纪 60—70 年代西方

国家城市骚乱与经济危机的背景下，它强调社会空间的管理角色，尝试从“管理”的视角重塑已有的城市理论（Gaffikin et al.，2011）。与关注需求侧与个体选择的行为主义方法论相比，新韦伯主义理论视角下的管理主义方法更关注“制约”（Peach，1991）。这一方法被用在住房研究中，通过分析家庭在进行居住区位选择时所面临的制约因素，以解释特定家庭的聚集以及所形成的社会空间分异现象（van Kempen，2007）。管理主义方法强调，理解社会制约的关键是分析城市系统管理者的活动、政策与意识形态（Knox et al.，2009）。

在管理主义方法的指导下，相关研究通过分析住房市场中的制度安排及关键行为主体，以解释社会群体之间由于利用冲突而相互竞争所导致的社会后果（Knox et al.，2009）。在城市社会空间分异方面，管理主义方法所提供的具体解释包括：政府官员的政策目标并非完全服务于“公共利益”，而其对社会群体的主观判断可能会加剧社会的种族歧视，并说明政府预算的缩减会导致收入的减少，进而导致贫困群体聚居在租金较低的社区中，与此同时人们在住房市场中的力量是具有差异性的。

根据管理主义方法，城市管理决策受到社会宏观经济与政治结构的制约，这种制约机制往往不受城市管理者的控制，因此城市管理者在社会—空间辩证的背景下尽管是关键的行为主体，但其重要性有限（Knox et al.，2009）。

（4）新马克思主义方法

20 世纪 60 年代以来，西方资本主义社会矛盾激化，以马克思主义政治经济学为理论基础的制度学派开始在社会的各个领域产生重要影响。该学派的代表人物有哈维（Harvey）和卡斯特尔（Castells）等，他们认为城市土地利用的区位决策和空间模式不是个体自由决策的结果，而是受制于社会结构体系。由于地位不同，不同社会阶层在土地利用的决策与开发过程中的影响力和权力存在显著差异，因而主张运用政治经济学的理论和方法来揭示城市土地利用的内在动力机制和解释城市土地利用空间模式（周源，2009）。

其中，卡斯特尔（Castells，1978）通过对法国敦刻尔克进行实证研究后认为，城市系统是阶级实践和阶级冲突的场所，阶级关系是城市系统的结构矛盾在实践层面上的表现；住房是城市系统的主要消费元素，而住房的区位则是各种社会力量斗争的结果，需要分析社会政治关系，才能解释城市居住空间的形成原因。

哈维（Harvey，1989）在马克思“地租概念”的基础上提出了“阶级垄断地租概念”，并将其地租分析方法和金融机构的地位结合在一起来分析现代资本主义社会的城市居住空间分异。此外，结构学派认为社会结构体系是个体选址行为的根源，资本主义的城市问题是资本主义社会矛盾的空间体现。城市居住空间分异不仅反映了劳动力在生产领域中的地位差异，而且有助于维持这种差异作为资本主义社会结构体系组成部分的延续，因为公共设施（如教育设施）的空间分布差异对于劳动力的再生产（特别是受教育的程度）具有重要影响。

（5）洛杉矶学派

20 世纪 80 年代，以爱德华·苏贾（Soja，1995）、麦克·戴维斯（Davis，1990）等为代表的后现代地理学者将洛杉矶视为“后现代”时期的标志性城市加以研究，这些学者及其倡导的研究范式通常被称为“洛杉矶学派”。他们认为，芝加哥学派是工业城市所反映的经典现代主义方法论，而洛杉矶则反映了后现代城市的特征，与芝加哥学派的理论模型形成了鲜明对比，因而需要以洛杉矶城市为原型提出新的理论范式（Dear et al.，1998）。

根据苏贾（Soja，1995）的分析，洛杉矶经历了六个主要的重构过程，共同构成了后现代城市地理的基本模式，包括：①城市化机制由福特制转向后福特制，表现为原福特制城市的去工业化过程，以及更灵活的生产与积累体制的构建。②全球化及全球城市体系的形成，带来了人口重构以及“国际都市”（Cosmopolis）的发展，并导致了“二元城市”的出现（Mallenkopf et al.，1991）。③城市空间在破碎化与去中心化的趋势下彻底重构，“边缘城市”逐渐形成。郊区的城市化、小城镇的增长以及特大城市的出现对传统的芝加哥学派的概念与理论模型提出了挑战，特别是单中心城市的发展模式受到了质疑。④多民族群体之间的分化以及收入差距的扩大化，塑造了民族冲突与经济剥夺的新地域景观。⑤“围墙城市”的形成，表现为围墙、空间阻碍等因素对城市发展的影响，以及由此形成的聚居区、飞地等地域景观。⑥社会控制系统的出现，表现为行为、文化、意识形态的重构，虚拟空间权利的日益增长，以及空间的市场化与商品化（Dear et al.，1998）。

洛杉矶学派目前在城市研究中引起了关注与讨论，关于洛杉矶学派的质疑与批判主要集中在以下方面：第一，洛杉矶是否为未来城市形态的代表；第二，部分学者认为，洛杉矶学派对社会极化的解读实际上等同于将城市移民视为新全球经济的主要角色。

2.3.3 主要维度

（1）基于种族隔离的城市社会空间分异研究

种族隔离方面，丹顿和梅西（Denton et al.，1988）对 20 世纪

70—80 年代美国主要都市区的白人、黑人、拉丁裔和亚裔群体的社会分异趋势进行了分析。他们从基于隔离指数的均衡分布视角、基于 p 指数[②]的社会交往角度出发，对社会分异进行了测度，发现在两个时间点上，黑人都被白人高度地隔离（1980 年的平均隔离指数是 0.717，略高于 1970 年的测量值）（Denton et al.，1988），并且在 1980 年被白人群体高度孤立（从社会交往的视角看）。针对 20 世纪 80 年代后（Durand et al.，2001；Massey et al.，1993a）以及 90 年代的研究（Cutler et al.，1997），黑人种族分异呈缓和趋势，少数族群人口较多的城市的族群隔离程度最高。

许多学者从种族和收入阶层结合的视角来研究居住分异的趋势。最初的统计分析是坎特罗维兹（Kantrowitz，1973）针对纽约市社会分异的研究。他发现黑人和波多黎各裔群体受到群体内隔离的程度高于受白人的隔离程度，这一结果与预期相反。埃尔布（Erbe，1975）是较早指出从这两个方面同时分析社会分异价值的学者。她运用隔离指数发现黑人与白人的阶层分异程度几乎一样，但通过 p^* 指数[③]的分析发现，低收入阶层黑人与低收入阶层白人邻里交往的强度要远低于与中高收入阶层黑人交往的强度。一些关注社会分异启示的研究者，尝试探索居住分异对于高收入水平或高学历群体而言是否在一定程度上有益（Clark et al.，1997；Kasarda，1993；Massey et al.，1999；St. John et al.，2000）。他们认为，如果当前美国城市的种族分异仅仅是过去种族歧视的残留，应该发现处于更高社会阶层的少数族群有能力通过购房进入更好的社区。但是实际上，黑人社会分异有轻微的下降，但下降的程度远低于高社会经济阶层的亚裔群体和拉丁裔群体。

（2）基于收入水平不平等带来的城市社会空间分异研究

1980 年后，美国收入差距有较大增长，例如，国家家庭收入水平不平等的基尼系数从 1970 年的 0.394 分别上升至 1980 年、1990 年及 2000 年的 0.403、0.428 及 0.462，与此同时，收入分异也有一定的增长（Reardon et al.，2002）。尽管自 20 世纪 70 年代以来，种族分异在大多数城市中表现出下降的趋势，但学者发现收入水平的隔离却有所提升（Abramson et al.，1995；Massey et al.，1993b）。艾布拉姆森等（Abramson et al.，1995）运用隔离指数及社会孤立的指标，分析了 1970 年至 1990 年期间 100 个都市区的贫困群体的居住集中趋势。他们发现，这一时期贫困群体被更严重地隔离了，特别是在中西部和东北部的都市区里。梅西和艾格斯（Massey et al.，1993b）分析了富裕群体的社会分异状况，发现 1970 年至 1980 年期间隔离程度有整体的提升。除了“20 世纪 70 年代贫困群体与富裕群体的隔离程度增加”这一结论，梅西和艾格斯也发现富裕群体的社会孤立程度与贫困群体相比有更明显的增加，也就是说，20 世纪 70 年代富裕群体在日常生活中相互独立、相互排斥的特征更加明显。在美国收入水平与种族联系非常密切的情况下，收入分异常常在实证研究中与种族分异综合考虑，意味着在分析总人口的收入分异的基础上分开讨论各个种族的收入分异是有必要的。

此外，对家庭生命周期阶段、文化等方面影响下的城市社会空间分异情况的讨论，也是城市社会空间分异研究的主要维度。

2.4 西方城市社会空间分异研究的行为转向

2.4.1 个体移动性与社会排斥

社会排斥作为理解城市社会及其空间行为表现的重要概念之一，一方面强调了社会公平，另一方面反映了日常生活空间与体验的意义。

社会排斥本身是个内涵丰富的概念，以至于目前学界及各地政府尚未对这一概念的准确定义达成共识。例如，欧盟的政策文件从宏观社会结构与社会资源的视角，将社会排斥定义为包括贫困以及住房、教育、健康、社会服务获取等方面的权利不平等所造成的被主流社会排斥的状况，并强调社会排斥的根源是社会基础设施不足以及对两极分化的默许（Commission of the European Communities，1993）。而英国政府部门则从微观日常生活的视角出发，将社会排斥定义为“缺少资源、权利、生活必需品及服务，以及无法参与正常的社会关系与活动……它既影响个人生活质量，也影响社会整体的公平与团结”（Levitas et al.，2007）。在学界，列维塔斯等（Levitas et al.，2007）提出“布里斯托社会排斥矩阵”（Bristol Social Exclusion Matrix），从物质及服务资源的可获取性、文化教育及技能的参与、个人生活质量（包括健康、幸福感、居住环境）等领域定义社会排斥的概念。戈登等（Gordon et al.，2000）则认为英国的社会排斥包括经济排斥（含绝对贫困以及缺乏社会必需品）、劳动力市场的排斥、服务排斥（含公共服务与商业服务）以及社会关系的排斥（包括政治参与、社会支持、社会互动等）。马西森等（Mathieson et al.，2008）认为社会排斥应包括：①结构或经济维度的排斥，表现为由于劳动力市场的排斥而缺乏社会资源；②环境与社会维度的排斥，表现为无法融入社区生活；③主观或个人维度的排斥，表现为自尊心的弱化及自我隔离。

上述不同的定义都涉及社会资源及机会的获取、社会关系的健全，以及经济、社会、政治、文化生活的参与等要点，可见相比于传统概念对物质供给的关注，社会排斥的概念及其相关政策重视个人的活动参与，关注与个人日常生活相关的资源和机会（如就业、服务、社会关系等）与个人需求之间的匹配关系，强调通过改善资源的个人获取以促进社会的公平与融合。这种对个人能动性及日常生活的供需的关注，与时空行为研究独特的理论视角有一定的相似性，因此成为时空行为研究的一个重要的应用方向，例如通过时空可达性的测度及个体差异的分析，研究残疾人、儿童、女性和低收入群体以及其他面临社会排斥风险的人群，揭示弱势、少数群体的生活状态，时空制约程度和日常行为模式为制定公平社会政策提供理论依据（Kwan，1999，2002；Casas，2007；Casas et al.，2009；Neutens et al.，2010a，2010b，2011）。卢卡斯（Lucas，2012）构建了个人移动性与社会排斥关系的理论框架，提出移动性劣势与社会排斥的联系是通过一系列中介变量形成的：移动性劣势与社会劣势（如低收入、无就业、健康状况差等）在相互作用中产生“移动性贫困”，从而导致居民被商品、服务、社会网络、城市规划与决策过程等资源所排斥，进而引发一系列不平等现象（图 2-3）。

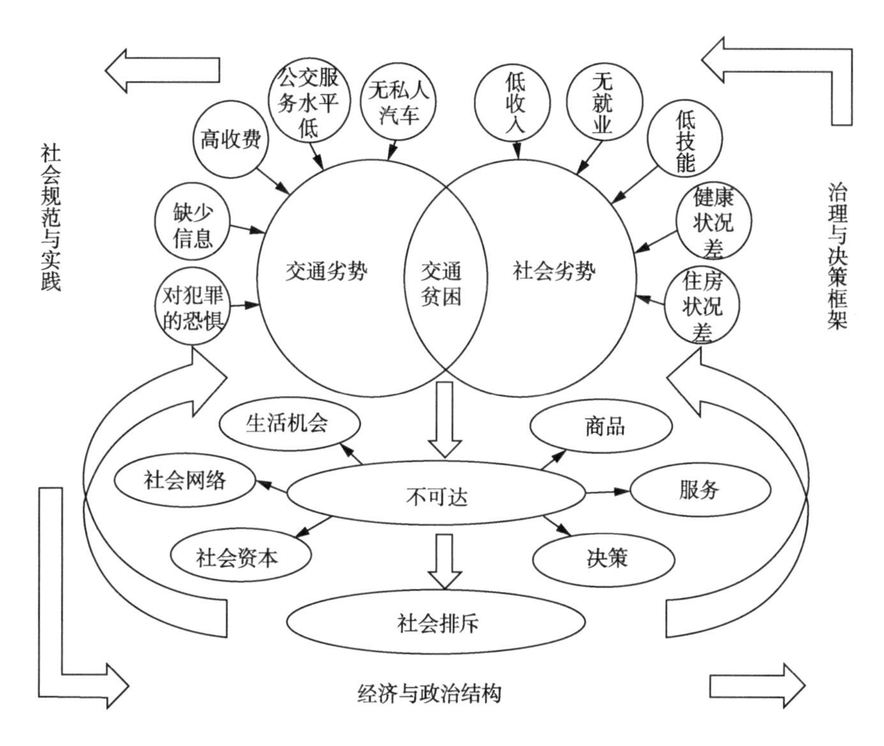

图 2-3　个人移动性与社会排斥的关系图

2.4.2 城市研究与规划的移动性转向

继20世纪90年代社会科学在后现代主义思潮下兴起的“空间转向”之后（Foucault，1980，1991；Lefebvre，1991；Soja，1989），近期社会科学领域的部分研究者开始倡导学科范式的“移动性转向”，以应对当前世界范围内主要城市（尤其是中国大城市）由于空间扩张与信息通信技术（ICT）使用等因素而日益增长的移动性需求，以及在此背景下城市社会系统的个人化（Individualization）及生活方式多样化的发展趋势（Urry，2007；Järv et al.，2014）。

“移动性转向”（Mobilities Turn）或称“新移动性范式”（New Mobilities Paradigm）由英国社会学家厄里（Urry）在2006年首次提出，以挑战传统的社会科学的“静态”范式。新移动性范式关注实体和虚拟环境中，人、物、服务、意象和信息在宏观（全球）、中观（国家）以及微观（地方）等多个尺度的移动过程。新移动性范式探讨了不同形式的“移动性”如何塑造社会价值，并强化已有的社会分层。谢勒和厄里（Sheller et al.，2006）认为，当前社会科学研究忽视了人们实际与感知的移动特征，而这种移动特征恰恰是由社会生活的空间性（Spatiality）决定的，因此有必要强调个体移动的本体论意义，将社会科学研究聚焦在个人移动的经历中（Wissink et al.，2016）。

移动性转向的研究范式认为，当前空间、时间及社会维度的移动性已成为一种新的资本形势，但移动性本身是因人而异的，特别是社会强势群体移动速度的增长及移动范围的扩张实际上是以弱势群体的“非移动化”（Immobilisation）为前提的（Urry，2007；Cresswell，2006）。根据这一认识，在一个有利于“超高移动性”（Hypermobility）的全球系统中，由于移动性的分化，人们获取空间机会的能力也趋于不平等。传统的社会分层中存在不平等的“网络资本”，它导致人们在获取商品、服务、社会网络及生活机会等方面的分异，并由此引发社会排斥。因此，有必要重视社会弱势群体在空间、时间、社会维度的移动性劣势，以促进社会平等与公正（Sheller et al.，2006）。

在社会科学移动性转向的背景下，城市研究及规划领域的研究者开始基于个体移动的视角对传统的研究范式进行反思，特别是对基于空间的概念进行面向个体移动的再概念化。例如，关美宝（Kwan，2013）对三个传统的地理学概念（即城市社会空间分异、环境暴露及可达性）进行了再思考，认为对这三个概念进行重塑、将关注的重点从地方转向个人移动性，能极大地丰富我们对这些概念以及相关的社会议题的认知与理解。对于城市规划与管理实践而言，移动性的范式转向也在一定程度上推动了城市规划对“个体移动性”“时间”“时空行为”等概念的重视，其具体案例包括社区尺度的时空资源配置优化（Neutens et al.，2012）、城市尺度的空间结构动态性（Ratti et al.，2006）等。

2.4.3 城市社会空间分异研究的行为转向

已有的社会空间分异研究大多数聚焦在样本的居住地（Massey et al.，1993a；Musterd et al.，2009；Semyonov et al.，2009），而没有考虑居民家外活动的地点对于社会空间分异的重要意义（Krivo et al.，2013；Jones et al.，2014；Kwan，2009，2013；Wang et al.，2012；Wong et al.，2011；Matthews，2011；Basta et al.，2010）。随着研究的深入，研究者们发现居住隔离对少数族裔的一些生活领域存在影响（Friedrichs et al.，2003；Blasius et al.，2007；Fong et al.，2010），但同时工作场所等其他锚点对行为的影响也逐渐被注意到（Ellis et al.，2004；Åslund et al.，2010；Kwan，2013）。

以时间地理学为核心方法论的时空行为研究的兴起与发展，逐步推动了社会空间分异研究的行为转向。根据时空行为研究的理论框架，个体的移动性是由复杂的移动模式及时空中的社会实践构成的，是个体因素（如社会经济属性、价值观、偏好等）、人际交往因素以及外部因素（如周边环境、社会结构）相互作用的结果（Hägerstrand，1970；Pred，1984），影响个体的日常生活以及在时空移动的意愿与能力（Cresswell et al.，2011）。个体移动性对社会互动及融合有决定性的作用（Flamm et al.，2006；Sheller et al.，2006），例如研究表明个体的移动与个人自由度的感知（Flamm et al.，2006）、主观幸福感（de Vos et al.，2013）、社会地位及权利关系的形成（Kaufmann et al.，2004）等都有密切的联系。因此，个体移动性可以认为是影响社会差异和分层的重要原因，是社会空间分异的组成部分（Järv et al.，2014）。

近年来，已有学者开始关注居民在日常活动中各类活动地点的空间分异，通过分析时空行为特征与模式差异，解读种族与族群的社会空间分异问题（Kwan，2013），并加入了休闲等非工作活动的研究（Goodin et al.，2005；Silm et al.，2014a，2014b），并用“活动空间”“潜在活动空间”等概念测度分异的特征、模式（Wong et al.，2011）。

总体来说，行为视角下的西方社会空间分异研究可归纳为以下三个方面：①活动空间的群体差异，即不同社会群体时空行为特征（如生活时间分配、活动空间的大小等）的差异，以及不同群体活动空间的重叠

（或分离）程度，以此反映不同群体（子群体）的行为模式、生活方式及生活质量的差异，以及不同群体（或子群体）间的社会互动（Jones et al.，2014；Palmer et al.，2013）；②潜在活动空间的群体差异，即时空制约下不同群体的潜在活动空间以及对城市机会的可达性的差异，反映不同群体（子群体）对城市资源的利用能力的差异，揭示城市弱势群体受到的机会排斥（Kwan，1999）。③弱势群体的行为特征与情感体验，通过聚焦城市弱势群体，对其行为特征进行精细刻画，剖析其日常活动中的情感体验，从主观认知的角度反映弱势群体在日常生活中所受到的社会排斥、资源分配不公平等问题（Kwan，2008a；Kwan et al.，2008；McQuoid et al.，2012）。

2.5 中国城市社会空间分异研究的行为转向

我国的城市社会空间分异研究起步于 20 世纪 80 年代（许学强等，1989；虞蔚，1986a），与社会分层演化相一致，我国的城市社会空间分异研究大致可以划分为以下两个阶段：

2.5.1 早期社会空间结构研究阶段

20 世纪 80 年代到 90 年代末受政治经济改革影响，城市空间内部结构开始逐渐分化。虞蔚（1986b）用生态因子分析法对上海中心城进行了城市社会空间与环境地域分异的研究，其研究结果及成果解释已经成为城市空间研究的典型代表。许学强等（1989）以及郑静等（1995）对广州市社会空间结构进行了分析研究，两次研究表明影响西方住宅区的经济收入水平因子作用较弱，城市经济发展政策、历史因素、城市规划、住房制度、自然因素等是影响当时广州社会空间结构的主要因素。早期研究城市社会空间分异多附属于社会空间结构或者社会区的研究，并未进行过独立研究（石恩名等，2015），同时当时我国城市规划学科的视野与物质形态规划的服务导向，以及商品住宅市场尚处于萌芽阶段等原因，一些社会问题尚未展现，所以研究中忽略了社会经济文化因素和市场经济条件下个体与群体差异即将带来的巨大的社会和空间变化。

2.5.2 居住空间分异快速发展阶段

20 世纪 90 年代以后，我国城市住房制度改革的影响渐趋明显，而社会经济的分化使得住房选择在空间结构上的分异越来越明显，加上外来流动人口重建城市社会分层现象，由城市分层向社会空间分异转变。传统基于隔离指数、区位熵的空间隔离研究仍占有很大比例（魏立华等，2007；杨上广等，2006）。此外，一些学者在此基础上加入信息熵、绝对分异指数等指标，建立多指标综合评估城市空间分异程度（冯健等，2008）。人类生态学理论开始被运用于我国城市居住用地的空间地域分化现象分析及城市空间隔离的现象解释（李志刚等，2006），阐述社会在空间上的分布状况。也有学者开始利用计算机模拟理论模型（陶海燕等，2007）对社会空间分异进行建模，比较不同差异系数对居住空间的分异过程所产生的影响。结合 2000 年第五次全国人口普查数据的发布，宏观尺度上利用统计数据对城市空间结构进行划分（冯健等，2008），微观尺度上利用长表与居委会尺度的第五次全国人口普查数据进行社会空间的分析运用，更多学者进入这一领域（吴启焰等，2013）。

近期的研究开始采用对城市居民的问卷和个案调查方法，通过对具体城市地域，特别是微观地域的分析来解释城市社会空间整体演化的一般规律。李志刚等（2006）对上海三个社区的深入研究表明，社会建设的历史时段、当前的市场因素对社会空间重构起到重要影响，社区内部的均质化和社区间的异质化两种趋向正同时发生。刘玉亭等（2007）依托 2005 年南京市的千户调查数据，刘志林等（2009）以北京市问卷调查数据为研究对象，通过职住分离程度来反映城市社会空间演化的过程，重点比较了不同居住社区类型、住房产权属性、居住搬迁年份的居民的职住分离程度。此外，对于城市中边缘群体在空间上聚集与自我隔离的过程，也是社会空间分异研究的重要主题，如北京市的“浙江村”“新疆村”“河南村”等外来人口集聚区（Gu et al.，2005），广州市小北路非洲黑人集聚区（李志刚等，2011，2009），兰州市雁滩的城中村居民迁移所形成的“迁建村”（杨永春，2011）等。

2.5.3 城市社会空间分异研究的行为转向需求

依赖于国家统计和人口普查数据的研究可以很好地揭示空间结构的总体格局，但由于其缺乏针对性，往往无法揭示俱全的空间过程，无法将社会空间演化的机制展现出来（李志刚等，2004），而问卷调查可以详细地了解社会空间分异的原因与居民的选择过程。但现实层面，虽然受房价等因素影响，同一小区楼盘内的收入水平相当，内部社会经济属性相对一致，但一方面快速城镇化过程中城市内部空间杂化明显，同一区位不同社区的居住条件差异较大，另一方面我国目前为改善低收入居民住房状况，提出商品房配建政策性住房的要求，因而传统上基于地方，即居住区视角下的我国社会空间分异的研究存在一定的局限性。居民目前的社会空间分异，不仅表现在居住空间的差异上，而且受到社会经济水平等能力上的限制，可选择的交通方式、可供消费的场所等个人的可达时空范围、日常活动地点以及行为模式的差异日益显著。因此，中国的社会空间分异同样面临行为转向。

2.5.4 中国行为视角下的城市社会空间分异研究

我国行为视角下的城市空间分异的研究尚处于起步阶段。结合中国城市主要社会分层情况，从两个视角进行相关研究，包括从居民时空行为的居住区比较出发透视城市社会空间重构和从个体属性出发反映中国城市的社会公平问题。

(1) 居住区比较研究

中国城市在市场化转型、快速城市化等背景下，社会阶层分化与居住空间分异日益明显，城市社区无论是在社会构成还是在建成环境上都呈现出显著的空间分异（张艳等，2014）。已有研究表明，转型期中国城市中的几类典型社区，如老城区旧居住区（北京的胡同社区）、单位居住区、商品房居住区、政策性住房居住区等，其居民的日常生活经历存在明显的分异（张鸿雁，2002）。

柴彦威等（2010）以巡回作为基本单元，从出行决策视角探讨居民出行时空决策社区分异。研究采用 2007 年北京市居民活动日志调查获取数据，构建基于巡回的出行时空决策概念模型，并采用嵌套评估模型（Logit 模型）对北京市居民工作日出行时空决策的社区分异进行探讨，发现居民巡回类型决策的社区分异较为显著，起始时间决策的社区分异明显等（柴彦威等，2010）。同样基于 2007 年北京市居民活动日志调查数据进行的社区视角下的空间分异研究还有围绕低碳问题，对比分析单位制和分区制所形成的"社区—家庭"空间行为约束机制作用下的居民日常出行特征及其碳排放。结果显示单位社区及胡同社区对个体出行碳排放有较强的正约束作用，单位制和分区制对个体出行行为有完全异向的碳排放约束响应、作用路径和环境绩效（图 2-4），并给出社区低碳减排方面的治理建议（柴彦威等，2011a）。

张艳等（2014）通过活动日志问卷调查，对北京市不同类型社区居民日常活动的时空分布、活动空间形态及面积等特征进行比较，发现单位社区和胡同社区居民的日常活动空间更为集中（图 2-5），认为基于居民行为的社区规划将是未来建设宜居城市社区、提高生活质量的重点，并提出基于时间地理学理论进一步考虑时间制约下的日常活动空间。

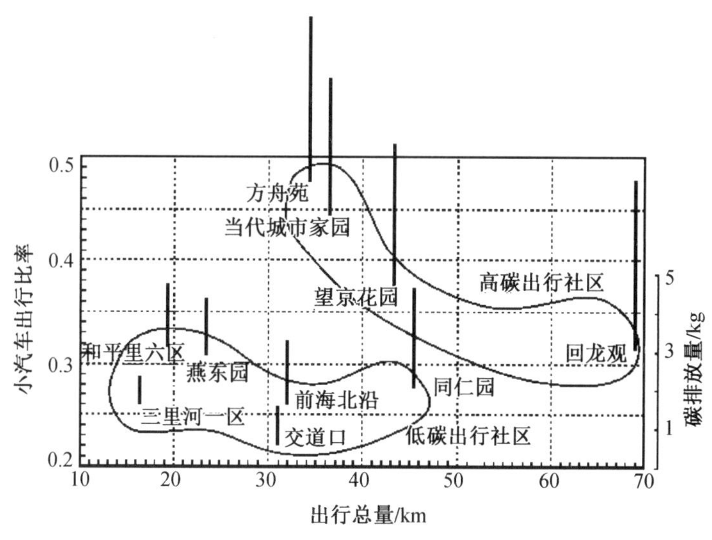

图 2-4　社区居民家庭日常出行碳排放与出行特征的聚类分析

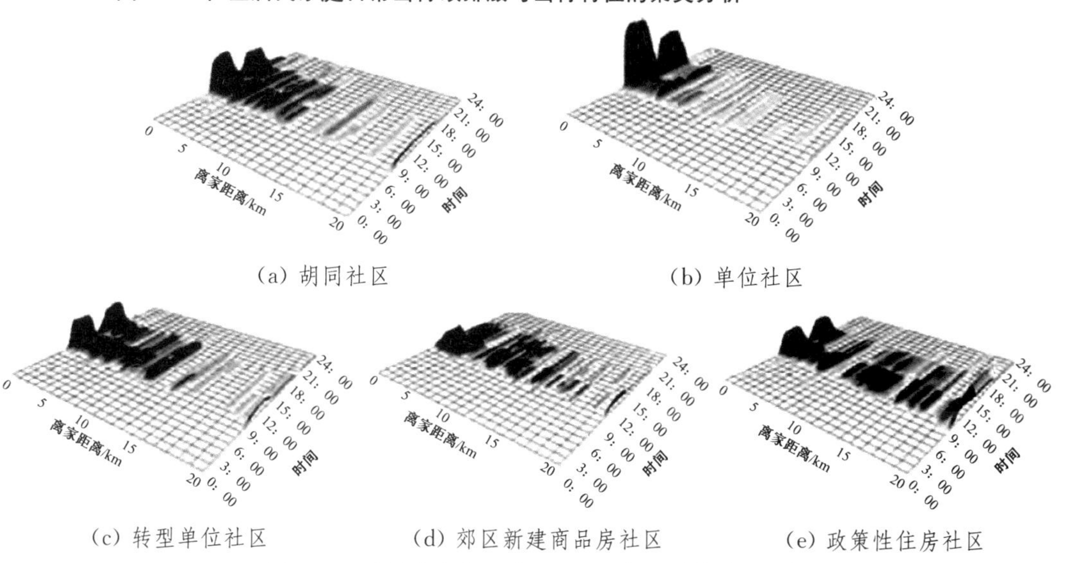

(a) 胡同社区　(b) 单位社区

(c) 转型单位社区　(d) 郊区新建商品房社区　(e) 政策性住房社区

图 2-5　工作日北京城市社区居民工作活动的时空分布

(2) 个体属性视角

基于个体属性差异的城市社会空间分异研究主要从居民的经济收入水平、性别、家庭结构、民族等方面进行讨论。其中收入水平差异作为社会分层的主要来源，是个体属性视角下讨论的重点问题。

从不同收入水平的居民时空行为差异入手，研究者通过分析不同收入群体的活动空间、行为链、时间利用等指标反映时空行为的空间分异，透视社会公平问题。周素红利用 2007 年广州市活动日志调查数据，分别结合时间地理信息系统（T-GIS）（周素红等，2010a）和建立时空自相关指数（GT）（Zhou et al.，2015）研究的空间异质性特征，发现低收入群体总体上活动空间较小、外出时间长，高收入与低收入群体在连续的时空框架中，时空行为存在明显差异，进而验证了行为视角对居住地以外的城市空间中群体的社会空间分异研究的可行性与有效性（Zhou et al.，2015）。张艳等（2011）关注城市中基于时间地理学对微观个体日常活动的分析框架，从生活时间分配、工作与非工作活动的时空分布格局、活动空间测度、移动性等方面，对北京城市中低收入者日常活动的时空特征进行系统分析。刘玉亭等（2006）以南京市为例，通过时空行为分析来检查转型期城市贫困人口的空间分布特征，并着重分析贫困人口集中的低收入邻里的类型、特征及其产生机制。高军波等（2014）通过问卷调查揭示广州市中心城区居民的医疗服务消费及社会分异特征，通过对医疗设置距离、到达时间以及消费水平反映收入水平差异所带来的空间不平等问题。

基于性别的社会空间分异问题，同样引起中国时空行为研究者的关注。柴彦威等（2014c）从性别差异出发，利用全球定位系统（GPS）收集居民活动轨迹数据并通过互联网交互式调查系统获得郊区居民的活动日志数据，探讨不同活动在城市不同空间中发生的日间差异。结果表明，在时间上郊区女性的日常生活具有规律性、丰富性和细碎性的特点，空间上具有近家特点。谢妍翰等（2009）关注女性内部差异性，对不同行业的女性非正规就业者的行为空间差异性进行研究，发现女性非正规就业者具有总体上相类似的行为空间结构，但由于其所从事的工作性质和经济收入不同，该结构在尺度构成、出行活动的距离分布和出行频率等方面存在明显差异。

另外，郑凯对乌鲁木齐市汉族与维吾尔族居民通过活动日志调查获得一手资料，运用时间地理学研究方法，对乌鲁木齐市维吾尔族的男、女居民在休息日和工作日活动的时空结构进行分析，在购物方面与汉族居民进行对比，讨论维吾尔族居民活动的时空特征，为少数民族居民的时空行为研究提供了经验（郑凯，2010；郑凯等，2009，2011）。

注释

① 数据来源于世界银行网站。

② p 指数用于测度群体间接触的暴露指数。

③ p^* 指数为多维度群体暴露指数。

3 城市社会空间分异的时空行为研究基础

3.1 时空行为研究的理论与方法基础

3.1.1 时空行为研究的理论基础

行为主义地理学、活动分析法和时间地理学等行为学派方法论为理解城市社会空间分异提供了研究视角与方法手段。其中，行为主义地理学强调探讨个体的行为模型与决策及其行为发生的场所环境，侧重主观选择（Gold，1980；Timmermans et al.，1990）；活动分析法试图整合行为主义地理学所强调的人的主观偏好和时间地理学所强调的客观制约（柴彦威等，2008a），并面向城市规划和交通规划进行应用；时间地理学强调时空的整体性，侧重关注在时空制约下的个体行为（Hägerstrand，1970）。

（1）行为主义地理学

行为主义地理学由计量地理衍生而来，试图了解不同环境中的人所产生的行为以及行为背后的决策过程的差异（Olsson，2015；柴彦威等，2008c）。行为主义地理学以地理空间中的人类行为（特别是对环境信息的认知过程）为主要研究对象，它强调个体层面的空间行为特征及其背后的心理学机制。行为主义地理学在发展的过程中构建了一个以人为核心、基于行为界定及分析地理环境的分析框架，聚焦于多维度的地理环境与多维度的人类行为之间的复杂关系，而这些关系通常以“地方”的感知与认知过程为中介变量，即通过分析环境变化的个体行为响应的心理过程，以个体行为偏好与空间感知来分析不同群体对城市空间使用的差异。在城市地理学研究中，行为地理学方法被应用于居住地迁移、日常活动与城市空间分析、弱势群体的社会援助、基于意象地图的社会空间分异等方面（张文奎，1990；Golledge，1993；Raanan et al.，2014）。但行为主义地理学过于强调主观决策，对整体社会的重要性考虑不足，方法论聚焦于解释个体决策复杂性，不利于城市尺度大量样本的社会空间分异解读。

（2）活动分析法

活动分析法由交通规划的出行行为研究发展推广，通过居民日常活动规律的探讨来研究人类空间行为及其所处的城市环境（柴彦威等，2008a）。1974 年，蔡平（Chapin，1974）在《城市中的人类活动模式：时空之中的人类活动》一书中提出了城市活动系统的概念，认为居民出行需求是活动的派生，并通过活动日志调查的实证研究方法来挖掘居民活动背后的动机，构建“活动”与“移动”之间的因果关系。活动分析法的方法论通常可归纳为三类模型：制约模型、效用模型以及规则模型。其中制约模型关注在不同的时空背景（特别是时空制约条件）下，特定的活动日程是否具有可行性；效用模型来源于微观经济学，假设个体在日常活动安排上存在追求效用值最大化的倾向，从而关注人们的偏好及其行为的效用；规则模型采用一系列类似于编程语言的“IF THEN ELSE”（如果、然后、否则）语句规则来模拟思考过程，以分析在满足某些条件的情况下活动的发生情况，实现对日程安排过程的充分模拟。活动分析法通过行为空间模拟、移动—活动需求预测和适应行为预测等，为行为视角下的社会空间分异研究提供了较有效的方法论基础，例如通过构建不同类型的活动及其出行行为之间复杂的内生关系，系统分析民族等社会经济因素对不同维度的时空行为特征及其相互关系的具体影响。

（3）时间地理学

相比于行为主义地理学、活动分析法等其他方法论，时间地理学为分析与提炼个体的时空行为模式、透视行为现象的社会与空间机制等提供了较完善的理论与方法基础。时间地理学由瑞典著名地理学家哈格斯特朗及其领导的隆德学派在 20 世纪 60 年代后期（Hägerstrand，1970；柴彦威等，1997；柴彦威，1998）提出和倡导。时间地理学构成一般地理学研究的基础，提供了以时间与空间相结合视角作为基础的研究体系（Lenntorp，1976）。时间地理学突破性地阐述时空概念并注重微观个体研究，是第二次世界大战后人文地理学研究范式转型的重要里程碑（柴彦威等，2012a；荒井良雄等，1989；柴彦威等，2000）。时间地理学开创了日常生活的微观研究范式，并在欧美、日本等国家和地区被地理学界、社会学界及城市规划学界广泛地介绍与应用（Chapin，1974；Carlstein et al.，1978；Pred，1977；Thrift，1977；石水照雄，1976）。近年来，时间地理学在理论与实证研究方面取得了突破性的进展，对行为机理的解释也日趋完善与精细化（表 3-1）。时间地理学通过自身理论与方法的不断完善、与地理信息系统（GIS）及移动技术的不断结合，在潜在活动空间与时空可达性测度、虚拟行为、联合行为、地方秩序空间、情感与地理叙事分析、地理背景不确定性问题等方面取得了新的突破，在环境与健康研究、社会公平研究、交通出行行为研究、城市时空规划等方面拓展了新的应用领域（Richardson et al.，2013；Silm et al，2014a，2014b；Kwan，2013；Neutens，2015；Delafontaine et al.，2011；Böcker et al.，2013；Chai，2013）。在实证研究大量积累、方法论趋于成熟的新背景下，时间地理学为社会空间分异研究的行为转向提供了丰富的理论基础，并产生了一系列应用案例。

表 3-1　时空行为研究的理论、方法与实践主要前沿研究

类别	研究主题	主要研究
概念发展、理论与方法创新	精细化的潜在活动空间、个人可达性测度方法（潜在路径树、概率潜在活动空间、与基于效用的可达性的结合、时空棱柱内部等）	Neutens et al.，2014；Song et al.，2014，2015；Downs et al.，2012；Ren et al.，2014
	信息通信技术（ICT）与虚拟行为	Schwanen et al.，2014a；Ren et al.，2013；Dijst，2009
	联合行为（联合时空路径、可达性）与组合制约、社会交往	Farber et al.，2013，2014
	地方秩序空间（Pockets of Local Orders）	Törnqvist et al.，2009；Markström，2009
	情感与时间地理学；地理叙事分析	McQuoid et al.，2012；Kwan，2007
	地理背景不确定性问题（UGCoP）	Kwan，2012，2012b
前沿问题 1：环境与健康	能源消耗	Isaksson et al.，2015；Widén et al.，2012
	环境暴露	Kwan，2013；Kwan et al.，2014a
	活动与出行满意度	Jorgen Bendixen et al.，2014；de Vos et al.，2013
前沿问题 2：社会公平	城市社会空间分异	Silm et al.，2014a，2014b；Wong et al.，2011
	交通相关的社会排斥（Transport-Related Social Exclusion）	Kwan et al.，2015；Hawthorne et al.，2013；Lucas，2012
前沿问题 3：交通出行行为	交通拥堵、出行时间的不确定性（Travel Time Uncertainty）与时空制约	Liao et al.，2014；Chen et al.，2013；Miller et al.，2009
	天气/气候变化对交通出行行为的影响	Böcker et al.，2013
前沿问题 4：城市时空规划	城市公共设施、公共服务的时空可达性	Neutens，2015；Neutens et al.，2014；Delafontaine et al.，2011
	时间政策（设施开放时间）的评估	Delafontaine et al.，2011

3.1.2 时空行为研究方法基础

时空行为研究强调时间和空间的整体性，认为对于个体而言时间和空间都是一种资源，并且二者是不可分割的（Hägerstrand，1970；柴彦威，2014a）。从这样的时空思考出发，时空行为研究首次将时间和空间在微观层面上结合起来，从微观个体的角度去认识人的行动及其过程的先后继承性，去把握不同个体行为活动在不间断的时空中的同一性，特别是强调了时间秩序的动态性（柴彦威等，2000）。在上述时空观的基础上，时空行为研究在大量理论探索与实证积累中形成了一系列的核心概念，包括时空路径、时空箱、活动的时空密度、制约与时空棱柱、活动空间等。

（1）时空路径

时空行为研究关注事物的过程导向，但它从概念和符号两个方面阐述了事物的可变性和动态性，至少在社会科学领域是独一无二的。在时空行为研究（特别是时间地理学）中最简单、最基本并且能反映上述特征的概念，就是时空路径或时空轨迹（图 3-1）。

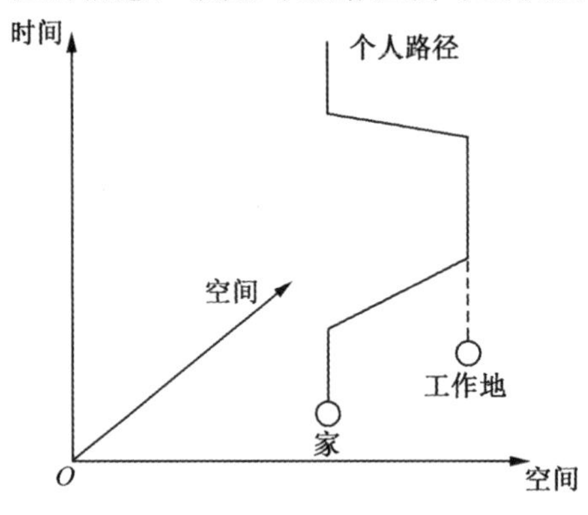

图 3-1 用个人路径所表现的移民行为

哈格斯特朗在对瑞典阿斯比（Asby）地区进行研究时，为分析 19 世纪末的移民浪潮对瑞典地区的影响，在地图上画出了 30 000 余名移民的空间迁移情况。通过分析发现，汇总的研究方式很难表现出移民的迁移模式，进而采用个体的、分解的尺度表现时空的移动模式（Ellegård，1999；Ellegård et al.，2012）。这些早期的工作是 20 世纪 50 年代地理信息系统研究的灵感来源，也是时间地理学、时间地理学符号系统代表性方法的发展基础。这项工作提供了一种动态的时空可视化方法，强调了个体的时空同时移动与时空上的连续性表达方式（Lenntorp，2004）。

托恩奎斯特（Törnqvist）研究的首要目标是分析“创新”产生的前提条件，特别是特定的地方、环境对于创新潜力的催化作用。他讨论了环境的重要性，包括内部环境（如一些关键人物或设施）和外部环境（如人们活动的整体外部环境，像某时期的巴黎、维也纳）。托恩奎斯特获取了一些诺贝尔奖得主的传记，展示了其中一小部分。他在研究中实现了生命路径（轨迹）的表达，以阐述人们如何与其他人发生联系、路径束在某地如何形成。

在此基础上，哈格斯特朗发展出一套在时空中表达微观个体的、连续的运动轨迹以及行为机制的概念体系和符号系统（Ellegård et al.，1977），即在三维的时空坐标中用二维坐标来表示空间，用第三维坐标来表示时间，将微观个体在时空中的运动轨迹表示为时空路径（Space-Time Path）。个人路径不随时间发生移动时在时空轴上可以表示为垂直线，而发生移动时则表示为斜线，斜线的斜率表示个体在时空中的运动速度（图 3-1）。个人在参与生产、消费和社会活动时需要停留在某些具有永久性的停留点上，由于这些停留点包含一定的设施并具备一定的职能，因此可称之为驻所（Station）（柴彦威等，2014a）。

对于任何物质实体、任何时间与空间而言，一个物质实体都可以用轨迹加以表达，轨迹中的路径受到时空的制约。轨迹是连续的、不可分的，并且有一个沿着时间轴的正的方向。这一概念是中性的、普适的，反映了我们世界基本的连贯性。轨迹沿着时间延伸，不断地将“现在”变为“过去”，因此轨迹必然会被用于变化与动态性的研究中。

哈格斯特朗认为，“轨迹使得一个概念平台所需的一般性得以内部化”（2003 年 6 月 29 日的私人信件）（Lenntorp，2004），并且轨迹可以提供一个与很多自然科学学科中的“分子”相似的操作基础，以理解事物的生态形态。时间地理学并不局限于在微观层面描述事件的顺序，还会强调对基本的生态、社会状况及过程的深层次理解。例如，如果轨迹的状态不一样，演化的过程必然会表现出不一样的顺序。

（2）时空箱

时空箱（或称时空立方体）的概念最早由哈格斯特朗在 20 年代 60 年代提出，其后成为时间地理学的核心概念之一，被大量应用于人类活动模式分析与轨迹可视化中（Kwan，2000；Kraak，2003，2008；Kapler et al.，2005）。时空箱以立方体的形式表现时空，其中 x—y 平面表征地理平面，z 轴表征时间维度。这一表征方式在一定程度上反映了“时空不可分”的理论假设。在时空箱中，可以运用三维多段线来表现个体的移动轨迹，即通过将离散的位置点相连，刻画个体在不同的空间位置之间的移动路径、反映时空间连续的运动过程。时空箱内汇总的轨迹则可以反映各个时段、不同区位之间的整体出行流。

随着时空行为数据采集技术的演进以及数据量的不断增加，如何在时空箱中有效地展示大量活动轨迹，特别是处理轨迹相互覆盖、视觉效果杂乱等问题，以及从大量轨迹中有效识别活动的时空模式，成为时空行为可视化分析所面临的难题。目前常用的解决方法是将时空箱与其他时空数据可视化及挖掘方法相结合，通过不同可视化技术的组合实现对大量轨迹的有效展示以及模式识别（Andrienko et al.，2007；Crnovrsanin et al.，2009；Eccles et al.，2008；Kraak et al.，2009；Vrotsou et al.，2010；Zhao et al.，2008）。

（3）活动的时空密度

在可视化分析中，个体活动的时空密度通常用三维体的形式表现，即在三维栅格网的基础上，对每个像元进行相应的赋值，实现对时空密度的三维模拟（Demšar et al.，2010）。但如何在二维的媒介上有效刻画时空密度的三维特征，是时空密度可视化的主要难点；而近年来三维体可视化技术的发展及应用，为时空密度的可视化提供了重要的技术支撑。

研究者曾通过活动密度趋势面来展示活动地与居住地的关系，即构建时空坐标系，通过密度计算（有时将活动点进行时间加权以充分考虑活动时间要素），得到活动点在城市空间或以到居住地的距离和时间为轴的二维空间上（Kwan，2008a）。这一方面虽然能够对活动的空间分布进行说明，但是时间维度上仅以时间权重进行表现，无法说明活动点在时间轴上的集中与分散情况（图 3-2）。

为同时展示居民活动在时间与空间维度上的密度分布情况，德姆萨尔等（Demšar et al.，2010）尝试在三维空间中以城市空间的经纬度为 x 轴和 y 轴，以时刻而非此前应用的时长作为纵轴对活动轨迹的时空密度进行可视化表达，为轨迹的识别和时空密度表现提供了有效的方法（图 3-3）。

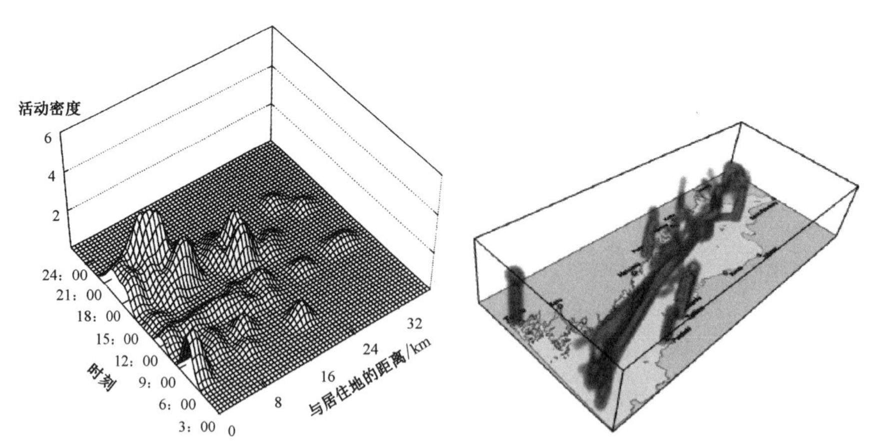

图 3-2　活动的时空密度表面　　**图 3-3　时空箱中的时空活动密度**

（4）制约与时空棱柱

时空行为研究除了强调时空的整体性，对于个体在时空中的行为而言，更为重要的是制约。即便能够对个体真实发生的时空路径进行汇总描述，依然无法真正理解系统作为一个整体的运行机制。因此，哈格斯特朗指出，更有意义的是探寻那些决定路径空间形态制约的时空机制。他提出三类制约——能力制约（Capability Constraints）、组合制约（Coupling Constraints）、权威制约（Authority Constraints）。其中，能力制约是由于个人的生理构成以及其所使用的工具而受到的个体行为的制约；组合制约规定了个体为了完成某项活动，如生产、消费及社会交往等，而其他人或某种工具、材料等在某时、某地同时存在并持续一段时间；权威制约来源于被哈格斯特朗称为“领地”（Domain）的概念，领地当中或者非其成员不得进入，或者是获得了邀请才能够进入，抑或在支付了一定费用或者通过某种仪式或斗争之后才能够进入（柴彦威，1998；柴彦威等，1997，2009）。

上述各类制约给个体活动—移动轨迹的延伸带来了一定的限制。通过预设的移动速度，可得出未来可能的时空，其所界定的点集形成所谓的棱柱。棱柱为轨迹未来延伸的时空划定了界限。棱柱关注行为的可能性而非行为本身，它在一定程度上导致了时间地理学对分析方法的关注。概念与符号系统的结合，为分析和计算提供了无须实证检验的有效途径，因为这些概念并非由偶发的背景派生、决定或受其影响的。这些方面都强调了时间地理学的普适性（Lenntorp，1976）。时空棱柱的概念目前已得到了广泛的应用，特别是在有关可达性和潜在移动的研究中。在棱柱的启发下，人们认识到：可达性是潜在移动的函数，各类活动发生的可能性是活动地点、开放时间、制度系统等的函数（Lenntorp，2004）。

（5）活动空间

活动空间是指个体日常活动中直接接触的活动地点的集合（Golledge et al.，1997），可理解为行为空间（或称行动空间）的子集（后者通常更关注居民划定自己所熟悉的或者是进行交互作用的地方和空间的范围）。活动空间代表了个人与环境的直接接触，而这种接触对于人们形成和划定自身行为空间起到了不可忽视的作用（柴彦威等，2008a）。根据舍恩费尔德和阿克斯豪森（Schönfelder et al.，2003），活动空间由个体到访的地点、途径的路线与区域构成，包括部分被个体看见但并未实际访问的地点。活动空间的形态可包括空间、时间、构成及社会互动等多个维度（Wang et al.，2012，2016），并通常以活动空间的面积大小或者活动空间内所包含的活动机会数量对活动空间进行概念化与操作化，以表征个体空间移动以及到达特定距离的活动机会的能力。基于这一测量方式，大量研究已揭示活动空间在分析社会排斥与社会空间分异等方面的有效性（Schönfelder et al.，2003；Newsome et al.，1998；Dijst，1999；Sherman et al.，2005；Wong et al.，2011)。

3.2 时空行为研究的国际与国内进展

3.2.1 时空行为研究的国际进展

近年来，时空行为研究在理论与实证研究以及国际研究网络构建方面取得了突破性的进展。一方面，时空行为研究通过自身理论与方法的不断完善、与GIS及移动技术的广泛结合，在潜在活动空间与时空可达性测度（Neutens et al.，2012；Song et al.，2014)、虚拟行为(Schwanen et al.，2014a；Dijst，2009)、联合行为（Farber et al.，2013)、地方秩序空间（Törnqvist et al.，2009)、情感与地理叙事分析(McQuoid et al.，2012；Kwan et al.，2007)、地理背景不确定性问题(Kwan，2012a，2012b）等方面取得了新的突破，在环境与健康研究、社会公平研究、交通出行行为研究、城市时空规划等方面拓展了新的应用领域（Richardson et al.，2013；Silm et al.，2014a；Kwan et al.，2014b；Neutens，2015；Delafontaine et al.，2011；Böcker et al.，2013；Chai，2013)，引领了人文地理学及城市规划的行为转向、生活转向，推动了地理学及地理信息科学的时空整合。

(1) 环境暴露

学者基于时空行为研究的理论框架与方法，探索了居民在日常活动中对周围环境的污染物、安全隐患的暴露机理，开拓了时空行为研究在环境暴露领域的应用。已有研究主要关注三个方面，即环境暴露的地理背景测度、空间污染与健康风险暴露、安全隐患的暴露。

为了考察居民日常活动中环境暴露的机理，需要较为准确地分析空间变量的背景效应。近年来，社会科学研究中另一个基础性方法论问题受到广泛关注，即考察地理空间变量对个体行为的背景效应具有时间、空间的不确定性。关美宝将这一问题称作地理背景不确定性问题(Uncertain Geographic Context Problem，UGCoP)，她从时空行为研究的理论框架出发，认为地理空间变量具有空间和时间的不确定性，它对个体行为作用效应的分析结果，可能受到地理背景单元或者邻里单元的划分方法及其与真实的地理背景作用空间的偏离程度的影响。例如，大多数研究将居住社区作为研究的地理背景单元，但对于居住社区的刻画可以有多种途径，如基于管理边界、基于实际距离的缓冲区，基于路网距离的缓冲区，基于居民主观认知等（Frank et al.，2005；Berke et al.，2007)；同时居住社区并不能准确地展现对研究个体行为或经历产生影响的真实区域，如工作地、学校或其他休闲场所附近的设施对于个体生活经历的影响同样重要（Matthews，2008；Chaix，2009）。关美宝提出了一个基于个体的动态的地理背景概念及测度方法，将 GIS 与全球定位系统（GPS）或其他位置感知技术的结合，依据人们去了哪里、用了多长时间，以及他们的交通路径来描述地理背景单元。

由此可见，时空行为研究启发了学者对环境暴露过程中空间、时间不确定性的重视。基于上述认识，学者针对空间污染与健康风险暴露、安全隐患的暴露等问题开展了实证研究。在空间污染与健康风险暴露方面，关美宝等（Kwan et al.，2015）尝试将动态污染分布与精细化的个体时空活动模式相结合，以评估动态的污染暴露，并将其与传统静态污染暴露评估方法相比较。卢咏梅等（Lu et al.，2014）分析了个人的空气污染暴露及污染物摄入值，并通过个体时空行为定义了个人健康风险区。他们刻画了三维的个人污染和健康风险地图，以对个人时空路径、空气质量指标（AQI）以及个人健康风险区进行可视化。

在安全隐患的暴露方面，林泳怡等（Lam et al.，2014）运用时空行为研究的潜在路径树（Potential Path Tree，PPT）的概念，提出了基于个人以及制约下的网络分析方法的步行者暴露的测度方法，分析了步行者暴露于交通事故风险的概率及其分布。姚申君等（Yao et al.，2015）将基于潜在路径树的步行者暴露测度方法与基于时空路径的测度方法进行比较，发现基于时空路径的方法较为便捷，而基于潜在路径树的方法更能有效地解释潜在交通事故的分布模式。

（2）基于行为的满意度

已有研究表明，活动和出行等日常行为对于满意度（或幸福感）具有重要的影响（Pychyl et al.，1998；Ettema et al.，2009），具体包括出行中所经历的正负效应、进行活动所使用的出行设施对于情绪施加的影响、出行的组织对于活动施加的压力等（Stradling et al.，2007；Ettema et al.，2010）。近年来，学者运用时空行为研究方法对基于日常行为的个人满意度进行了探讨。例如，约根·本迪克森（Jorgen Bendixen）和埃勒加德（Ellegård）基于丹麦 9 个职业医师的时间地理日志及半结构式深度访谈等数据，通过聚焦职业医师的日常工作活动，分析了他们在管理制度变迁背景下的工作满意度。根据研究结果可知，工作单位的组织和权力关系，以及组织企划与个人企划的匹配关系，为职业医师的日常活动带来了制约，影响了其工作满意度。作者通过该实证研究认为，时空行为研究与深度访谈的结合，为工作满意度的研究提供了非常有效的方法（Jorgen Bendixen et al.，2014）。施瓦恩等（Schwanen et al.，2014b）基于时空行为研究的理论框架，运用中国香港地区的实证数据，对个人满意度、地理背景及时空中的日常活动之间的联系进行了解读，发现相对于日常活动的满意度而言，整体的生活满意度与地理背景的联系更加密切。

（3）时空制约下的交通出行选择

时空行为研究在交通与出行研究中的应用已较为成熟。近年来，学者的关注点集中在交通需求分析及预测模型，居民的路线选择与目的地选择。学者引入时空制约的概念，以精确地定义选择集、提高模型预测的精确程度。

在出行路线选择方面，方志祥等（Fang et al.，2012）基于时空行为研究的时空棱柱的概念，运用中国武汉市的浮动车数据，通过分析时空制约下可能的时空路径，解读城市中几个重要的桥梁的出行需求的时空分布。通过实证分析，作者认为时空行为研究为解读出行需求的时空分布以及交通系统中可供选择的路径提供了有效的分析工具。

在出行目的地识别方面，斯科特等（Scott et al.，2012）基于 GIS 测度了居民的潜在活动空间，并在此基础上识别了时空制约下居民购物活动的目的地选择集；贾斯汀等（Justen et al.，2013）在样本潜在活动空间的基础上，识别了居民晚通勤过程中休闲活动地点的选择集；尹淑允等（Yoon et al.，2012）使用时空棱柱的方法识别了出行目的地选择模型中的选择集，并讨论了城市环境的动态性（即一天不同时段下交通路网状态、设施供给的变化）对活动地点选择集的影响。

（4）公共设施需求分析与时间规划

传统的公共设施规划通常仅考虑固定的、静态的需求地点（例如家）和服务设施之间的空间邻近度，没有考虑个人的活动—出行模式以及服务需求的时间变化，也忽视了设施运营时间对居民活动所带来的制约与排斥。近年来，学者基于时空行为研究的框架，尝试从基于人的视角分析居民对公共设施的动态需求，并探讨设施运营时间对居民活动所带来的影响。

在设施需求分析方面，任芳等（Ren et al.，2014）基于时空制约的概念，提出了八个公共设施时空需求的测度方法（考虑了居民的活动—出行时空模式），并与传统的设施需求测度方法进行比较。通过实证案例，作者发现，传统的基于空间邻近度的测度方法在多数情况下低估了居民对设施的潜在需求。在设施运营时间分析方面，德拉芳丹等（Delafontaine et al.，2011）在个人时空可达性测度的基础上，分析了公共服务设施的运营时间对居民个体时空可达性的影响以及可能带来的社会排斥问题，而纽腾斯等（Neutens et al.，2011）进一步讨论了调控公共设施运营时间的城市时间政策与居民生活质量的关系。

(5) 社会交往与社会公平

近年来，学者运用时空行为研究的方法对联合活动与社会交往、女性、情感等议题进行了讨论。在社会交往方面，尹凌等（Yin et al.，2011）运用GIS工具、基于时空行为研究的概念与框架，探讨了ICT的介入（如手机的使用）对面对面交流机会所带来的潜在影响。尹凌等（Yin et al.，2015）通过构建迁居等长期行为时空路径，讨论了实体的移动对社会交往所造成的影响，即居民迁居等移动过程中社会交往行为及社会亲近空间的变化。法布尔等（Farber et al.，2012）基于时空行为研究联合可达性的概念，尝试测度大都市区域发生社会交往的潜在区域的分布。

在社会公平方面，麦阔伊德和迪斯特（McQuoid et al.，2012）尝试将情感的要素纳入时空行为研究分析框架中，提出通过考虑个人情感表达，对时空行为研究中的“权威制约”进行重新解读。时空行为研究与情感要素的结合，为社会贫困与地理背景关系的解读提供了动态化的有效视角。斯科尔滕等（Scholten et al.，2012）基于女性通勤与日常生活的质性研究，对女性主义视角下的时空行为研究进行了再思考，认为尽管时空行为研究在发展的过程中受到女性主义学者的批判，但时空行为研究作为一个分析框架，成功地融合了其他社会科学理论（如性别研究）。通过对时空制约的可视化与分析，时空行为研究为传统的性别研究补充了微观尺度的分析方法。关美宝和科采夫（Kwan et al.，2015）通过三维可视化技术，分析了保加利亚苏菲亚市的通勤时间与时空可达性的性别差异；施瓦恩等（Schwanen et al.，2014a）讨论了互联网使用与家庭责任分工之间的关系，发现家庭责任分工的不平等仅制约了女性的互联网使用行为，而对男性没有影响。

3.2.2 时空行为研究的国内进展

时空行为研究引入中国20多年来，已经在不同类型的城市与人群中得到了大量的实证研究探索（Chai，2013），并逐步成为中国城市研究的重要力量，开拓了以时空行为与规划为核心的中国城市研究新范式，并取得了丰富的研究成果：在空间尺度方面，研究案例城市覆盖东部、中部、西部城市，城市内部时空行为研究包括市域范围、街区范围和社区范围等多种尺度；在时间尺度方面，中国20多年来以时间地理学为核心的时空行为研究进行了大量的数据积累，同时同一城市的前后多次调查（柴彦威等，2002b，2011c，2014c）和不同城市相近时间尺度的研究并存（柴彦威等，2008b；周素红等，2008）；在基于不同群体特征研究方面，关注收入阶层差异、女性群体、老年人群体和少数民族群体等（周素红等，2010b；张艳等，2011；刘玉亭等，2005；Cao et al.，2007）。

（1）案例的地域分布及空间尺度特征

自1992年柴彦威（1999）在兰州开展首个基于时间地理学的调查研究以来，时间地理学作为研究个体行为与城市空间互动的方法论已在多个城市展开实证：从城市规模来看，既有北京（柴彦威等，2002b，2010，2013）等超大城市，乌鲁木齐（郑凯等，2009；石天戈等，2013）、西宁（柴彦威等，2017a）等大城市，也有蒙自等小城市（唐雪琼，2004）。从城市性质来看，已有研究包括政治文化中心北京，高度市场化的城市深圳（柴彦威等，2008a）、广州（周素红等，2008），其他省会城市，如南京（刘玉亭等，2005；赵霖等，2013）；同时时间地理学方法也被应用于对少数民族城市的研究中（郑凯等，2009）。

中国城市时空行为研究还具有空间上的多尺度特征：①在市区尺度上，关注居民整体日常活动的时间利用（Wang et al.，2009；薛东前等，2013），以反映城市空间结构与居民生活空间；②在城市内部区域尺度上，关注城市居民生活方式与活动模式特征（申悦等，2010，2013），城市空间与时空行为关系研究，理解中国城市空间扩张过程与郊区空间重构模式；③在社区尺度上，比较居民日常活动的时空特征（张纯等，2007；许晓霞等，2010；周素红等，2010a；Wang et al.，2011；Zhao et al.，2013），透视转型的过程，揭示空间分异与社会公平问题。

总体上，大量的实证研究从不同空间尺度分析居民时空行为特征，但是目前现有研究地区在地域上呈现出“大集中、小分散”“东多西少”的局面，覆盖度与研究深度差异大。

（2）时间尺度特征

在时间尺度方面，时空行为分析集中在长时间尺度与短时间尺度研究上：长时间尺度的城市居民时空行为研究目前集中在迁居行为方面，以理解城市人口在单位制度解体、住房市场化、旧城改造、城市空间扩张等过程中从城区向城市郊区的空间再分配，以及上述新旧力量共同作用所引发的城市社区人口构成的变化过程（柴彦威等，2002a；冯健等，2004a；刘旺等，2004；刘望保等，2007；杨永春等，2012；张文忠等，2003；周素红等，2008）；而短时间尺度研究多借助活动日志进行行为调查与判读，包括24 h、48 h、一周等活动日志（张艳等，2009；申悦等，2012；张文佳等，2009；陈梓烽等，2015；柴彦威等，2014c）调查，通过对居民整日活动、行为日间差异、特定活动—移动（通勤、购物、休闲）的分析，理解城市空间中个体的行为组织。

（3）社会群体构成

从不同群体视角来看，已有研究关注中产阶级居民（柴彦威，2014a）并针对老年人、贫困人口和少数民族人口等特殊群体进行活动空间、可达性、社会交往等多方面的研究，从行为差异阐述居民生活质量，反映社会公平问题。其中，老年人研究从活动日志与访谈调查出发，探讨老年人日常生活社会网络（张纯等，2007）；流动人口与城市贫困人口研究关注时间利用以及生活活动时空结构（兰宗敏等，2012；刘玉亭等，2005），并通过研究不同收入阶层与性别下居民时空特征分析（张艳等，2011；许晓霞等，2011），用行为差异反映社会分异；少数民族的时空行为研究聚焦民族混居城市中的少数民族群体，对其活动的时空结构及其影响机制进行分析，并与汉族居民进行了对比（郑凯等，2009；郑凯，2010；Tan et al.，2017）。

总体上，虽然研究已涵盖多类群体，但仍缺乏对不同人群时空行为模式的特殊性提炼，同时对特殊群体日常行为所受到的制约的分析尚显不足。

3.3 地理背景不确定性下的时空行为研究

3.3.1 地理背景不确定性问题的缘起与内涵

地理背景不确定性问题由关美宝（Kwan，2012a，2012b）提出，指地理空间变量对个体行为作用效应的分析结果，可能受到地理背景单元或者邻里单元的划分方法及其与真实地理背景作用空间的偏离程度的影响。在空间—行为关系的研究中，空间变量的界定方式会对分析效应产生不确定性的影响，既体现在研究地域的区划方式与尺度选择上，也体现在地理变量的空间范围与实际影响个体行为的地理环境的偏离上。前者被称为可塑性面积单元问题（Modifiable Areal Unit Problem，MAUP），后者则是地理背景不确定性问题，二者共同构成空间—行为关系研究的根本性方法论难题（Kwan，2012a）。

可塑性面积单元问题由奥本肖和泰勒（Openshaw et al.，1979）首次提出，他们在研究中发现当较小的地理单元汇总到较大地理单元时，分析结果将发生显著变化。该问题的产生源于地理空间数据的多粒度、多尺度特征（Kolaczyk et al.，2010；李双成等，2005）。在实际研究中，研究地域主观的区划方式以及不同研究尺度的选择，常造成研究结果的不确定性，甚至在同一数据源基础上产生相悖的结论，因此可塑性面积单元问题可细分为“区划问题”（Zoning Problem）和“尺度问题”

(Scale Problem)。目前，这个问题已经受到了社会科学研究者的广泛关注，尤其在城市地理、健康地理、政治与选举地理等领域积累了大量研究，旨在证实可塑性面积单元的存在，以及讨论如何针对研究数据和区域确定最为适用的、寻求解决尺度转换问题的地理模型（Macallister et al.，2001；Kolaczyk et al.，2010；Johnston et al.，2005，2007；Weiss et al.，2007；Flowerdew et al.，2008；Mu et al.，2008；Riva et al.，2009；Root，2012）。

与可塑性面积单元问题相比，对地理背景不确定性问题的理论探讨与实证分析仍处在起步阶段。作为从时空行为研究缘起的理论命题，地理背景不确定性问题与可塑性面积单元问题的区别在于：地理背景的不确定性并非产生于研究地域的区划方案与尺度选择上，而是产生于对影响个体行为的准确空间范围的理解上，即不准确的空间范围将高估、低估甚至偏离实际影响个体行为的地理环境（Kwan，2012a，2012b，2013）。本质上，可塑性面积单元问题源于研究者对地理空间数据的多粒度、多尺度特征的认知，而地理背景不确定性问题则源于研究者对空间—行为复杂关系的认知。基于上述区别，已有的关于可塑性面积单元问题的研究方法并不适用于地理背景不确定性问题，因为前者的主要目标是识别合适的区划方式与地理尺度，而后者的目标是准确地把握影响个体行为的真实地理环境，从而有效地构建空间变量与行为变量之间的因果关系（Causally Relevant）。

由此可见，地理背景不确定性问题的核心是个人在日常活动中所经历（或暴露）的地理环境的不确定性，既包括地理环境实际范围的“空间不确定性”，也包括在不同地理环境中活动时长与时序的“时间不确定性”。在传统研究中，为了考察地理环境对某行为变量的影响，需要预先定义地理环境变量的空间范围。在此过程中，考虑到研究的可操作性、数据的可获取性，多数研究采用以居住地为核心、带有行政意义的地理单元作为地理变量的空间范围，例如居住区、人口普查单元、邮政编码区等（Diez-Roux，1998；Cummins，2007；Matthews，2008；Leal et al.，2011）。然而，上述基于居住地的地理单元并不能准确地表征影响个体行为的地理环境。一方面，个体的日常活动以及社会关系并不局限在特定的行政边界内，随着日常活动的开展，个体面临多重的地理环境（如居住地、就业地等），并且由于停留时长的差异，不同地理环境的影响权重也不尽相同。例如，瓦莱等（Vallée et al.，2010）发现，超过80%的居民的活动空间大于其所感知的邻里范围；巴斯塔等（Basta et al.，2010）的研究表明，居民在酒精零售店活动的总时长与邻里附近的酒精零售店数量并无相关性，表明基于邻里的政策并不能有效影响居民的酒精消费行为。另一方面，居民社会经济属性及生活方式的异质性，也导致实际影响个体行为的地理背景范围存在个体差异。

综上，传统研究中基于居住地的地理变量的空间范围并不能够完全涵盖人们在相关环境影响中的暴露。由于人通过时间、空间上的移动来完成日常活动，这种移动的结果使得人所受到的地理背景影响随着时间与空间而不断发生变化，因此，引入活动空间视角下的地理背景对行为模式与其影响因素进行分析是十分有必要的。

3.3.2 地理背景不确定性问题的研究进展

目前针对该地理背景不确定性问题的研究主要包括探讨活动地点的动态性（Basta et al.，2010；Wiehe et al.，2008）、不同测度方式下地理背景的差异性（Kwan et al.，2009）以及基于传统的居住视角解释行为的局限性（Kwan，2009；Troped et al.，2010）等方面。例如，维厄等（Wiehe et al.，2008）对青少年危险行为的研究发现，被调查者活动的地点在一天中不断变化；巴斯塔等（Basta et al.，2010）也发现了类似的现象，即15—19岁的被调查者中有过半将92%的时间分配在居住地之外的活动上；埃尔格通等（Elgethun et al.，2003）则发现，2—8岁的儿童在工作日大部分时间都在学校，而在周末则大部分时间在餐厅或电影院等娱乐场所。

健康相关研究也认为，传统的基于居住地的地理环境与个人实际的活动地区地理环境存在差异（Chen et al.，2015）。因此，仅关注居住空间、不考虑这种动态变化特征，可能会导致地理背景变量无法合理、有效地界定，进而造成研究结果的谬误（Kwan，2012a）。关美宝（Kwan，2009）在比较家庭人口普查范围和活动空间地理背景在大小和形状方面的差异时发现，基于家庭人口普查范围的结果会趋向于高估邻里效应的不良影响。格列佛和布里格斯（Gulliver et al.，2005）的研究表明，当人们在一天中穿过不同污染程度的环境时，他们所暴露在其中的环境的影响也在变化，因此如果不考虑人在一天生活中的移动，将无法准确估测个人的真实环境暴露水平。特罗普德等（Troped et al.，2010）分析了居民居住地或工作地点1 km内道路网络缓冲区的物质环境特征及其与体育活动参与的关系，发现居住地与工作地的物质环境特征仅影响居民在居住地、工作地附近的体育活动参与，而对居民整日的体育活动参与则无良好的解释力。

此外，关美宝（Kwan，2012a）认为这种地理背景的不确定性不仅体现在空间维度（即存在于真实空间环境对个体的背景效应），而且体现在时间维度（即存在于个体经历这些背景影响的发生与持续的时间）。维厄等（Wiehe et al.，2008）的研究也发现除了一天中不同时间的变化，参与者的活动地点也发生了较明显的逐日变化。特别是工作日与休息日之间，除活动时间分配的不同外（Bhat et al.，1999），活动地点与其经历的地理背景也存在明显的差异（Susilo et al.，2005；Novák et al.，2007；申悦等，2013）。这些研究结果揭示了传统静态地理背景可能会忽视不同时刻及日间的差异，因此在研究中应加入对时间不确定性所带来的地理背景动态性的考虑。

与国外研究相比，我国学者对于地理背景的研究，主要集中在居住地的建成环境对行为的影响方面，将日常活动空间作为地理背景范围判读行为模式的研究相对欠缺。针对地理背景不确定性问题，国内学者已开始逐渐关注，具体研究涉及地理背景的时间不确定性（周新刚等，2014）、不同地理背景范围内的建成环境对出行行为的影响（塔娜等，2015），但仍缺乏地理背景不确定性对行为模式要素间复杂关系分析时的影响的讨论。

在数据研究方面，移动定位技术在地理学研究中日益普及，在一定程度上推进了地理背景不确定性问题实证研究的开展。以 GPS 数据为代表的移动定位数据能高精度地刻画个体进行日常活动的地理位置及发生与持续的时间，因此有助于更准确地识别居民实际暴露的地理环境（Kwan et al.，2008；Yong Lee et al.，2011）；而通过多天的 GPS 数据进行叠加，还可进一步分析个体活动空间的概率分布，从而提高地理背景识别的准确性。通过对 GPS 数据进行居民活动路径的三维时空可视化，有助于分析不同路径的交互模式，从而揭示不同群体间相互暴露的特征。此外，GPS 数据所携带的连续时间信息，可以突破不同时间段的机械划分（如白天/黑夜），以及进行多天活动模式的日间差异分析，可有助于揭示时间维度的地理背景不确定性、挖掘地理背景的动态规律（Kwan，2012a，2012b）。

由此可见，GPS 数据的应用将极大地提高地理背景识别的准确性，推进地理背景不确定性问题的实证分析及理论演绎。然而，GPS 数据仍有一定的局限性，例如仅能反映个体的时空位置，无法刻画个体的实际行为乃至实时的主观感知、外部场景特征等，也难以准确地把握不同个体之间的交互状况及背后的社会关系。近期，研究者尝试将生态瞬时评估（Ecological Momentary Assessment，EMA）及社会网络分析（Social Network Analysis，SNA）等新兴研究方法与 GPS 数据采集技术相结合，前者基于手机等无线网络设备采集个体实时的行为、感知、情感以及外部场景特征（Shiffman，2009），而后者用于采集个人社会网络特征（如亲友的属性、关系特征与结构）的相关数据（Mennis et al.，2011）。GPS-EMA-SNA 的技术融合将有助于更细致地刻画个体在日常活动中所暴露的物质环境、社会环境、感知环境等多维度特征，在地理背景不确定性研究中有较大的应用潜力（Kwan，2012a）。

3.4 社会背景下的居民时空行为研究

个体行为所暴露的地理背景不仅仅有物质环境的维度（如城市建成环境），而且包括社会环境的维度。所谓社会背景，通常指区域的社会群体构成、平均收入水平、失业率、社会网络、安全状况、社会融合度等特征，反映本区域所有居民的社会经济属性的汇总状况，可在一定程度上衡量一个区域的社会结构、居民社会生活资源乃至社会关系等基本属性（Brooks-Gunn et al.，1993；Estabrooks et al.，2003）。

目前空间—行为关系的研究多关注物质环境维度，而对社会背景的探讨相对较少。克里沃等（Krivo et al.，2013）研究了居民活动空间（包含居住地、工作地以及购物、就餐、探亲访友的地点）所覆盖的社会环境，并用失业率、贫困比例、女性单亲家庭比例等指标对社会环境状况进行了整体评估。该研究发现，居民居住地的属性与所暴露的社会环境属性有正向的相关性，例如居住在贫困社区的居民在日常活动中所暴露的社会环境亦存在较高比例的贫困；同时，这种个人属性与社会环境暴露的联系存在种族/民族差异，表现为白人群体暴露的社会环境显著优于非裔与拉丁裔群体（即使这些群体住在收入水平相近的社区），反映了城市空间利用的种族化（Racialized）特征。沙克等（Shareck et al.，2014）比较了不同受教育水平的居民在居住地与活动空间中所暴露的社会环境的剥夺（Deprivation）水平（以受教育水平、就业状况及收入水平等指标综合衡量），发现低教育水平的居民无论在居住地还是活动地均暴露在剥夺程度更高的地区中；同时，所有群体在活动空间中所暴露的社会环境均优于自身居住地，其中低教育水平群体的差值比高教育水平群体更为明显。法布尔等（Farber et al.，2012）研究了加拿大蒙特利尔的英语居民与法语居民的相互暴露程度与个人移动性（即出行平均距离）的关系，发现移动性对两个群体间的相互暴露有正向的影响，即移动性越高的居民暴露的程度越高。

除了上述研究外，其他社会环境暴露的研究则多聚焦于居住地，探讨居住地的社会背景对个体行为的影响。例如，麦克唐纳（McDonald，2007）探讨了居住区的社会融合程度与儿童步行上学决策的影响；王冬根等（Wang et al.，2013）研究了居住区物质环境与社会环境对居民日常时间分配与活动参与决策的联系；克拉克等（Clark et al.，2013）在其研究中发现居住区的邻里信任程度对步行活动的参与有显著的正向影响；门德斯·德·莱昂等（Mendes et al.，2009）研究了居住区的社会融合程度、安全状况等社会环境特征对老年人步行行为的影响，发现居住在社会融合度较高的居住区的老年人更有可能参与步行活动。

3.5 西方行为视角下的城市社会空间分异研究主要内容

3.5.1 时空行为的群体间差异

已有研究通过分析不同社会群体时空行为特征（如生活时间分配、活动空间范围）的差异（Jones et al.，2014；Palmer et al.，2013）来反映不同群体（子群体）的行为模式、生活方式及生活质量的差异，透视城市社会空间分异的机理。

在活动时间安排上，群体间差异主要体现在强制性活动所带来的时空制约与维护性活动表征的家庭分工上，如麦克拉弗蒂（McLafferty，1997）运用1990年的调查数据，量化分析了纽约都市区社会经济重构背景下女性、种族差异变化在通勤行为上的表现；关美宝（Kwan，1999）对美国哥伦布市的全职女性、兼职女性以及全职男性三个群体的活动空间分布特征进行了可视化分析。关美宝和科采夫（Kwan et al.，2015）通过三维可视化技术，分析了保加利亚苏菲亚市的通勤时间与时空可达性的性别差异。

移动能力差异也是不同群体间行为差异的重要方面（Wissink et al.，2016）。社会科学对移动性的关注发现，在私人汽车广泛普及、公共交通体系日益完善的高移动性社会中（Goodwin et al.，2013），居民的移动能力并非同时得到提升，群体间的移动能力差距实际上在增大（Castells，2011）。朱利亚诺（Giuliano，2003）在对美国的全国居民交通调查数据分析时发现，白人在所有种族/族裔中的出行率最高，而非裔居民则有超过1/5并未出行。道尔和泰勒（Doyle et al.，2000）针对种族与性别的研究发现，白人女性出行率高于亚裔女性。

活动空间是与日常生活活动有密切关系的地点的集合（Golledge et al.，1997；Horton et al.，1971），是个体空间行为的核心度量指标之一（Abler et al.，1971；Brown et al.，1970；Wolpert，1965；Golledge et al.，1997）。活动空间在近年的群体差异与社会空间分异研究中越来越受到关注（Järv et al.，2015）。活动空间通常被理解为个体及与其直接接触以执行日常活动的所有位置的集合，反映了个体的实际可达能力差异（Dijst，1999；Sherman et al.，2005）。关美宝等（Kwan et al.，2004）通过对波特兰市非裔、亚裔居民样本的日常时空路径研究，发现了活动空间存在的族群差异：相比于非裔居民，亚裔居民的时空路径在空间上更加分散；非裔居民的工作与非工作活动高度集中在都市区的东部。另外，波特兰非裔女性居民的家和工作地集中在整个都市区内的一小片地区。与其他性别或种族群体（例如亚裔男性居民）相比，她们的活动地点在空间上受到更多限制。目前，更多的研究不再局限于活动空间范围的群体性差异方面，而是从活动空间出发，讨论活动视角下的群体间相互隔离与接触情况，从而透视社会空间的分异。

3.5.2 基于潜在活动空间的个体可达性研究

早期的研究多从空间的维度分析行为的社会空间分异与排斥的机理，而较少在时空整合的视角下进行分析。时间要素通常在度量个体活动的强度时被引入分析中（如根据活动持续时间进行加权处理），但较少考虑活动的时序（Horton et al.，1971）。20 世纪 70 年代时间地理学的提出，将活动空间与时空关联的思想密切地联系在一起。在时间地理学的可视化与分析框架下，空间被视为二维的笛卡尔平面，而时间被作为第三维引入，共同构成“时空箱”（Hägerstrand，1970）。在时空箱中，在固定的活动地点、活动时间之间，在个体最大移动速度的约束下，所有可能的路径的集合被定义为时空棱柱，用于表征个体在时空中的可能活动范围。

时空棱柱概念的提出，为解读个体在日常活动中所面临的各种社会、环境制约要素提供了有效的分析工具。例如，女性不合理的家庭分工（Kwan，1999）为女性的日常活动带来了更大的时空制约，因此其时空棱柱表现出更小额形态。对于有固定的居住地制约的个体来说，多天的时空棱柱以居住地为轴线向上堆叠；如果个体发生迁居，那么时空棱柱堆叠的轴线也随之改变（Palmer，2012）。

时空棱柱在二维平面上的投影，被称作潜在活动空间，表示个体在一定时间预算和活动分布制约下可能到达的最大空间范围（Lenntorp，1976；Burns，1979；Dijst，1999；Dijst et al.，2000）。首先，按照活动时间与空间选择的灵活性将活动分为固定活动和非固定活动。有的固定活动是指活动的时间安排相对固定、不可调整，而其他固定活动是指活动地点固定不可调整。于是，在个体活动序列中先后两个固定活动之间的时间间隔内查询个体所能到达的空间范围，即潜在活动范围。

不难看出，潜在活动空间是个体活动地点、时间预算、移动能力（最大移动速度）的函数，为度量城市社会空间分异与排斥提供了非常有效的指标：一方面，不同群体居住地的分异造成了日常活动地点分布必然存在差异；同时不同群体的经济收入的分异造成了移动能力的差异；而不同群体所面临的社会制约的不同，又导致了时间预算的差异；根据上述认识，潜在活动空间综合了多个维度的时空行为特征，能有效反映城市社会空间分异的多个方面的机理。另一方面，潜在活动空间可用于分析个体在日常活动中对城市时空机会的可达能力，可反映不同群体对城市资源的可达性、解释弱势群体受城市机会的排斥（Miller，1999；Weber et al.，2002）。

已有研究通过测度、比较不同群体的潜在活动空间（及相关的时空可达性），挖掘社会空间分异的行为机理，并透视与移动相关的社会排斥（Neutens et al.，2011）。关美宝（Kwan，1999）对潜在活动空间及时空可达性的性别差异进行了比较，发现全职女性潜在活动空间的面积比全职男性显著小 64%，反映了全职女性受到更高程度的时空制约；进一步计算潜在活动空间中的活动密度，发现女性的活动密度高于男性，说明女性尽管受到较强的时空制约，但更倾向于在机会密度较高的地区活动。学者还分析了各类弱势群体的潜在活动空间及其与城市机会的关系，例如残障群体（Church et al.，2003；Casas，2007）、低收入女性（McCray et al.，2007）、儿童（Casas et al.，2009）、低收入家庭（Páez et al.，2010）等。

3.5.3 活动视角下的城市社会空间分异测度

群体间隔离与分异的测度一直是城市社会空间分异研究的重要议题之一。以往的社会空间分异测度通常是从居住地出发，基于普查等获取的人口数据进行计算（Massey et al.，1988）。当研究视角由居住地转向日常活动中的社会空间分异时，研究者从活动视角对社会空间分异进行测度，以评估居民在日常活动中相互接触的可能性，说明群体间的隔离程度，揭示城市社会空间分异的现象与机理。

活动空间由于其涵盖了可能发生隔离或者交互的城市空间及物理环境（Li et al.，2017），因此研究者通常综合活动空间与群体间在城市空间中的暴露差异对社会空间分异进行测度。不同于活动空间范围差异的判断中存在弱势群体活动空间不一定较小等问题（Schönfelder et al.，2003），研究者基于居住分异研究的隔离指标测度，建立了日常活动的分异度量方法。黄永信等（Wong et al.，2011）运用出行日志数据及多种活动空间测度方法，分析了佛罗里达州白人群体、黑人群体、拉丁裔群体之间的活动空间重叠程度，以此揭示各个群体之间相互接触的可能性，为基于活动空间的社会分异与排斥测度提供了一个良好的案例。施内尔和约夫（Schnell et al.，2001）采用通话数据来建立社会空间隔离指数，并证明个体活动地与居住地的社会空间隔离程度并没有显著相关关系。

近年来，伴随着大数据在时空行为研究领域的应用与推广，手机数据等也成为分异和测度群体间的社会空间分异的重要方法。帕尔默等（Palmer et al.，2013）基于手机数据及其活动空间刻画，发现白人群体在社区外接触到白人群体的可能性高于遇到非裔群体、拉丁裔群体的可能性。贾夫等（Järv et al.，2014）基于爱沙尼亚塔林市的手机定位数据，从活动点的数量、活动点的空间分布以及活动空间范围等角度分析了研究地区的爱沙尼亚裔群体和俄裔群体的活动空间差异。锡尔姆等（Silm et al.，2014a，2014b）基于爱沙尼亚塔林市的手机定位数据，分析了不同时间尺度（日、周、年）上少数民族群体空间分布的时间变化特征，发现民族分异的程度表现出在夜间高于日间、休息日高于工作日、冬季（非假期）高于夏季（假期）的特征。还有研究者通过社交媒体数据分析使用者居住地与姓氏分布的社会空间分异差异（Luo et al.，2016；Longley，2012；Longley et al.，2016）。

3.5.4 社会群体的环境暴露差异

不同社会群体的社会经济属性及生活方式的分异，导致不同群体暴露的地理背景（包括物质环境、社会环境）亦存在一定的差异，这种差异可具体归因于活动地点分布、移动能力及活动时间等多个方面。

活动地点分布方面，各类社会群体由于受到不同的制约、偏好等因素的影响，在活动地点选择及停留时间上表现出一定的差异。例如，相比于非就业群体，就业群体一天当中有较多时间暴露于工作地周边的地理环境中，而在居住地的暴露时间相对较少，这一特征进一步导致了影响两个群体的地理背景范围的差异。这一假设已在部分研究中得到了证实，如陈翔等（Chen et al.，2015）的研究表明，相比于居住地附近的设施状况，工作地周边的餐饮设施类型、体育锻炼设施供给等环境特征更有可能影响就业群体的健康指标。又如，相比于其他年龄段的群体，青少年群体在日常活动中更有可能暴露在学校、娱乐社交场所以及朋友或同伴的居住地等地理背景中。相比于居住地的环境特征，上述地理背景的环境特征与青少年的风险行为的关系更为密切（Wiehe et al.，

2008)。再者，某些民族群体在日常活动中更有可能暴露在特定的宗教场所、特定的餐馆附近，其个体行为更有可能受到上述区域的环境特征的影响。

移动能力方面，群体间移动能力的分异将导致实际活动范围及暴露的地理背景的差异。例如，奥利弗等（Oliver et al.，2007）的研究表明，老年人群体由于家外移动能力较弱，因此影响其日常行为的地理背景范围较有可能小于其他群体，并且更倾向于围绕住家或养老设施。又如，使用机动车出行的高收入群体与无机动车的低收入群体相比，前者的日常活动中所暴露的地理背景范围大于后者，其中影响后者行为的地理背景较有可能集中在其通勤的公交线路或步行线路附近。

活动时间方面，不同群体的活动发生时间的差异性，可能导致各群体暴露在不同的地理背景中。例如，对于夜间消费或夜间工作的群体而言，影响其行为的地理环境将不同于其他群体：一方面，由于多数服务设施已停止运营，这部分群体暴露的设施数量明显小于日间消费或工作的群体（即使活动范围完全相同）；另一方面，这部分群体暴露的社会背景（包括群体构成、风险行为发生率、犯罪发生率等）都有异于其他群体（Schwanen et al.，2012；Brands et al.，2015）。类似的，周末工作的群体所暴露的地理背景与其他群体可能存在明显的差异。

3.5.5 弱势群体的行为特征与情感体验

通过聚焦城市弱势群体，对其行为特征进行精细刻画，剖析其日常活动中的情感体验，从主观认知的角度反映弱势群体在日常生活中所受到的社会排斥、资源分配不公平等问题（Kwan，2008a；McQuoid et al.，2012）。

传统的时空行为研究曾受到人本主义、女性主义的批判，被认为“将人简化为沿着特定的路径去往某些驻点（或地点）的行为主体”“忽视个体主观选择与偏好”（Sui，2012）。但近期，相关学者开始致力于体现主体、融入情感的地理空间技术的发展及其在时空行为中的应用，关注情感、主观性以及空间是如何在特定时间与空间中相互构成的（Domosh et al.，2001；Laws，1997；Longhurst，2001；Rose，1993）。在此背景下，从主观认知的角度出发，关注弱势群体在日常生活活动中的情感体验，成为行为视角下的社会空间分异研究的方法前沿。

关美宝（Kwan，2008b）基于活动日志调查数据与深度访谈的结合，对美国“911事件”后对穆斯林女性日常生活的影响进行了研究。她在研究中，将被调查者对城市环境的主观感受用不同的颜色标识在城市建筑物等环境要素中，与被调查者的时空路径结合，以此反映日常生活活动中的情感体验，揭示受访弱势群体在日常生活中所受到的社会排斥。麦阔伊德和迪斯特（McQuoid et al.，2012）尝试将情感的要素纳入时间地理学分析框架中，提出通过考虑个人情感表达、对时间地理学的“权威制约”进行重新解读。时间地理学与情感要素的结合，为社会贫困与地理背景关系的解读提供了动态化的有效视角。

4 民族视角下的城市社会空间分异研究

4.1 民族视角下的城市社会空间分异研究基础

4.1.1 相关概念辨析

在对西方城市社会空间分异理论与实践进行讨论与借鉴时，首先需要辨析作为城市社会空间分异主体的种族、族群以及民族概念的内涵与异同，以进一步理解中西方城市社会空间分异群体上的差异性，以便在研究理论与方法应用时辩证且发展地对我国民族的城市社会空间分异问题进行分析。

（1）种族

相对于族群与民族等概念，种族（Race）一词相对容易区分。种族是在人类学视角，表示具有不同身体特征、祖先、遗传特质的人群（Anemone，2011）。该词在 17 世纪使用之初更多的是强调生物学上的意义，后来被用以代指基因上具有差异的人类群体（庞中英，1996），并且不对是否具有共同的语言、文字、习惯等做出要求。随着时间推移与跨学科观点的相互交叉，由于种族一词比较敏感，如涉及歧视与种族主义等问题与联系，在以美国为首的西方国家已经越来越少被提及和使用，甚至一些教科书认为其不再具有分类的意义而将其删除（Lieberman et al.，2003）。而根据王浅等（Wang et al.，2003）对中国唯一的人类学期刊——《人类学学报》的研究结果，该词在中国的使用频率则相对较高。实际上，在汉语中所使用的种族一词，很多时候并非 Race，而是 Ethnic 的含义，即民族或族群，这两者的异同将在下面展开说明。

（2）族群

族群（Ethnic Group）作为分类范畴，其定义与概念诠释众说纷纭，总体上强调其文化、身份共同性。以挪威巴特（Barth）的定义为例，他在定义族群一般性认知的同时，强调其作为社会实体的特征。族群在人类学中一般理解为：生物上具有自我延续性；分享基本的文化价值，实现文化形式上的统一；形成交流和互动的领域；具有自我认同和他人认同的成员资格，以形成一种与其他具有同一秩序的类型不同的类型（Barth，1998）。

在中国的研究中，吴泽霖主纂的《人类学词典》认为“族群”是一个由民族和种族自己集聚而结合在一起的群体；而学者马戎（1997）在研究中则参考《现代社会学词典》（*Dictionary of Modern Sociology*）一书，将族群诠释为一种带有某种共同文化传统的身份感的群体，这种群体作为大社会中的亚群体存在。由此可见，族群更多强调外界认为其是共同体，也可能由于语言、种族或文化的特殊性而被原来一向有交往或共处的人群所排挤而集居（应超，2009）。

（3）民族

对于民族（Nation，Ethnic Group）一词的定义有诸多说法，其中在我国学术研究中使用较为广泛和规范的，是斯大林对其的定义，在此定义中，首先强调的是民族作为共同体的意义。具体来讲，民族一词在中文中是指人类群体的概念，不同于种族，民族通常在历史形成上具有不同语言、不同聚居地域、经济生活、文化类型、生活习俗和心理积淀的人类共同体，也包括综合信仰差异而产生的特征，如当代中国的汉、壮、回、藏、满等56个民族（郝时远，2013）。也有学者强调，民族有政治性特征，重点应该是自我意识，一些民族并没有非常鲜明的文化特征，但是存在民族的自我意识，因此仍然被认为是同一个民族（徐杰舜，2002）。

民族一词的理解可以从两个路径进行诠释：强调血缘与文化上的联系；强调政治意义，如在理解欧洲民族概念时，一些国家的民族概念基于语言、文化宗教，而西欧倾向于其公民身份含义（庞中英，1996）。中国民族的概念，在对应 Nation 时，近似于中华民族的含义与用法，而反映汉族、少数民族含义时，虽然中文同样为民族，实际上对应的是 Ethnic Group。

在本书的研究中，主要关注在同一城市中汉族、回族的联系与差异，特别是以两者的文化特征差异作为出发点，即将一个具有鲜明文化特征（伊斯兰文化）的群体与汉族进行比较。基于此，本书倾向于从民族概念与视角进行研究。

4.1.2 影响因素

基于民族城市社会空间分异的影响因素包括几个方面。在最基本的层面上，民族分异受迁居决策的影响，而迁居决策又与个体社会经济属性差异、居住成本（以及其他住房市场相关因素）、住房机会的空间排斥（如房地产市场的种族歧视）、城市公共政策以及居民对邻里族群构成的偏向性等因素相关（Zubrinsky-Charles，2001）。

首先，在社会经济属性和不同邻里的居住成本的差异共同影响下，部分少数族群因支付能力的限制而无法与其他族群居住在同一邻里中（Zubrinsky-Charles，2001）。已有针对美国城市种族分异的研究表明，对于少数族群而言，社会经济地位（如收入水平）越高，所面临的隔离程度则越低，这一现象对于拉丁裔及亚裔居民尤为明显（Logan et al.，1996）。其他研究亦表明，居民对特定区域的生活成本的认知也影响其搬迁至该区域的空间决策，并因此加剧或减缓城市社会空间分异（Farley et al.，1993）。

其次，住房机会的空间排斥（特别是房地产市场的种族歧视）对居住选择以及城市社会空间分异的影响，也在大量研究中得以证实（Massey et al.，1993a；Yinger，1995）。例如，梅西和丹顿（Massey et al.，1993a）分析了美国非裔居民在城市特定区域购房或租房的过程，发现在其他社会经济属性（如收入水平、受教育水平等）相似的条件下，非裔居民比白人在购房或租房中面临更大的阻碍。这种阻碍源于城市住房和房贷市场的种族歧视，其后果是非裔居民的居住迁移能力受到限制，导致居住区域的空间集中与隔离，并且无法向就业岗位集中区域发生居住迁移，造成了高失业率和贫困的集聚。

最后，城市公共政策对民族的城市社会空间分异也产生了显著的影响。例如，比克福德和梅西（Bickford et al.，1991）指出，在20世纪50年代美国城市更新浪潮中，大量的公共住房项目在已有的非裔居民聚居区周边选址建造，在一定程度上加剧了非裔群体在居住空间上所面临的隔离。梅西和丹顿（Massey et al.，1993a）认为，1968年美国《公平住房法》的通过在一定程度上遏制了城市住房和房贷市场的种族歧视的现象，并缓和了城市民族/种族的城市社会空间分异程度。

除上述因素之外，居民对邻里族群构成的偏向性（例如对同族群居民的偏好、对其他某些族群的规避等）也对民族的城市社会空间分异的形成起到了重要作用（Clark，1986，1992；Emerson et al.，2001）。这种邻里偏向性与针对族群的负面刻板印象有关（Bobo et al.，1996），在一定程度上左右了居民住房选择过程。克拉克（Clark，1992）在其研究中发现美国各个族群都在居住选择上有一定程度的同种族偏好，其中白人群体的同种族偏好最为强烈。爱默生等（Emerson et al.，2001）发现，在其他条件相同的情况下，邻里族群构成中的亚裔人及拉丁裔人的占比对白人群体的居住选择并无显著影响，但非裔群体的占比则显著影响了白人群体的居住选择。谢林（Schelling，1971）以邻里偏好为基本要素模拟了城市种族分异的形成过程，通过计量模型分析，展示了邻里中的居民对邻里族群构成的偏好如何作用于居住选择的博弈过程，并最终形成城市族群分隔的空间模式。丹顿和梅西（Denton et al.，1991）认为白人群体从中心城区“逃离”至郊区，并尽可能规避族群融合区域，这些因素导致了城市种族分异的形成。

4.2 民族视角下的城市社会空间分异测度方法

对城市内不同民族群体的人口分布进行分析时，为探究群体间的分异情况，研究者利用一系列指标来理解分异模式与趋势，如分异指数（Dissimilarity Index）（Duncan et al.，1955b）、莫兰指数（Moran’s I）（Dawkins，2004）等原始性指标，以及在此基础上发展的暴露指数（Exposure Index）（White，1986）、交互指数（Interaction Index）（White，1986）、局部隔离指数等对两个或多个群体间分异进行度量的空间、非空间指标。

4.2.1 分异指标的维度

分异指标最初仅针对白人与黑人的二元群体间的隔离情况，维度单一，不能反映多群体在城市空间的交互。在此基础上，研究者开始关注分异指标的维度问题。梅西和丹顿（Massey et al.，1988）在1988年通过因子分析法，对城市社会空间分异提出了五个维度的指标，包括均匀性（Evenness）维度、隔离—暴露性（Isolation - Exposure）维度、集中性（Concentration）维度、向心性（Centralization）维度和集群性（Clustering）维度。

均匀性维度表示群体在空间分布上的均匀程度，基尼系数、锡尔指数都是该维度的主要测度指标，同时有学者在测度均匀性维度时，将指标从两个群体的相互关系扩展到多个群体间的相互分布关系，如摩根（Morgan，1975）提出的差异性指标；隔离—暴露性维度强调群体间在城市空间中潜在的接触可能性，隔离指数为该维度的典型代表；集中性维度强调群体在城市中所占用的空间与总体的比例，以此说明集中程度（俞路等，2007）；向心性维度强调群体向城市中心移动的可能性；集群性维度指群体在空间中的聚集程度。

此后有研究者认为，城市社会空间分异的维度要少于此五项：里尔登等（Reardon et al.，2004）认为应保留均匀性—集群性（Evenness-

Clustering）维度与隔离—暴露性（Isolation-Exposure）维度；布朗等（Brown et al.，2006）则认为集中性维度与均匀性维度、集群性维度近似，尤其是在当前多中心、蔓延式的城市发展阶段，中心性已经失去了其意义，但他们保留了向心性维度与隔离—暴露性维度。由此可见，在分异指标各维度中，最具有普遍认可度的是隔离—暴露性维度，即群体间孤立或接触的情况（Iceland，et al.，2002）。

4.2.2 分异指标的空间性

非空间与空间指标的划分指该指标在测度分异程度时，是否考虑了城市空间中群体分布的空间关联（White，1986）。以基础指标之一的隔离指数为例，非空间隔离指数无法反映局域内的群体聚集和孤立情况。参照俞路等（2007）的研究说明，如图 4-1 所示，假设八种不同的城市少数群体分布情况，包括少数群体聚集在城市中心、边缘，均匀分布或非均匀分布等情况，空间分布模式存在较大差异。当分析两个群体的隔离指数而不考虑群体分布的空间性时，图中（a）至（h）这八种假设情况下的隔离指数（D）均为 1，并不能分辨出情况的差异性。当考虑到空间性，即加入空间邻接权重矩阵时，得到修正隔离指数 $D(adj)$，这几种情况下的隔离指数可以对空间分布情况的差异性进行反映。

	描述	D	$D(adj)$
(a) 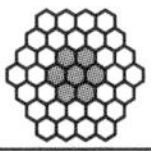	少数群体聚集在城市中心	1	0.80
(b) 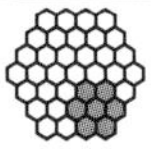	少数群体聚集在城市边缘	1	0.88
(c) 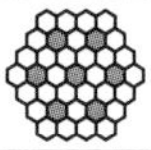	少数群体社区均匀分布在单中心城市中	1	0.53
(d) 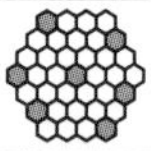	少数群体社区零散分布在单中心城市各处	1	0.72
(e) 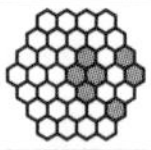	少数群体在城市中心有大聚集，在边缘有小聚集	1	0.74
(f) 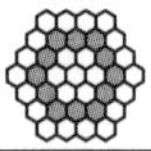	少数群体环绕着城市中心聚集分布	1	0.47
(g) 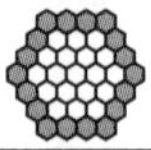	少数群体沿着城市边缘呈环状聚集分布	1	0.67
(h) 	少数群体在小城市外围呈环状聚集分布	1	0.57

100%的少数群体社区　100%的多数群体社区

图 4-1　隔离指数与空间隔离指数的假设情况

早期的城市社会空间分异测度的基础性指标几乎都是非空间性指标。主要的空间性指标有加入邻域矩阵后修订后的隔离指数（Morrill，2016）、空间性接近指标（White，1986）、莫兰指数（Dawkins，2004）等。在对指标进行空间性考虑时，常借助空间矩阵对不同地域间的关系进行讨论（Wong，1999）。在指标中，空间矩阵主要包括两类：一种是基于是否共享临边、邻角的 0－1 邻接矩阵，即用 0 表示无临边，用 1 表示有空间紧邻存在（Wong，2004）；另一种是基于空间距离，采用不同的方法来评估空间距离对指标的影响，并在指标中加入相应的距离信息。此外，也有学者除邻里关系外，还考虑了两区域的大小及其相互接触的边界形状（Wong，1993），对空间性的考虑更为充分。

近年来，伴随着空间分析方法的发展与数据采集的进步，城市社会空间分异指数与空间算法结合得更为紧密，行为视角下的城市社会空间分异情况开始进入研究者的视线。一方面，研究者对城市社会空间分异指数的测度不再局限于居住地视角，开始从活动点出发对群体间的分异情况进行分析（Wissink et al.，2016）；另一方面，从居民活动空间出发，通过建立椭圆（Wong，2003）、核密度估计（Buhai et al.，2006；Wong，2004）等来计算空间分异指数，从实际与潜在的活动空间接触性角度对群体间的城市社会空间分异进行测度。还有学者在研究中考虑到可塑性面积单元问题的影响，讨论尺度问题下的城市社会空间分异程度（Reardon et al.，2004）。

4.2.3 主要测度方法

对城市社会空间分异程度测度方法的探索一直是相关研究的重点，早在 20 世纪中叶，已经有学者从汇总角度尝试对城市中的分异情况进行量化，邓肯等（Duncan et al.，1955a）的《隔离指数方法论分析》一文可以说是分异程度测量方法的标志，文献讨论了分异的六个主要指标，并提出隔离指数（D 指数），用以揭示两个群体在空间上的分离程度。该指数此后一直是城市社会空间分异程度测度的基础方法之一。此后，不断有学者对城市社会空间分异的测量进行讨论与发展，并得到了一系列的测度方法。

在早期阶段，测度指标大多基于某个基础概念推导得到，特点是简洁实用，代表性指标有隔离指数（Duncan et al.，1955a）、暴露指数（Bell，1954）等。以表征群体间接触与互动情况的暴露指数为例，该阶段分异指数主要针对白人与黑人两个种族之间的隔离与交互情况（Reardon et al.，2002）。由于简单易操作，且基于普查数据，目前这些指标仍作为基础性指标，被广泛应用于城市社会空间分异研究中。同时基于这些基础性指标的原始公式进行的城市社会空间分异计算，也是进行从不同时间尺度对分异情况变化进行纵向比较的有效方法（石恩名等，2015），如对美国大城市隔离指数年变化的测度等，都是采用基础指标进行。

由于早期阶段的原始测度指标存在局限于两个群体、对空间性考虑不足、维度单一等情况，研究者针对原始指标从表征的群体数量，加入对空间因素的考虑、多维度定义分异指数等几个方面进行了发展和修正。对隔离指数的发展过程中，仍强调指标的均匀性维度，并以表征总体的隔离指数为主，主要加入对多群体（Morgan，1975）和空间性的考虑，包括采用邻域矩阵、不同方法的距离权重等方法。暴露指数讨论群体间的接触情况，为接触性指标，对该指标的发展包括多群体相互接触情况（Lieberson et al.，1982a），提出针对局域的暴露指标，加入距离、邻域、是否共享边界等方面的空间考虑（Wong，2004），以及群体间接触机会的非对等性问题（Wong，2002）。

其他常用的民族视角下的城市社会空间分异测度方法还有莫兰指数。莫兰指数可以用于判定区域间是否存在空间相关性和异质性，包括全局莫兰指数和局部莫兰指数两类，其中全局莫兰指数用于检验整个研究区中的邻近地区间是相似、相异（空间正相关、负相关）还是相互独立的参考指标，局部莫兰指数则用来检验局部地区是否存在相似或相异的观察值聚集在一起的现象（Dawkins，2004）。此外，对空间接近情况进行测度的空间临近性（SP）指数（White，1983）等也是主要的测度方法。

4.3 我国民族视角下的城市社会空间分异及研究进展

4.3.1 民族空间分布特征与城市社会空间分异情况

我国作为一个多民族国家，以汉族为主体，包括55个少数民族。

（1）宏观尺度的少数民族分布

2010年第六次全国人口普查结果显示，我国少数民族人口占全国总人口的8.49%，其宏观分布情况可以高度概括为“大杂居”“小聚居”和普遍散居的情况（管彦波，2011）。汉族人口遍布全国，民族人口以西部地区为主，同时与汉族地区在空间上相互交错，形成杂居格局。同时，历史上在各民族形成与发展过程中，各民族一直存在接触与交往，虽然单一民族在一定范围内聚居，但构成始终从属于总体大杂居的格局。而每个民族一般都有其或大或小的聚居区，即“小聚居”状态，同时，回族、满族、朝鲜族等民族存在大量的杂散居人口。

(2) 城市尺度的少数民族空间分布特征与城市社会空间分异情况

在城市尺度上，我国城市内部的少数民族居民除民族自治地区外，多以散杂居为主，与汉族居民在城市空间中混合程度一般较高。通过对分异系数的比较，可发现少数民族与汉族的居住混合程度明显高于美国城市的种族（民族）居住混合状况。例如，美国 2000 年的人口普查结果显示，纽约和芝加哥两大都市区的分异系数都高于 80；即便在各大都市区中分异系数最低的杰克逊维尔（Jacksonville），其分异系数也高于 30（Frey et al.，2000）。而在中国的城市中，2000 年民族人口比例最高的城市——乌鲁木齐市的分异系数仅为 30.5（李松等，2015）。

由此可见，相比于美国城市，中国城市的民族居住混合状况相对较好。但尽管如此，少数民族与汉族之间仍在生活方式、宗教信仰、语言、价值观以及经济收入等方面存在明显差异。例如，户口与户籍制度（作为国家人口流动管理及社会治理的工具）对居民日常生活的影响就表现出明显的民族差异。已有研究表明，在劳动力市场上，户口因素对少数民族居民的影响显著大于对汉族居民的影响（Guo，2014）。由此可见，虽然中国城市少数民族与汉族之间的居住分异系数较低，但在活动空间的层面仍存在明显的民族差异，表现为少数民族居民在日常生活中可能面临比汉族居民更多的空间制约，从而产生活动的城市社会空间分异。

针对城市尺度，我国对城市内部少数民族的城市社会空间分异研究是伴随着居住空间分异研究的，是在对城市社会空间结构的研究过程中涉及并展开的（黄怡，2004）。目前从地理学、规划视角出发的少数民族研究主要发挥其对物质空间实体认知的优势，从城市社会区分析、居住空间分异与居住选择差异研究、民族社区与活动场所研究和行为视角下的民族城市社会空间分异研究几个方面展开讨论。

4.3.2 城市社会区分析

自 1949 年舍夫基等（Shevky et al.，1949）提出“社会区”的概念后，城市社会区分析作为城市社会空间分异的重要研究手段得到广泛应用。我国学者在社会空间研究中，在社会区分析的基础上，采用以普查数据为主的多种来源，基于不同空间尺度，对我国多个城市进行了社会区分析。

而关于民族的社会区分析主要包括两种类型：一类是将居民的民族

构成或家庭的民族混合程度（如普查数据中民族混合家庭户数据）作为人口或家庭变量中的一个指标进行社会区分析，这一类研究往往被少数民族居民人口比例相对较低的城市所采用，其社会空间结构更多以收入水平、职业行业类型、户籍情况等带来分异，少数民族使城市社会空间分异在此类城市并不是主要关注问题。以广州市基于三次普查的社会区分析为例（周春山等，2006，2016；郑静等，1995），在对2000年、2010年的指标选取中，均加入了民族构成变量，但社会区划分结果主要包括人口密集和居住拥挤的老城区、知识分子聚居区、不同收入阶层区域，以及城镇、农业、外来人口几个维度，民族因素并未对社会区划分产生明显影响。

另一类是将民族作为主要变量，以不同民族的比例或混合度等作为因子变量进行社会区划分，这类城市以少数民族聚居地区为主，该类城市的少数民族居民占据相当比例，并对城市社会空间分异存在显著影响，需要加以强调。这类研究以乌鲁木齐市为例（张利等，2012；雷军，2015），在其社会区分析中，以人口的民族构成作为变量，通过因子分析发现，少数民族作为贡献度最大的主因子之一，是乌鲁木齐市城市社会空间分异的主要方面，且民族主因子与流动人口、无业人口和受教育水平等变量关系密切，这与乌鲁木齐市少数民族居民的现状与特征相一致。在此结果下划分的社会区结果包括民族混居区，该区域民族人口的混居程度远高于城市空间的其他区域，从街道一级尺度看，基本上以民族混居为主，而在社区层面存在不少的少数民族聚居现象。

4.3.3 居住空间分异与居住选择差异研究

居住空间分异研究作为城市社会空间分异研究最为主要的构成部分，一直是研究的重点。在对城市内部少数民族居民居住空间分异进行研究时，目前主要利用人口、城市发展历程等数据资料，认识少数民族居民在城市空间中的居住格局与民族间的居住分异情况。一些学者关注少数民族居住地的分布，从空间格局上说明不同民族的居住空间分布，理解城市社会空间结构（姚华松等，2007；王月梅，2016；马宗保，2000）。

也有研究者在定性说明城市少数民族居民聚居与杂散居情况后，基于人口或调查数据，采用隔离指数、莫兰指数等，对城市中少数民族的社会空间程度进行量化与测度，并通过不同时间界面的城市社会空间分异指数进行比较，说明城市社会空间分异的发展历程（梁茂春，2001；张志斌等，2014；李松等，2015；谭一洺，2013）。以乌鲁木齐市的民族居住格局及其演变研究为例，英成龙等人利用乌鲁木齐市第三次至第六次人口普查数据，对 1982—2010 年乌鲁木齐市汉族、维吾尔族、哈萨克族和回族居民的居住格局及其演变进行研究，采用莫兰指数等空间自相关方法，研究发现乌鲁木齐市民族居住格局由简单、同质性向复杂、异质性演变，各民族之间的融合性有了较大提高，并以缓解民族间的隔离程度为目标，提出以构建小聚居、大混居的结构形态来促进公共服务设施的配套。

面向居住空间分异现象与进程，为理解居住地视角下的城市社会空间分异机制，透视城市社会空间分异的形成与动态变化，研究者从迁居行为与居住选择的民族差异入手，探讨居住分异格局形成的动因，认为少数民族迁居动因包括迁出地推力与迁入地拉力两个方面，可以分为民族性推（拉）力和一般性推（拉）力，包括宗教场所、民族聚居或散居、工作地点、教育观、城市建设、住宅环境、可达性等多个因素，推力与拉力在相互作用的基础上，共同影响迁居行为的产生（张志斌等，2014；谭一洺等，2017d）。

在城市居住空间分异背景下，民族间的交往与融合问题同样引起了学界的关注。为考量城市空间中的民族间邻里交往与空间融合，地理学者基于居住地，从宏观尺度把握同一居住空间内少数民族居民与汉族居民的融合与排斥情况（艾少伟等，2015；佟玉权等，2015）。

4.3.4 民族社区与活动场所研究

民族社区是具有民族性、地域性和社会性的社会共同体（孙立平，2001）。对民族社区的研究是民族学、社会学、地理学与旅游学等多学科的共同关注点。其中，地理学在对民族社区进行研究时，常关注民族社区的演化与聚居区形成、发展等问题，以期解读城市社会空间分异的影响因素，透视民族聚居地区的形成与发展（李亚娟等，2013）。

早期地理学视角下的研究如杨正文（1997）对黔东南苗族社区社会文化变迁进行的综合研究，对社区的发展阶段进行了划分，并总结了社区在宗教、节日、价值观等方面的变迁趋势特征；以周尚意（周尚意，1997；周尚意等，2002）对北京市牛街与马甸回族聚居区发展的研究为例，研究以民族社区为研究对象，从城市地理学的角度审视社区的发展过程，并发现交通干线的发展对少数民族居民的传统经营方式与内容产生了影响，改变了社区的居民构成，原有的居住分异格局发生了变化，进而透视了城市社会空间分异的影响要素与动因。

也有研究者从社区、活动场所的视角，对少数民族城市社区当中的清真寺等宗教场所（陈永根，2009；齐一聪等，2014）、传统民居（刘沛林等，2010）等进行了研究，并结合旅游开发与旅游规划提出了从社会空间的生成解读少数民族聚居区的旅游开发与保护策略（孙九霞等，2015）。

4.3.5 行为视角下的民族城市社会空间分异研究

基于居住地的我国少数民族的城市社会空间分异研究已经取得了长足的进展，但从微观行为视角透视少数民族居民日常生活与城市空间互动的研究尚处于起步阶段，理论探讨与实践研究都相对有限。长期行为上，主要包括迁居研究；日常活动方面，通过活动日志调查，郑凯获得了乌鲁木齐市汉族与维吾尔族居民的一手资料，运用时间地理学的研究方法，对乌鲁木齐市维吾尔族男、女居民在休息日和工作日活动的时空结构进行分析，在购物方面将维吾尔族居民与汉族居民进行对比，讨论了维吾尔族居民的时空特征，为少数民族时空行为研究提供了经验（郑凯等，2009，2011；郑凯，2010）。

近年来，地理学者从文化视角解读少数民族地区的人地关系、身份与地方认同（杜芳娟等，2011；唐雪琼等，2010）等内容，通过深度访谈和结构式访谈发现精英群体的民族身份认同表现出明显的空间差异和角色差异，此举推进了民族文化的地理学研究。

此外，还有一些研究者以乡村聚落中的少数民族居民为对象，对其认知空间、居住空间、建筑特色等进行研究（寇怀云等，2014；栾斌，2013；邓春凤等，2012），虽然此类研究不同于城市内部对混杂居的少数民族居民及城市社会空间分异研究，但作为地理与规划学者的关注点之一，同样加深了对少数民族居民居住与生活的理解。

4.4 回族居民的城市社会空间分异研究

民族的共同文化包括物质、精神文化两个方面，在民族共同体中占据着重要的地位。宗教文化作为民族精神文化中最核心与深层的部分之一，与民族的生活与发展关系密切。在我国少数民族中，许多民族几乎全民信仰宗教，宗教广泛渗透到民族生活中（许宪隆等，2013）。宗教在我国各民族形成与发展中的作用不容低估，如汉族、藏族在民族性格方面的巨大差异，就与宗教文化的长期熏陶有着密切的关系（张践，2002）。

结合本书研究对象与伊斯兰教对居民生活影响的特殊性，本书选择以回族为代表的穆斯林居民为研究对象，对其城市社会空间分异研究进行说明。我国信仰伊斯兰教的少数民族包括回族、维吾尔族、哈萨克族、柯尔克孜族、乌孜别克族、塔塔尔族、东乡族、保安族、撒拉族九个少数民族，汉族、蒙古族等其他民族中也有部分居民信仰伊斯兰教。其中，回族居民是我国人口最多的少数民族之一，相较于其他信仰伊斯兰教的少数民族居民，回族居民虽然以西北地区占比最多，但总体上广泛分布于我国大部分城市，且城市化程度较高，以“大杂居、小聚居”的空间分布为主，在散居各地的同时又保持其伊斯兰教的共同宗教信仰。兼顾回族居民的人口比例、分布特点与宗教文化的特殊性，对回族居民的主要特征进行概述，以说明以回族居民为代表的城市社会空间分异研究的特殊性与单独讨论的必要性。

4.4.1 回族居民特征

回族是中外多民族长期融合的结果，是以历史上来华的穆斯林人口为主，并不断吸收和融合了汉族、蒙古族、维吾尔族、白族等我国原有少数民族后逐渐形成的（房全忠，2008）。总体上，回族居民在宗教信仰、民俗习惯、经济生活、家庭分工、语言交流、社会认同等方面存在鲜明特征。

宗教信仰：回族居民信奉伊斯兰教，一天中要进行五次礼拜，每周五有主麻聚礼，必须集中到清真寺由阿訇带领集体完成。这些宗教活动促使回族居民特别是男性居民需要在特定的时间前往清真寺，形成特有的时空安排。回族作为我国伊斯兰教的最大载体之一，分为格底目、西道堂、伊赫瓦尼三大派别，噶德忍耶、哲赫忍耶、库布忍耶、虎夫耶四大门宦，并且以清真寺为中心的一个地区的全体穆斯林形成独立的教坊，信奉不同的教派、归属不同的教坊同样会影响回族居民的居住与日常行为。

民俗习惯：民俗节日上，作为原宗教节日的开斋节、古尔邦节、圣纪节目前均为回族居民的主要节日；居住习惯上，因其日常生活与清真寺息息相关，居住上常“围寺而居”，进而在城市空间中形成“大分散、小聚居”的分布特征；饮食上，严禁饮酒；日常服饰上，具有民族特色。

经济生活：伊斯兰教对商业经济具有根深蒂固的影响，《古兰经》中多处提到与商人相关的经文，并认为经商是受真主喜爱的职业（房全忠，2008）。在此影响下，回族重商善贾的经济特点同样作为民族特征之一而被熟知，其商业活动即民族的历史传统，同时具有广泛的群众基础，在职业行业类型中，个体经营类占有较大比重。

家庭分工：由于女性在生育过程中所扮演的角色，女性抚育的作用被特别强调，并被认为是真主赋予女性的崇高使命。因此女性应以家庭为重，在社会上工作的前提是完成家庭义务后如有空间与能力，并经过男性家长的同意（骆桂花，2007）。受此影响，传统回族家庭的分工模式一般表现为男性在外工作养家，女性照料家庭进行劳作，即“男主外，女主内”的家庭分工。但伴随着回族居民重商文化的发展与就业机会的增加，加之女性受教育水平与整体社会地位的提升，男女在家庭中的分工差异也在不断缩小中。

语言交流：回族以汉语为母语，但与此同时，因其信仰伊斯兰教，又使回族的语言受到阿拉伯语等语言的影响（赵杰等，2015）。因此，回族居民所使用的汉语有不小的变异，如回族居民见面互道“色俩目”这种语言交流特色，带来了族群内的语言认同，并易被其他群体所识别。

社会认同：社会认同是个体认识到他（她）属于特定的社会群体，同时也认识到其群体成员身份带给他（她）的情感和价值意义（Tajfel et al.，1986）。回族因其民族身份的外在体现，而增加了民族认同感，但也易产生民族间的偏见以及对民族群体间矛盾的知觉（高承海，2012）。

4.4.2 回族居民的城市社会空间分异研究与特色

回族居民的民族特征使得城市中的回族居民既有别于汉族与其他少数民族，在城市中居住与生活时，呈现出特定的时空结构，同时回族居民又作为城市居民的一部分，与其他民族不断接触与互动，在此双重作用下，其与汉族居民在城市中表现出独具特色的城市社会空间分异特征。在对回族居民与其他民族的城市社会空间分异研究中，除一般性的民族视角下的社会区分析、居住分异与选择研究、居民社区研究等内容外，一方面在已有城市社会空间分异研究内容中加入民族特色，另一方面针对其民族特征，特别是宗教信仰与文化特征，而存在特色化的研究主题。

（1）以回族为主要因素的城市社会区分析

在将民族作为主要变量，以不同民族的比例或混合度等作为因子变量进行社会区划分相关研究的基础上，针对回族居民人口比例较高地区，研究者一方面识别民族属性对城市社会区划分的贡献性，另一方面通过分区结果，印证城市中回族居民的分布特点，并结合民族特征说明对应社会区内城市空间的民族特色。

以陈志杰等（2015）的研究为例，在基于第六次全国人口普查数据对兰州市进行社会区分析时，研究采用少数民族人口比重、汉族人口数、回族与东乡族人口数作为影响因素，通过因子分析，得到少数民族人口这一主因子，并发现该主因子得分最高的街道与城市空间的回族居民人口分布情况相一致。在此主因子基础上划分得到少数民族人口聚居区，进一步对该社会区类型特征进行分析，研究认为受特殊的宗教文化影响，该区域的建筑风格、餐饮服务、商品百货等均具有浓郁的民族特色。

（2）回族居民的居住分异与选择研究

针对回族居民的居住分异与选择研究，研究者基于回族居民的宗教文化、生活习惯等特征，从清真寺等宗教活动场所影响下的回族居民的居住空间结构、回族居民居住选择偏好及迁居等方面，进行了实证研究与理论阐述。

在居住空间格局上，回族在城市内部整体上呈现“大分散、小聚居”的空间分布，研究者在此基础上加入清真寺等宗教场所与回族居民空间分布关系的讨论，证实了回族居民的空间分布与清真寺布局高度相关（张志斌等，2014；马宗保，2000）。也有一些民族学、人类学视角为主的研究从居住空间出发来透视民族关系，如马宗保等（1997）将居住格局变迁作为切入点来研究对象民族交往。

通过对居住选择与分异上的研究发现，居民的社会经济属性、宗教场所、社区环境、家庭生命周期等在不同程度上影响着回族居民的居住行为，并在宏观区位选择观上表现出汉族更注重环境、教育因素，回族则需要更多考虑宗教因素（谭一洺，2013）。而针对回族流动人口的居住选择研究则发现，对于流动人口，群体经济状况是首要影响因素，以务工经商为流动目的的流动穆斯林的居住选择受月收入、房屋月租金的显著影响；民族意识作为次要影响因素，对流动穆斯林的居住选择仍有重要影响，信仰伊斯兰教的流动穆斯林受宗教文化、族缘关系的影响，以租房的形式居住在靠近清真寺的民族聚居区（廖贺贺等，2016）。

（3）回族居民社区研究

在民族社区研究中，加入对回族特征的考虑，结合教坊等概念下的社区理解，从信仰认同等方面讨论了回族社区在城市重组过程中的转型，进而理解了城市社会空间分异情况的变化机制（陈肖飞，2013）。对回族城市流动人口进行讨论时，同样基于民族特征进行讨论，以此说明城市宗教生活的便利性，即邻近清真寺对回族流动人口的拉力（高翔等，2010a，2010b）。

回族社区类型方面，在以兰州市为例的研究中，研究者对城市化进程中的回族社区进行分类，认为其主要包括典型回族聚居区、受城市化影响的传统聚居区、新型聚居区，其他主要散杂居住在一般社区内。其中，典型回族聚居区围绕清真寺分布，房屋多为自建房，回族居民人口比例较高，民族认同感最强；受城市化影响的传统聚居区多在历史时期就已形成，受城市规划和发展的冲击很大，民族融合程度加深；新型聚居区一种是在传统回族聚居区内或附近新建的，景观上有别于传统回族聚居区的回族小区或回族居民楼，另一种是在城郊一带或城乡接合部形成的新的回族聚居地区（谭一洺，2013）。

此外，在对神圣空间与宗教场所的研究中，对回族居民特定空间的研究从机制上侧面讨论了城市社会空间分异（Gladney，1987；华文璟，2016）。

在其他研究中，同样有从回族居民特征出发，强调社会空间的研究，此类研究没有直接对城市社会空间分异进行讨论，但是从空间含义上理解回族居民行为。以白凯（2012）的研究为例，他基于主位研究视角，以自我叙事的方式，结合个人和家庭生命历程中不同阶段的事件，对回族宗教活动空间的存在主义含义进行了主体意向性解读，说明了回族宗教活动空间的构成，以及从地方的物质宗教空间结构到无地方的精神宗教空间结构的递进转换特征。

5 西宁城市特征与研究案例选择

5.1 研究区域概况

研究案例地区西宁市作为青海省省会与经济文化中心，位于青海省东部湟水中游河谷盆地内，以旧城区为中心，呈现放射十字形空间格局。2020年，西宁全市人口为246.8万人，是青藏高原地区唯一一个人口超过百万的中心城市。全市平均海拔为2 295.2 m，是青藏高原腹地相对海拔较低的宜居城市。同时，西宁也是典型的多民族城市，民族聚集、宗教并存。全市少数民族人口为61.57万人，占常住人口总数的25.79％。西宁市现辖城东区、城中区、城西区、城北区、湟中区以及大通回族土族自治县、湟源县。另外设有西宁（国家级）经济技术开发区、城南新区（属城中区）、高新技术开发区（生物科技产业园区）、海湖新区[①]。虽然西宁作为青藏高原上最宜居、人口最多、生活设施最完备的城市之一，但在中国由东部沿海到中西部地区的渐进式梯度转型背景的影响下（杨永春，2011），发展阶段与市场化程度仍落后于沿海城市，生活方式也与沿海发达城市存在差异。

5.1.1 西宁城市空间发展与现状

2021年西宁全市总面积为7 660 km^2。本书主城区划分依据2013年数据采集时西宁市的行政区划标准，主城区为城东区、城中区、城西区和城北区，面积为346 km^2。

西宁在1949年新中国成立以前，城市空间缓慢扩张。自1949年以来，城市建设用地开始迅速蔓延，至1956年西宁编制第一版城市总体规划时，城市空间发展以单中心扩展为主（张志斌等，2008），已突破老城区范围，初步形成了以湟光为商业中心、小桥为工业区、南滩为近郊区的空间布局雏形[②]。1966年至改革开放前，西宁作为重点建设城市之一，其重工业得到快速发展。在此阶段，西宁钢铁厂等企业的扩建促使西川工业区发展，南川则以机械加工为主形成工业区，并伴随着城市发展与市区相连接，奠定了十字形的城市空间基础（刘春艳，2004）。改革开放后至2000年，西宁一方面采取“退二进三”的政策来优化城市内部空间结构，另一方面进一步扩大建设用地面积，在老城区外围建设商品化住宅小区。2000年以来，西宁城市空间进入高速发展阶段，在城市空间内形成多个组团，并依托行政办公、高校文教职能等形成新的城市中心。

对西宁城市景观与土地利用的解读也说明了城市自20世纪90年代末加速发展的空间特征：张建新等（2010）采用地理信息系统（GIS）/遥感（RS）技术，利用1988年、1996年、2001年、2006年TM图像[③]，借助景观格局分析软件（Fragstats 3.3），计算西宁城市景观常用指标，指出1988年后西宁建设用地景观空间扩展在时间上表现为演变速度由慢加快，其中1988—2001年增速较慢，2001年后迅速扩张，并以南川河、北川河和湟水河交汇区（西宁老城）为中心，沿着川道河谷向四周扩展。从主城区土地利用格局来看，至20世纪90年代末期，主城区土地利用类型中仍有一定比例的耕地，至2003年耕地比例显著下降，并基本形成多元化的土地利用格局（陈琼等，2010）。

目前，西宁整体延续2000年以来所形成的多中心组团式城市空间结构，具体表现为：传统商业中心“大十字”地区仍以商贸、零售为主，继续其商业中心职能与地位，并围绕新宁广场在城市西部形成副中心；南川河至海湖新区一方面承担居住功能，另一方面作为行政办公与科教功能组团；城北区依托生物园区作为高新产业功能为城市提供就业机会；南部新区承担部分行政职能并作为向南扩展的重要组团与中心城区加强联系。

5.1.2 西宁城市回族居民特征

西宁是典型的多民族城市，民族聚集、宗教并存，是青藏高原人口唯一超过百万的中心城市。根据2010年第六次全国人口普查数据[④]显示，西宁全市少数民族人口为573 491人，占常住人口的25.96%，其中，回族人口为359 138人，占16.26%；藏族人口为121 667人，占5.51%；土族人口为57 521人，占2.60%；撒拉族人口为8 505人，占0.38%；蒙古族人口为13 701人，占0.62%；其他少数民族人口为12 959人，占0.59%。其中，回族居民作为西宁市人数最多、占比最高的少数民族，具有其鲜明的宗教文化特色，并在此影响下形成了独特的生活行为习惯。相比于其他少数民族，回族在西宁市历史沿革中一直具有重要的地位。本书综合考虑人口比例、宗教信仰、行为特色，以及与城市空间的互动关系，选择汉族与回族居民作为西宁市行为视角下的城市社会空间分异与民族差异的研究对象。

西宁市回族居民具有悠久的历史。根据文字记载，至北宋时期，青唐东城（今西宁市）已经居住有回族先民“数百家”之多，在明清两代屯田和移民政策的支持下回族居民进一步增多，聚居趋势更为显著。后在清代镇压农民起义的过程中，城内回族居民被迫大批迁出，并聚居于城东的东、南、北三关和大众街、周家泉、杨家庄、清真巷一带，奠定了回族居民现阶段的空间分布格局。

根据西宁市2010年第六次人口普查数据[5]显示，目前西宁市区的回族居民有73.5%聚居在城东区，其中大众街、清真巷、东关大街、林家崖、八一路街道的回族人口均在10 000人以上。如果考虑族群认同，同样在城东区聚居并信仰伊斯兰教的还有撒拉族、东乡族民族人口，城东区以回族为主的穆斯林人口占少数民族人口的90%以上（马文慧，2007）。回族等穆斯林人口的空间聚集与地缘分布，促使相关以穆斯林为消费群体的商业、服务业在此集中，使得城东区集合了独特的文化氛围。城中区、城西区、城北区的回族居民人口比例分别为9.3%、8.5%和8.7%，此三区的回族居民大多散居、杂居在汉族居民住区。

西宁市回族居民在诸多方面有着区别于汉族等其他民族居民的特征，同时又呈现出地域性特征。

（1）社会经济类型

西宁市回族居民一直有着崇商的特质。研究者在20世纪90年代的调查中就发现，个体商户对自己的职业持很高的肯定态度，把从事个体商品经营看作一种生活方式（南文渊等，1987）。传统的优势经营项目——清真餐饮、个体商户以及清真牛羊屠宰业仍吸引着西宁市大量回族从业居民。以东关大街周边为例，仅东至共和路、西到花园南路、北至东关大街、南到清真巷这一范围内，就有500多家商业网点，业态业种涉及食杂店、宾馆、服装业、清真饮食业、牛羊屠宰业、珠宝玉石特产、穆斯林民族用品、居民生活性服务业8种商业行业，且商店绝大多数为回族穆斯林经营（图5-1）（魏明洁等，2013）。这一经济特点使得回族居民有相当一部分以个体经营为职业选择，而从事专业技术人员、办事人员等相对固定的全职性工作比例相对低于汉族居民。

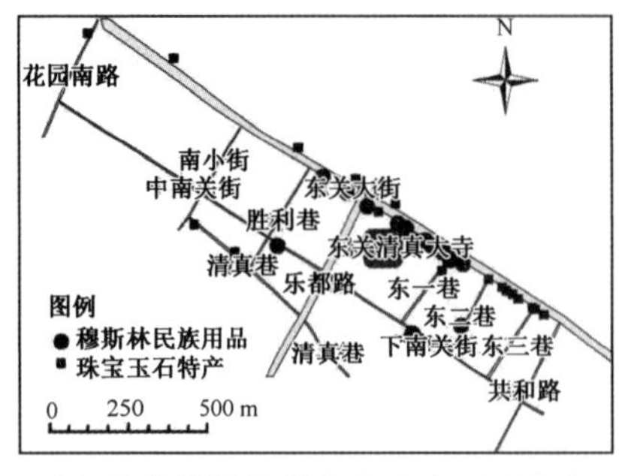

(a) 穆斯林民族用品与珠宝玉石特产

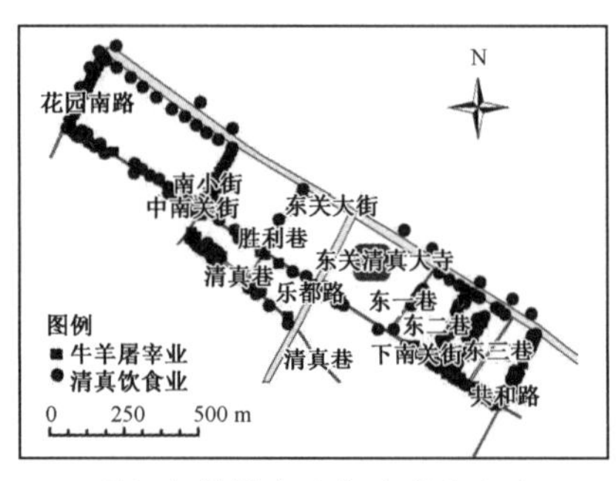

(b) 牛羊屠宰业与清真饮食业

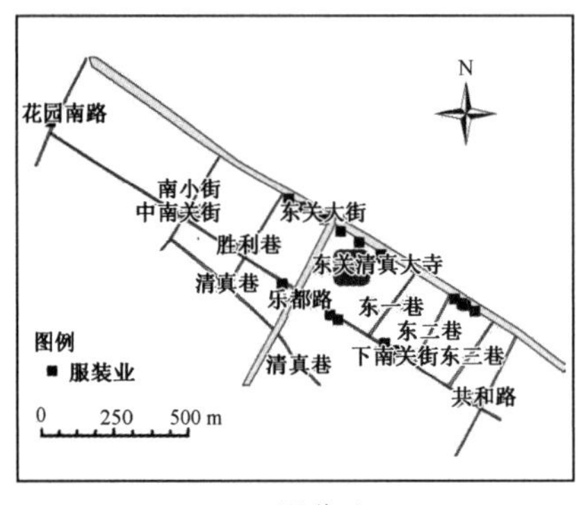

(c) 服装业

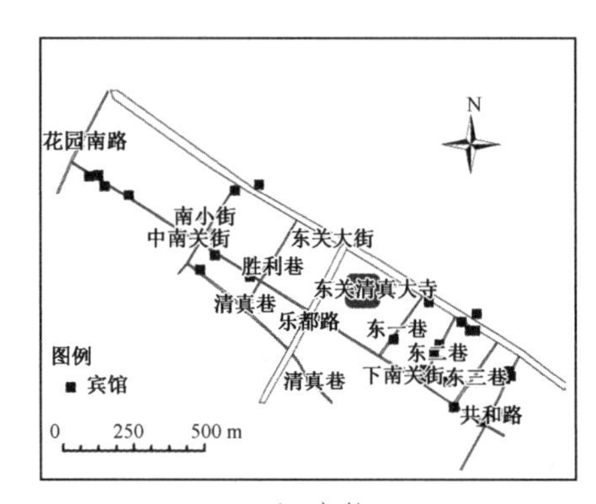

(d) 宾馆

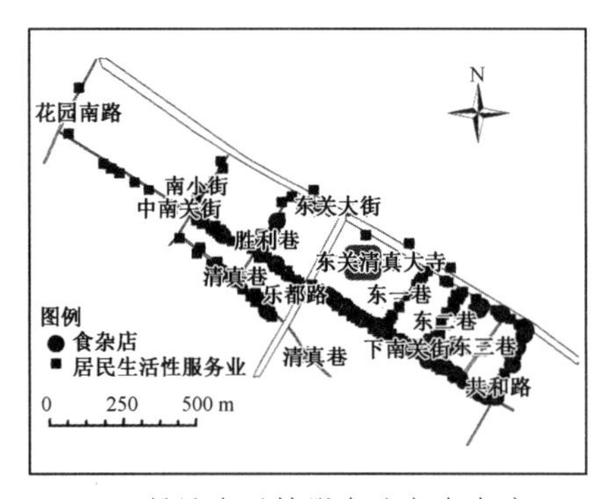

(e) 居民生活性服务业与食杂店

图 5-1　东关清真大寺附近商业业态空间分布

(2) 宗教信仰

回族居民信仰伊斯兰教，而伊斯兰教对于回族居民而言，不仅是一种宗教制度，而且作为一种生活方式与文化意识也渗透在回族居民的日常生活中。西宁市的回族居民一方面与其他地区的穆斯林一样遵从教义及其在风俗习惯、饮食、婚丧礼仪等方面的规定，选择“围寺而居”的居住特点，并在城东区以东关清真大寺为核心进行聚居。另一方面西宁市作为中国伊斯兰教派之一的伊赫瓦尼的倡兴发展之地（李兴华，2008；

马进虎，2011)，目前市区内绝大部分清真寺为伊赫瓦尼教派，并以东关清真大寺为重，而信奉“老教”的部分回族居民与撒拉族居民倾向于在空间上邻近唯一的老教清真寺——杨家巷清真寺，甚至于同样遵循伊赫瓦尼教派的赛莱菲耶（又称“三抬”)，然而这部分教民因其主张有别于伊赫瓦尼，故有在西宁城市东南部聚居的趋势。这一教派上的差别同样导致了回族居民在居住甚至生活空间上的分异。

(3) 家庭分工

伊斯兰教强调女性在家庭和社会中的角色与地位，同时也认为女性的职责和义务是在家庭中。由于女性在生育过程中所扮演的角色，女性抚育的作用被特别强调，并被认为是真主赋予女性的崇高使命（骆桂花，2007)。受此影响，传统回族家庭的分工模式一般表现为男性在外工作养家，女性照料家庭进行劳作，即“男主外，女主内”的家庭分工。在西宁市，在自工业建设时期以来的双职工家庭模式影响下，回族女性更多地参与社会工作，特别是在城市西部以教育科研为主要功能的城市空间，回族家庭的性别分工差异较小，而在回族聚居的城东区，传统回族家庭的分工模式仍占有一定的比例。

5.1.3 西宁城市物质环境特征

西宁市由于其“十字”形的空间形态，城市一方面以老城区的商业中心——“大十字”地区为中心进行人口扩散，另一方面伴随着城市空间向西、向南方向的扩展，在河谷东西向与南北向交叉处形成城市枢纽。本节为理解西宁市物质环境现状，为下文分析城市中心的选择提供依据，采用西宁市地理兴趣点（POI）数据，选择直接影响居民日常时空行为并与生活关系密切的商业零售、餐饮娱乐、公交车站、清真寺等几类设施，分析其分布特征与建成环境特征，并基于此识别适于本书研究的城市中心地点，其中POI数据来源于百度地图数据，将在后文数据部分展开介绍。

(1) 商业零售

商业零售设施一方面以服务居民消费需求为目的，与人口密度紧密相关，另一方面为了与城市商业活动相依托，其选址、规模与商品结构等会为了满足不同的消费需求而进行相应的要素组合，进而形成不同的经营形态。西宁市的商业零售设施主要分布在东西向的河谷内，并以“大十字”为中心向外扩散，在城市几何中心形成副中心（图 5-2)。北侧的生物园区以生产职能为主，南部与主城区存在过渡地带，商业零售设施的密度相对较低。值得注意的是，西部特别是海湖新区，虽然新建了大批高质量的住宅区，但是由于该地区开发时间晚，入住比例有待进一步提升，目前商业零售设施的密度低，很难满足居民的消费需求，可能带来长距离以购物为目的的出行活动。此外，结合已有研究发现，城市清真寺周边的商业行业对清真大寺具有明显的空间依赖关系，“邻寺布局”的空间特征非常显著（陈肖飞等，2014；魏明洁等，2013）。

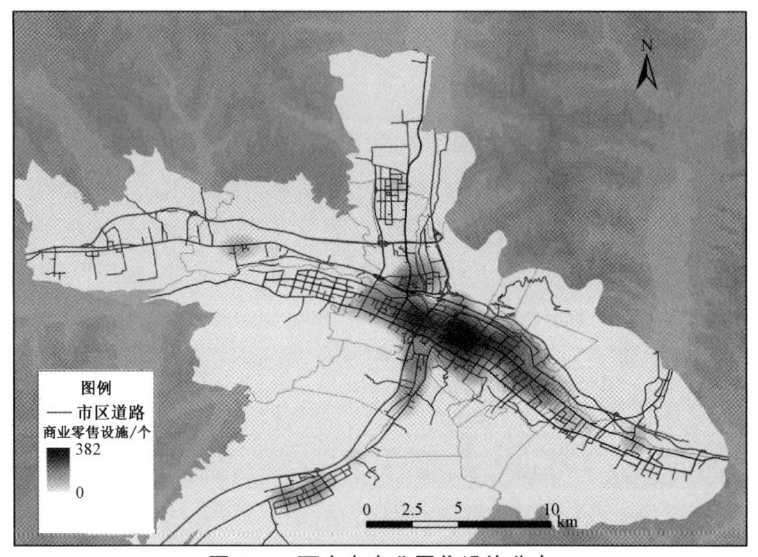

图 5-2　西宁市商业零售设施分布

（2）餐饮娱乐

餐饮娱乐设施作为满足居民生活与休闲的重要设施类型，其空间分布对居民生活有着重要的影响。目前西宁市餐饮娱乐设施的空间分布与商业零售设施相近，同样以“大十字”为核心，该地区拥有相当高的餐饮娱乐设施密度。受回族个体经营特征影响，大量回族居民从事餐饮行业，同时餐饮娱乐设施的数量众多但等级较低、规模较小，因此在“大十字”东部回族居民相对聚居的地区，同样存在较高的餐饮娱乐设施密度。而西部新区的餐饮娱乐设施密度较低，对该地区居民的支撑有限（图 5-3）。

（3）公交车站

公交车站密度是公共交通可达性的指标之一。不同于商业零售与餐饮娱乐设施，受西宁市东西、南北狭长的城市空间分布特征影响，公交车站密度除了以“大十字”附近为热点外，在邻近城市几何中心偏西的新宁广场与新宁路客运站地区还存在密度较高的热点地区，即东部、西部存在两个主要的换乘中心，沟通了城市各个方向的公共交通与对外县、市的客运交通。同时相比于商业零售、餐饮娱乐设施在北部与西部的不足，公交车站设施更为均衡，西部与北部均有一定密度的公交车站设施，为该地区居民提供了公共交通出行的可能（图 5-4）。

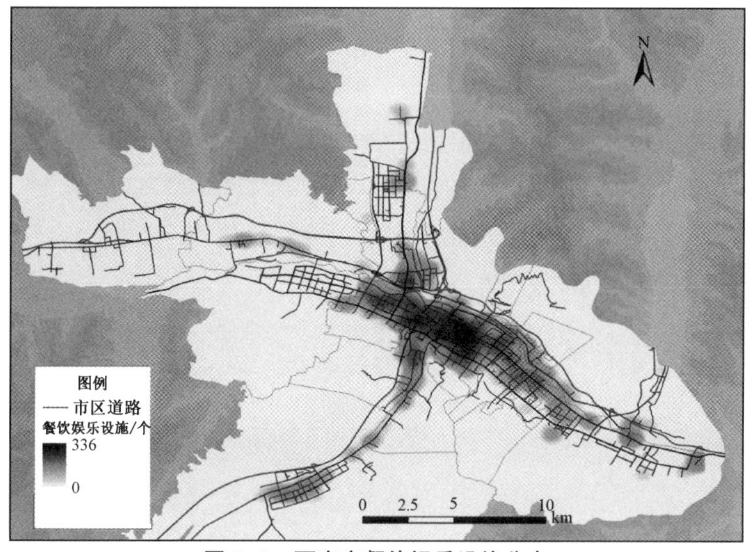

图 5-3　西宁市餐饮娱乐设施分布

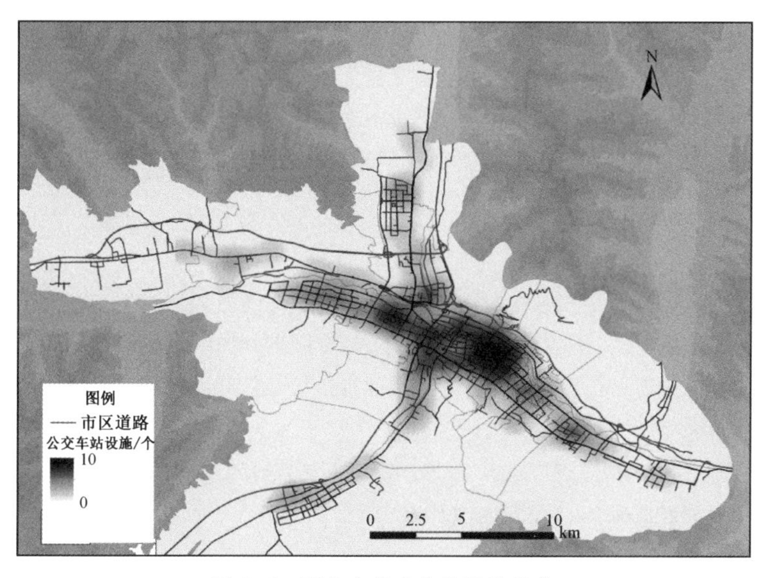

图 5-4　西宁市公交车站设施分布

（4）清真寺

本小节结合本书民族比较主题，分析了清真寺的分布情况。清真寺作为回族居民重要的宗教场所与生活锚点，其数量往往与回族人口比例呈正相关（杨文炯，2007）。根据杨文炯（2007）整理，至 2000 年西宁全市共有清真寺 239 座，其中主城四区分布有 44 座，城东区就有 28 座清真寺分布，其内的东关清真大寺更是西北地区最大的清真寺之一。城西区和城北区分别分布有 6 座清真寺，城中区分布有 4 座。结合密度图可以看到，西宁市区的清真寺密度以东大街为核心向外降低，城东区清真寺的密度与数量远高于其他三区，这与西宁市回族人口分布相一致（图 5-5）。

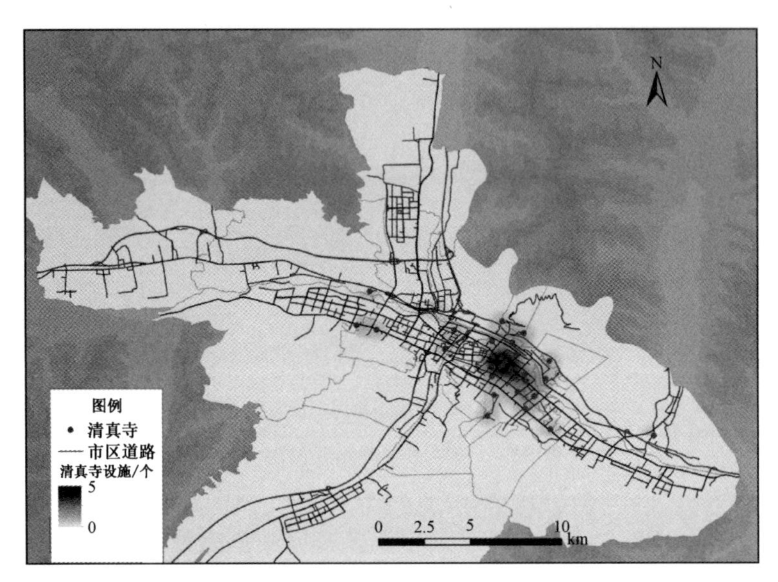

图 5 5　西宁市清真寺分布

综合以上几类设施的分布情况可以看到，虽然在城市扩张过程中，政府机构与居住区向西部转移与扩张，但作为城市传统商业、娱乐中心的“大十字”地区仍具有明显的核心特征。结合本书关注居民生活空间、社会空间与时空行为的研究主题，选取“大十字”地区作为研究中的城市中心地区，下文如无特殊说明均应用此城市中心。

5.2　时空数据采集

5.2.1　研究案例居住区的选取

从西宁城市空间结构与发展、物质环境显著现状出发，结合少数民族居住地的空间分布情况，以及研究人员于 2013 年 7—9 月在西宁展开居住区调查所获取的居住区的地理位置、住区类型、人口构成等信息资料，综合考虑区位（方位、与中心城区的距离）、住房性质（单位住宅、商品房、政策性住房）以及少数民族人口构成情况（回族居民人口比例），选取 15 个居住区进行抽样调查（图 5-6，表 5-1），具体如下所述：

（1）文化街居住区、东大街居住区位于城市中心地区，住宅建设年代较早，居住条件一般，部分政策性的房管局公租房仍没有独立卫生间，属于老城区居住区。

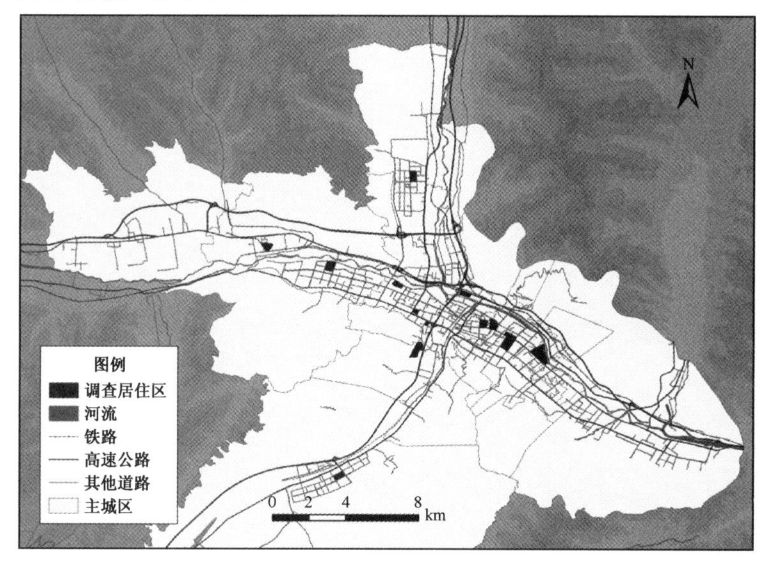

图 5-6　研究案例地区

(2) 香格里拉、新乐花园与王府花园是典型的商品房居住区，且三个商品房居住区的选择综合考虑了居住区位：一个靠近中心城区，周边设施密度较高；其他两个一个邻近北部的产业园区（新乐花园）、一个在城市南部（香格里拉），虽然居住条件较好，但是周边城市空间生活设施的配套相对有限。

(3) 作为西部城市单位影响残留的重要特征，西宁市目前仍有一些单位居住区供工作人员与家属居住。本节综合考虑单位类型［如西宁钢厂（现西宁特殊钢股份有限公司）为工厂、出版社为事业单位、青海师范大学为高校］与建成年代（华益名筑为 2010 年后青海省电力系统新建单位集资房居住区），以及与城市中心的距离，选取丰泽园、西钢新村家属院、青海师范大学、生物研究所、出版社、华益茗筑等单位居住区，另外银苑居住区为已破产单位的原有家属区，目前部分住宅仍为原家属楼，但与此同时居民住房来源变得更为混合、复杂。

(4) 杨家巷居住区、东关居住区、团结居住区位于城市中东部，住区类型以商品房为主，兼具一些回迁、廉租政策性住房，同时存在少数自建房，这三个居住区的最主要特征是回族居民人口比例高，邻近清真寺，适于进行聚居区内的回族居民调查。同时考虑到伊斯兰教的门宦与教派，东关居住区与团结居住区邻近西宁市最大的清真寺——东关大寺与北关等“伊赫瓦尼（新教）”清真寺，杨家巷居住区邻近西宁市唯一的“老教”清真寺——杨家巷清真寺。此外，在与“大十字”中心的距离方面，团结居住区与东关居住区距离相近，分别为 1.2 km 和 1.4 km，杨家巷居住区位于城市东部，距离市中心约 3 km。因此将这三个回族居民人口比例高的居住区作为研究案例地区。

表 5-1 西宁市城市居民活动日志调查居住区概况

居住区名称	区位	与“大十字”中心的距离/km	居住区类型	居民特征
杨家巷	东部	3.0	商品房	回族居民人口比例高
东关	靠近市中心	1.2	混合	回族居民人口比例高
团结	靠近市中心	1.4	混合	回族居民人口比例高
香格里拉	南部	3.0	商品房	—
丰泽园	城南新区	10.0	单位居住区	单位工作人员或家属
文化街	城市中心	0.5	老城区	—
东大街	城市中心	0.6	老城区	—
新乐花园	北部	8.5	商品房	—
银苑	靠近市中心	1.9	混合	—
西钢新村	西部	10.0	单位居住区	单位工作人员或家属
青海师范大学	西部	4.2	单位居住区	单位工作人员或家属
王府花园	靠近市中心	2.2	商品房	—
生物研究所	西部	3.0	单位居住区	单位工作人员或家属
华益茗筑	西部新区	7.5	单位居住区	单位工作人员或家属
出版社	西部	1.8	单位居住区	单位工作人员或家属

5.2.2 研究数据

本书数据包括居民基本信息、惯常行为、健康和满意度与 48 h 活动日志等居民行为数据，以及居住区调查数据、基础地理数据、兴趣点（POI）数据等城市空间数据。

（1）居民行为数据

居民行为数据主要来源于研究组于 2013 年 9 月 15 日（星期日）与 9 月 16 日（星期一）在青海省西宁市进行的居民日常活动与出行调查的第一手资料。

基本信息部分包括个人及家庭社会经济属性、住宅信息、最近一次迁居等内容。其中，家庭社会经济属性包括家庭结构，收入水平、车辆拥有情况和住房信息等，需同一家庭中男、女家长共同填写。个人信息为男、女家长分别填写各自内容，具体为年龄、性别、民族、职业、收入水平以及网络使用的基本情况。

惯常行为和健康、满意度数据包括家庭的购物活动情况、健康状况、工作状况、个人休闲活动情况等内容。其中，在工作状况与个人休闲活动情况中设立关于活动满意度的问题。另外，结合西宁市回族居民人口比例高和宗教信仰特色，在惯常行为中对回族居民的宗教活动场所、常去的清真寺等相关问题进行了询问。

48 h活动日志数据为男、女家长分别填写的个人连续 48 h活动日志信息。西宁活动日志调查参照以往的日志调查经验，强调活动相关信息的填写，对活动信息与相对应发生的出行行为信息进行分离处理（图5-7）。其中调查表左侧为活动信息部分，要求被调查者填写活动的开始和结束时间、活动类型、活动的具体地址、活动地点类型、一起活动的同伴、活动满意度等信息；右侧是为了参加此活动的出行信息，若无出行，直接转向回答下一项活动，有相应的出行行为时需要受访者回答一起出行的同伴、出行满意度、出行距离、出行总时间与出行交通方式（包含几种交通方式换乘的情况）。为方便受访者理解与回答问题，对于活动类型、活动地点类型、同伴、满意度与交通方式几个问题，表格中提供了可供选择的类型选项，受访者填入选项编码即可。

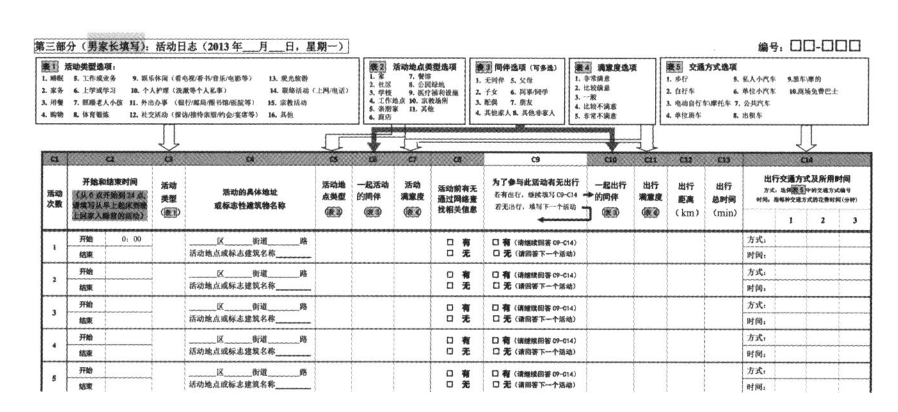

第三部分（男家长填写）：活动日志（2013 年___月___日，星期一）

编号：□□-□□□

表1 活动类型选项：
1. 睡眠 5. 工作或业务 9. 娱乐休闲（看电视/看书/音乐/电影等） 13. 观光旅游
2. 家务 6. 上学或学习 10. 个人护理（洗漱等个人私事） 14. 联络活动（上网/电话）
3. 用餐 7. 照顾老人小孩 11. 外出办事（银行/邮局/图书馆/医院等） 15. 宗教活动
4. 购物 8. 体育锻炼 12. 社交活动（探访/接待亲朋/约会/宴席等） 16. 其他

表2 活动地点类型选项
1. 家 7. 餐馆
2. 社区 8. 公园绿地
3. 学校 9. 医疗福利设施
4. 工作地点 10. 宗教场所
5. 亲朋家 11. 其他
6. 商店

表3 同伴选项（可多选）
1. 无同伴 5. 父母
2. 子女 6. 同事/同学
3. 配偶 7. 朋友
4. 其他家人 8. 其他非家人

表4 满意度选项
1. 非常满意
2. 比较满意
3. 一般
4. 比较不满意
5. 非常不满意

表5 交通方式选项
1. 步行 5. 私人小汽车 9.黑车\摩的
2. 自行车 6. 单位小汽车 10.商场免费巴士
3. 电动自行车\摩托车 7. 公共汽车
4. 单位班车 8. 出租车

C1	C2		C3	C4	C5	C6	C7	C8	C9	C10	C11	C12	C13	C14			
活动次数	开始和结束时间（从0点开始到24点，请填写从早上起床到晚上回家入睡前的活动）		活动类型（表1）	活动的具体地址或标志性建筑物名称	活动地点类型（表2）	一起活动的同伴（表3）	活动满意度（表4）	活动前有无通过网络查找相关信息	为了参与此活动有无出行 若有出行，继续填写 C9-C14 若无出行，填写下一个活动	一起出行的同伴（表3）	出行满意度（表4）	出行距离（km）	出行总时间（min）	出行交通方式及所用时间 方式：选择表5中的交通方式编号 时间：指每种交通方式的花费时间（分钟）			
															1	2	3
1	开始	0：00		___区___街道___路				□ 有	□ 有（请继续回答 C9-C14）					方式：			
	结束			活动地点或标志建筑名称___				□ 无	□ 无（请回答下一个活动）					时间：			
2	开始			___区___街道___路				□ 有	□ 有（请继续回答 C9-C14）					方式：			
	结束			活动地点或标志建筑名称___				□ 无	□ 无（请回答下一个活动）					时间：			
3	开始			___区___街道___路				□ 有	□ 有（请继续回答 C9-C14）					方式：			
	结束			活动地点或标志建筑名称___				□ 无	□ 无（请回答下一个活动）					时间：			
4	开始			___区___街道___路				□ 有	□ 有（请继续回答 C9-C14）					方式：			
	结束			活动地点或标志建筑名称___				□ 无	□ 无（请回答下一个活动）					时间：			
5	开始			___区___街道___路				□ 有	□ 有（请继续回答 C9-C14）					方式：			
	结束			活动地点或标志建筑名称___				□ 无	□ 无（请回答下一个活动）					时间：			

图 5-7　西宁市居民活动日志调查表示意

（2）城市空间数据

居住区调查数据来源于 2013 年 7—9 月在西宁市展开的社区与居住小区调查。调查人员对西宁市主城区（城东区、城中区、城北区、城西区）中各街道内的社区名称、成立时间、地理位置与区划、辖区面积、总人口数与户数、流动人口数以及社区中较大规模住宅区、单位居住区、破产企业家属院等信息进行了收集，并建立了城市居住区数据库，一方面对西宁城市空间进行深入了解，另一方面在此基础上选取研究案例居住区。

基础地理数据包括西宁市的行政区划边界、不同等级的道路（铁路、高速路、国道、省道、市级道路、县道等）、河流湖泊等地理要素。其中，各级道路相互连通，形成可供网络分析使用的路网。

兴趣点（POI）数据包括商业零售、餐饮娱乐、公交车站布局、住宅小区、企事业单位、宗教活动场所、公园绿地等与居民日常生活密切相关，并直接作用于时空行为的设施名称、类别和地理坐标等地理信息，是反映城市物质环境的主要数据来源。

此外，为了更好地理解与深入挖掘居民的时空行为模式与意义，于2015年7月结合日志调查分析中活动安排原因、主观情绪与生命历程影响不明确的问题，对不同类型社区居民的日常生活模式及其变化、差异，回族居民的日常生活模式、宗教活动对时空行为的影响进行了半结构式访谈调查。调查主要选取15个调研居住区中的个别居民进行了深度访谈，访谈内容包括家庭构成、生命历程、日常活动、行为选择原因、主观感受等内容。深度访谈样本包括：传统单位居住区居民4人，新型单位居住区2人，商品房居住区4人，老城区居住区4人。针对民族差异与行为制约问题，访谈民族聚居区内的回族居民10人，非聚居区的回族居民6人，家庭分工上兼顾双职工家庭与传统“男主外，女主内”的回族家庭。

5.2.3 调查实施与数据管理

本章采用纸质问卷调查的方法，调查案例地区为上文所选定的15个居住区。调查时间为2013年9月15日（星期日）和9月16日（星期一）两天，共计48 h。调查内容包括家庭信息、惯常活动、居民的社会经济属性、居民48 h的活动日志。

在调查过程中，结合所属社区工作人员的配合意愿与居住区的调查难度，主要通过三种方式发放问卷：①由社区工作人员或者小区物业人员统一发放问卷，并记录问卷发放情况。②由社区工作人员协助调查员入户进行问卷发放。③调查员入户调查。调查的主要流程为，提前1—3天（即2013年9月12日至9月14日，具体情况依各居住区而定）入户发放问卷，并对受访者进行说明后将问卷留存，9月17日将填写好的问卷现场确认填写情况后进行回收。此外，由于部分老年人或回族居民对汉字读写存在一定困难，为保证问卷质量，采用调查员在9月

17 日回收时进行现场问答、记录的方式完成问卷。

在调查中，每个居住小区发放问卷 100 份（含同一家庭男、女家长双方，共 2 人），共发放 1 500 份问卷，即 3 000 个样本参与调查。结合各居住区问卷回收情况与有效问卷占比发现，事先联系居委会等基层管理机构并得到其支持和协助的居住区问卷填写效果较好，留存问卷有效率偏低，同时通过现场问答方式获得的调查问卷质量较好。

在对问卷进行录入管理的过程中，首先开发了问卷录入软件（与问卷结构相一致），以期减少数据录入过程中的错误。录入数据后建立居民行为数据库，并进行校对和调整。对于地点信息，问卷中填写的为地址与建筑物文字，在录入后对地址进行查询、校对，录入经纬度信息，以便进行空间数据的分析与可视化。在此基础上，撰写数据字典，说明各项数据的编码、含义与类别代码的意义，以方便理解和使用居民行为数据。

对于城市空间数据，将不同类别的数据进行配准后，与行为数据中的空间信息一起，建立西宁市居民时空活动与城市空间的数据库，使几者的空间投影与坐标相一致，以便于空间分析。

5.3 样本选择与属性特征

本书通过时空行为调查最终获得有效样本 2 598 个（由于调查问卷内容包括惯常行为、日常行为等多个部分，属性与任一个行为部分填写完整、有效且可以支撑独立的相关研究的问卷即为有效），其中活动日志部分共计 1 236 个完整样本（0—24 h 活动完整填写，仅含周日或周一完整的日志）。在活动日志填写完整且情况较好的 1 236 个调查样本中，本节结合研究主题与家外活动情况：①选择民族为汉族、回族两个民族的居民；②选取在连续 48 h 内至少存在一次家外活动，即与城市空间有一定互动的居民。在此条件下，最终选取 1 095 人作为本节的研究对象。

调查样本以西宁市户籍居民为主，男女占比相近，大部分调查样本年龄为 30—50 岁；在收入水平方面，个人月收入在 2 000 元以下的样本占 36.0%，仅有不到 10%的样本平均月收入超过 5 000 元，大部分样本月收入介于 2 000—5 000 元；在文化水平方面，25%的居民拥有大学本科及以上学历；在就业情况方面，全职职工占比低于 50%，离退休人员、无工作人员与其他职业人员占比相近，另有部分兼职工作样本；拥有驾照的居民占比为 38.1%；每个家庭平均拥有小汽车数量为 0.32 个。总体上，样本代表了西宁市主体居民的特征，具有一定的典型性（表 5-2）。

表 5-2　样本社会经济属性

变量	类别	样本数/个	占比/%	变量	类别	样本数/个	占比/%
性别	男	575	52.5	工作类型	全职	513	46.8
	女	520	47.5		兼职	214	19.5
年龄/岁	＜30	102	9.3		离退休	213	19.5
	30—50	669	61.1		无工作	155	14.2
	＞50	324	29.6	收入水平	＜2 000	394	36.0
民族	汉族	875	79.9		2 000—5 000	599	54.7
	回族	220	20.1		＞5 000	102	9.3
受教育水平	初中及以下	395	36.1	驾照	有	424	38.7
	高中、中专	426	38.9		无	671	61.3
	大学本科及以上	274	25.0	家庭小汽车拥有量		0.32	—
户籍	西宁户籍	858	78.4	—	—		
	非西宁户籍	237	21.6				

在民族方面，本书样本中的汉族居民为 875 人，回族居民为 220 人，与 2013 年西宁市汉族、回族人口占比相近。为了解两个民族居民的社会经济属性差异，为民族差异提供基础与依据，分别对两个民族的性别、年龄、受教育水平、户籍、收入水平、工作类型、职业类型、驾照和家庭小汽车拥有量等进行统计，具体如表 5-3 所示。

表 5-3　汉族、回族居民社会经济属性特征及差异

变量	类别	汉族样本数/个	占比/%	回族样本数/个	占比/%
性别	男	451	51.5	124	56.4
	女	424	48.5	96	43.6
年龄/岁	＜30	69	7.9	33	15.0
	30—50	535	61.1	134	60.9
	＞50	271	31.0	53	24.1
受教育水平	初中及以下	239	27.3	156	70.9
	高中、中专	376	43.0	50	22.7
	大学本科及以上	260	29.7	14	6.4
户籍	西宁户籍	708	80.9	150	68.2
	非西宁户籍	167	19.1	70	31.8

续表 5-3

变量	类别	汉族样本数/个	占比/%	回族样本数/个	占比/%
收入水平/（元·月）	＜2 000	259	29.6	135	61.4
	2 000—5 000	524	59.9	75	34.1
	＞5 000	92	10.5	10	4.5
工作类型	全职	458	52.3	55	25.0
	兼职	133	15.2	81	36.8
	离退休	189	21.6	24	10.9
	无工作	95	10.9	60	27.3
职业类型	国家机关党群组织、企事业单位负责人	40	4.6	5	2.3
	工人	158	18.1	21	9.5
	公务员	37	4.2	3	1.4
	事业单位人员	189	21.6	10	4.5
	公司职员	105	12.0	12	5.5
	商业服务业人员	45	5.2	18	8.2
	私营个体企业者	80	9.1	41	18.6
	社区工作人员	22	2.5	14	6.4
	其他	163	18.6	87	39.5
	缺失	36	4.1	9	4.1
驾照	有	327	37.4	78	35.5
	无	548	62.6	142	64.5
家庭小汽车拥有量		0.31	—	0.32	—

样本中的汉族、回族居民男女占比相近，年龄构成相似，小于 30 岁的回族居民占比稍高于汉族。在受教育水平上，大部分回族样本的受教育水平在初中及以下，仅有 6.4%的回族样本为大学本科或以上，而汉族样本这一占比为 29.7%。回族样本中的非西宁户籍占比为 31.8%，明显高于汉族的 19.1%。在收入水平上，61.4%的回族居民的平均月收入水平在 2 000 元以下，仅 4.5%的回族居民的平均月收入超过 5 000 元，而汉族居民有超过 70%的平均月收入在 2 000 元以上。在工作类型方面，汉族有一半以上为全职工作，回族居民这一工作类型的占比仅为 25.0%，更多的回族居民没有工作或兼职工作。相较于回族居民，汉族居民作为国家机关党群组织、企事业单位负责人，公务员，事业单位工

作人员的占比更高，回族居民则选择私营个体企业或商业服务业，并有大量回族居民选择其他职业类型。汉族、回族两个民族居民拥有驾照的占比、家庭小汽车拥有量相近，差异不大。总体来看，相对于汉族样本，回族调查样本具有受教育水平、收入水平较低，非西宁户籍的占比高，以兼职、无工作为主，多从事私营个体企业、商业服务业的特征。

根据西宁市 2010 年第六次人口普查数据④，相较于汉族，西宁市回族居民人口结构具有如下特点：性别占比相对均衡；人口年龄结构与汉族相比总体差异不大，年龄构成相对较年轻；在 6 岁以上居民中，城市居民有 11.0%拥有大学本科及以上的受教育水平，全市汉族居民接受大学及以上高等教育的为 15.2%，城市汉族居民这一占比在 20%左右，而全市回族居民具有大学及以上文化程度的人口占比为 5.4%，低于全市平均水平；在职业类型方面，城市居民中有 5.3%为国家机关党群组织、企事业单位负责人，专业技术与办事人员占 28.6%。由此可见，本书中不同民族人群特点与西宁市 2010 年第六次人口普查数据得到的结论相近，具有代表性。

注释

① 参见西宁市统计局：《西宁统计年鉴（2013）》第 54 页表 1-7。

② 参见《青海省情》编委会：《青海省情》，青海人民出版社，1986。

③ TM 图像是指美国陆地卫星 4—5 号专题制图仪所获取的多波段扫描影像。

④ 参见西宁市统计局：《西宁市 2010 年第六次人口普查主要数据公报》。

⑤ 参见西宁市统计局等：《西宁市 2010 年人口普查资料》。

6 西宁城市居民日常时空行为与空间分异特征

时空行为研究理论与方法论引入中国以来的近 20 年间，微观个体行为与城市空间的互动关系为透视中国城市转型与发展提供了重要切入点。时空行为研究为透视中国城市转型与发展提供了重要视角，但目前已有研究在地域分布上缺乏多样性，研究地区多集中于东部一线城市，如北京、广州等地，对中国西部城市关注较少，未能形成反映西部城市特色的结论。本章以西宁市 2013 年居民时空行为调查数据及城市设施分布数据为基础，分析居民时间利用、时空路径等时空行为特征及其与城市设施分布的匹配关系，并解释西宁城市居民时空行为特色问题，以此补充微观行为视角下的中国西部城市研究，为中国城市时空行为方法论提供西部城市的验证。

6.1 西宁城市特征影响下的居民时空行为研究

相较于东部沿海城市，西宁市在自然环境、宏观制度、社会文化等多方面因素的影响下，其社会经济发展水平、市场化水平普遍滞后于东部发达城市，区域城镇体系也受到地理条件的影响而表现出有异于东部城市的空间结构，同时在发展与转型过程中还面临着发展基础相对较差、资源快速流失、人居环境相对恶化等问题（柴彦威等，2017a）。这些背景的差异在一定程度上反映在城市空间与居民行为互动的过程与机理上，其中物质空间表现出城市规模相对较小、设施在城市中心高度集中的单中心结构为主等情况，行为空间在此影响下出现不同于东部城市的一系列特色问题，例如单位制度残留影响下的居民行为制约机制、高原地区城镇体系影响下的跨地区通勤行为、少数民族文化与习俗对时空行为的影响等，同时居民的非机动出行方式、近家活动、相对弹性化的工作时间制约与跨城市通勤等行为又作用于城市空间的塑造与发展（图 6-1）。

在此背景下，聚焦西宁的时空行为，为中国城市时空行为研究补充西部城市案例，有助于更全面、准确地理解中国城市转型与快速城市化在不同地域空间及社会文化背景下所产生的行为效应，为总结中国城市空间与居民行为互动的理论模式提供更完整的实证基础。

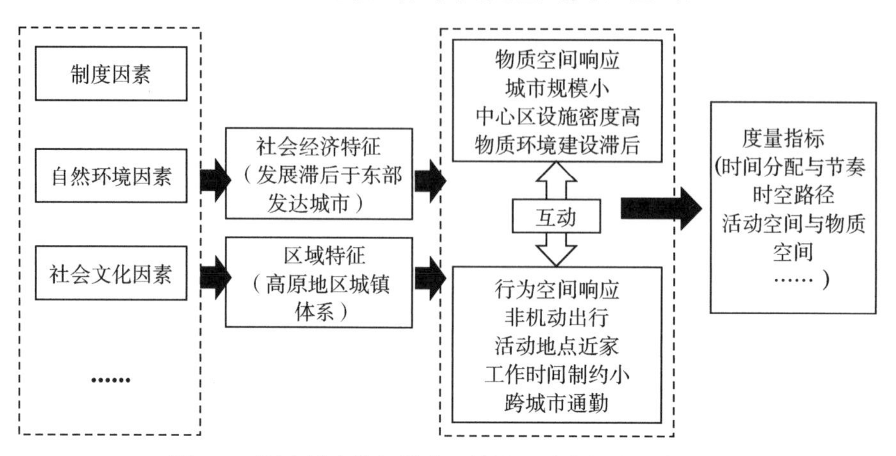

图 6-1 西宁城市特征影响下的居民时空行为研究思路

综上，基于时空行为研究的思路与方法解读西宁城市空间的特色问题，发掘西宁市居民生活方式与行为模式，透视行为空间与城市空间的互动正成为中国城市时空行为研究的重要议题。因此本章分四个部分讨论以西宁市为代表的西部城市居民日常时空行为与空间分异特征。第一部分（第 6.2 节“时空路径”）分析西宁市居民时空路径，并从西宁市民族构成特色出发，比较西宁市汉族居民与回族居民的时空路径差异，通过 48 h 联系时空路径说明西宁市存在的跨地区通勤特色行为；第二部分（第 6.3 节“居民时空密度特征”）从时空密度特征出发，说明时空密度可视化与时空箱方法在表征群体活动特征时的有效性，并对西宁市居民的活动时空特征进行分析；第三部分（第 6.4 节“时间利用与不同类型活动的时空分布”）基于日常时空行为的时间利用与空间分布，从时间节奏、时间分配、不同类型活动时空分布及其与城市空间的关系说明居民行为与对城市空间的利用情况；第四部分（第 6.5 节“活动空间及其影响因素”）关注居民个体活动空间，通过模型分析西宁市居民活动空间的影响因素，进一步挖掘西宁市居民时空行为特色问题。

6.2 时空路径

6.2.1 居民时空路径特征

时间地理学最初用来表示人的活动状况的就是其最具特色的路径（Path）的概念。所谓路径，就是人在时空轴上的一系列活动的轨迹，即将空间压缩为二维平面，用纵轴代表时间。本书在地理信息系统软件

(ArcGIS）平台的基础上，借助萧世伦（Shih-Lung Shaw）研究团队开发的时空路径（STPath）分析插件——时间地理学框架扩展工具（Extended Time-Geographic Framework Tool）建立西宁城市居民工作日时空路径，进行居民行为空间的三维可视化，其中 x 轴与 y 轴构成二维城市空间，z 为时间轴，代表 24 h。其中，为了更清晰地观察不同时间截面的居民时空行为，将 0：00、8：00、12：00、17：00 的截面表现在路径图上（图 6-2）。

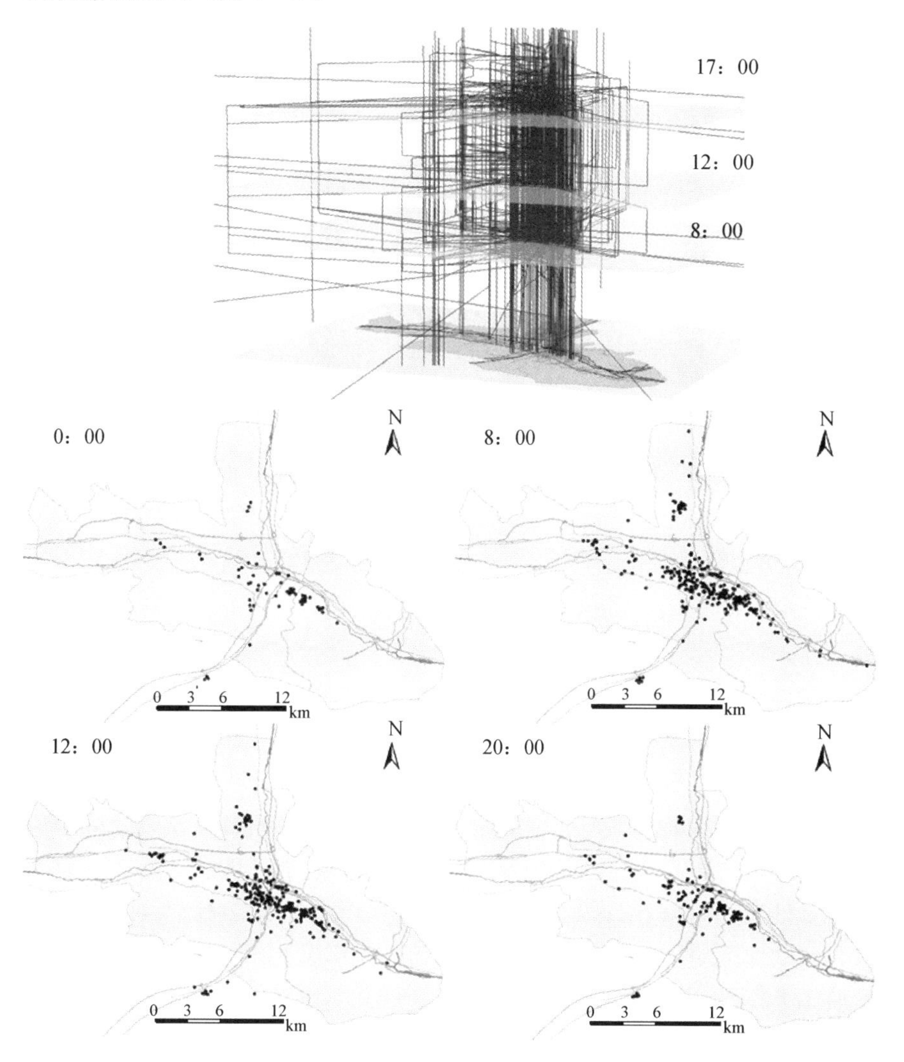

图 6-2　工作日时空路径与活动地点时间截面

从时空路径看到，调查样本的整体活动主要分布在西宁市河谷区域内，活动地点沿主要街道分布。结合时间截面可以看到，在早通勤、晚通勤以及午休时间（12：00 左右）调查样本存在三次明显的出行高峰，20：00 左右，家外活动已经明显减少。城区内部活动集中在调查样本家庭所在地附近与西宁市中心地区（“大十字”附近），较远距离活动以向南和向西两个方向进行拓展为主。居民白天活动空间范围更大，工作日中午返家午休特征明显，晚间活动范围向家收敛。

6.2.2 居民时空路径民族差异

西宁市作为多民族居民聚居的城市，不同民族在居住地分布、活动场所上都存在一定的差异。本章以汉族和西宁市人口最多的少数民族回族为例，绘制两个民族在星期日与星期一连续 48 h 内的时空路径，以此说明民族间的时空行为差异（图 6-3）。

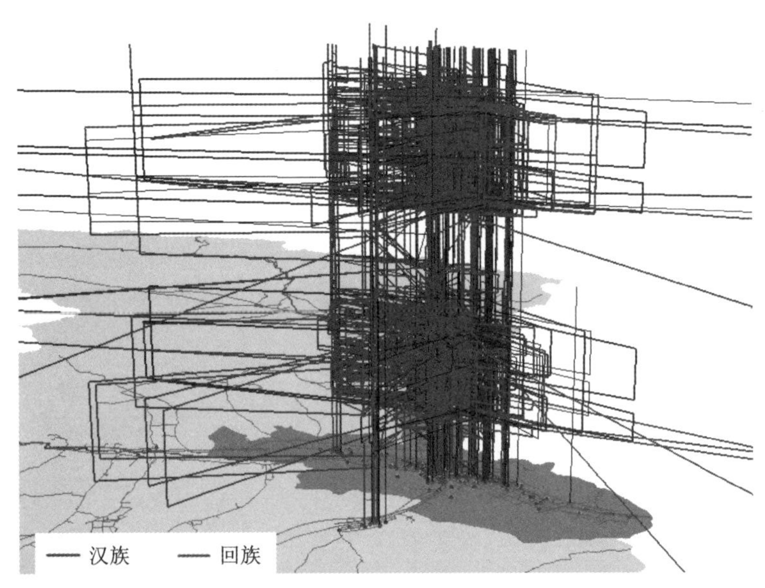

图 6-3　居民连续 48 h 时空路径（彩图见书末）

从时空路径差异来看，汉族居民在河谷及周边县均有活动分布，家外活动以城市中心为主，工作日与休息日的路径差异明显，其中工作日在上下班通勤时间存在两个明显的出行高峰，休息日时空路径相对分散，活动地区更为多样。回族居民在城东区聚居的比例高，因此活动范围整体上在城市东部回族聚居区与西侧城市中心之间移动，不同于汉族居民，回族居民在工作日午休时间没有明显的出行高峰，并且以前往城市中心为主要方向，相较于汉族居民日间差异并不明显；休息日白天有大量长时间的家外驻停，家外长时间活动相对较少且空间分布更加分散。

民族作为西宁市居民城市社会空间分异重要且具有鲜明地域特色的要素，本节仅对路径进行简单讨论，说明其差异存在情况，此后几章将从时空行为的民族差异、地理背景与社会背景对民族差异影响等多个角度对该问题进行深入探讨。

6.2.3 跨地区通勤行为

综合调研情况与居民出行行为、时空路径发现，西宁市与周边地区存在具有特色的跨地区通勤、休闲行为：青海省其他地州县（如德令哈市、化隆回族自治县等地区）的部分工作人员会在周末居住在海拔相对较低、设施更加完备的西宁市内，并进行休闲、购物活动，周一早上再出发前往地州县工作并居住在当地。在本书的 1 095 个样本中，有 12 人存在跨地区通勤现象。利用调查样本的时空行为记录绘制连续 48 h 的时空路径，将其中部分代表性样本进行展示，并以地形作为底图，颜色与起伏程度共同表现该地区的高程，如图 6-4 所示。跨地区通勤人员的主要工作地点包括同仁市（平均海拔为 2 495 m）、贵德县（平均海拔为 2 240 m）、共和县（平均海拔为 2 860 m）、海晏县（平均海拔为 3 010 m）[①]，其中最远的同仁市距离西宁约 180 km 车程。在跨地区通勤人员中，除一户为男女家长均前往地州县通勤外，其他均为男家长周末回家、周一前往工作地。在通勤方式上，主要为私家车，同时也有通过单位班车等方式到达工作单位。在活动安排上，调查样本在西宁市内以个人事务、休闲活动为主，并进行购物、社交；而在工作所在地以个人事务、工作为主，其他活动偶有发生。

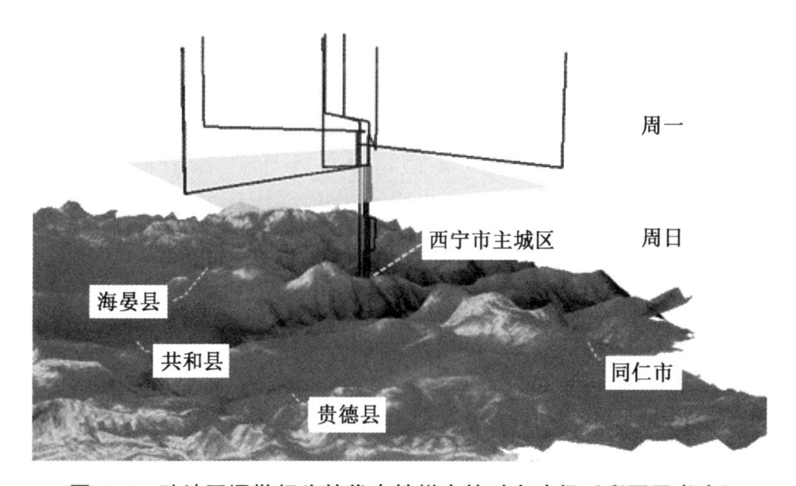

图 6-4 跨地区通勤行为的代表性样本的时空路径（彩图见书末）

这种“周末在西宁休闲，周一在地州县工作”的跨地区通勤模式的出现，一方面是由于西宁作为青藏高原海拔相对较低的地区，拥有更宜居的自然环境与物质条件；另一方面政府机构与事业单位对地州县工作人员的住房支持（在西宁市提供低价单位社区住宅）与通勤保证（单位班车等）以及工资补贴，也是促使工作人员以周为单位周期性通勤的原因之一。另外，在调查中发现，由于周边高海拔地区的冬半年气候恶劣，在西宁市存在以季节为单位的通勤行为，即春、夏、秋在地州县工作，冬季在西宁市居住（放假）的高原特色工作模式。可见，跨地区通勤现象与作为西部城市的西宁市特殊的城市发展背景相关，是西宁市时空行为的特色问题之一。

6.3 居民时空密度特征

6.3.1 时空密度可视化与时空箱

(1) 时空密度可视化

三维体的可视化技术是信息可视化研究的一个重要领域，其原理是利用规则（或不规则）的三维栅格网对形体各部分特征进行数量化，并在三维环境里进行可视化表达（Crnovrsanin et al.，2009）。目前，三维体可视化的技术主要包括三维体的直接渲染、等值面、基于视切面的形体切割三个方面。

① 三维体的直接渲染，是指根据各个像元值，将形体的属性（如颜色、透明度等）分配给个像。在可视化分析中，形体通常被处理为半透明物体，以便于展示被覆盖的图层。然后通过改变各像元的视角属性（即发射、吸收或传播光线）以及改变二维投影的角度，可以产生不同的光影效果及分析视角以对研究对象进行可视化展示（de M Pinto et al.，2008）。

② 等值面（Isosurfaces），是指将三维体拥有相同标度值的像元组合成一系列二维表面。在可视化分析中，各等值面通常被赋予不同的视觉属性（如颜色、透明度），以展示三维体里各标度值的分布特征（Hadwiger et al.，2005）。

③ 基于视切面的可视化（或称形体切割、形体视切），是指基于特定平面、曲面等二维表面对三维体进行截取，从而隐藏不重要的部分，重点展示形体的内部结构（Weiskopf et al.，2003）。

目前，三维体可视化技术已被应用于医学、生物医学计算、地球物理学（地质学）、计算流体力学等多个学科。在医学研究中，学者利用该技术对三维超声检测数据、计算机层析成像（CT）与磁共振检测数据等进行可视化。在地球物理学（地质学）领域，谢东儒等（Hsieh et al.，2010）利用上述三种方法（即三维体的直接渲染、等值面、基于视切面的形体切割）实现了地震所产生的地表运动数据的可视化分析；高灯亮（Gao，2009）使用三维体的直接渲染、竖直及分层切割等方法展示了地震的三维数据。

与医学、地球物理学（地质学）等学科中的应用相比，三维体可视化技术目前在地理学中的应用尚处于起步阶段。福勒等（Forer et al.，2000）最早利用三维体可视化技术模拟时空棱柱并计算居民的时空可达性。德姆萨尔和维兰陶斯（Demšar et al.，2010）则基于三维数据可视化软件（Voxler），将三维体可视化技术应用于活动时空密度的可视化中。由此可见，利用三维体可视化技术对居民日常活动的时空密度进行可视化分析，有助于从大量活动轨迹中识别其时空模型、挖掘主要的形体特征，为进一步的分析、比较与解读提供基础。但除上述研究外，三维体可视化技术在时空密度可视化以及其他时空行为分析中的应用仍有较大的探索空间。

（2）时空箱

时空箱（或称时空立方体）的概念最早由哈格斯特朗在20世纪60年代提出，其后成为时间地理学的核心概念之一，被大量应用于人类活动模式分析与轨迹可视化中（Kraak，2003，2008；Kwan，2000）。时空箱以立方体的形式表现时空，其中 x—y 平面表征地理平面，z 轴表征时间维度。这一表征方式在一定程度上反映了“时空不可分”的理论假设。在时空箱中，可以运用三维多段线表现个体的移动轨迹，即通过将离散的位置点相连，刻画个体在不同空间位置之间的移动路径，反映时空连续的运动过程。时空箱内汇总的轨迹则可以反映各个时段、不同区位之间的整体出行流。

随着时空行为数据采集技术的演进以及数据量的不断增加，如何在时空箱中有效地展示大量的活动轨迹，特别是处理轨迹相互覆盖、视觉效果杂乱等问题，以及从大量的轨迹中有效识别活动的时空模式，成为时空行为可视化分析所面临的难题。目前常用的解决方法是将时空箱与其他时空数据可视化及挖掘方法相结合，通过不同可视化技术的组合实现对大量轨迹的有效展示以及模式识别（Andrienko et al.，2010；Crnovrsanin et al.，2009；Kraak，2003；Zhao et al.，2008）。

值得一提的是，德姆萨尔等（Demšar et al.，2010）首次将三维体可视化技术与时空箱结合，并应用于活动时空密度的可视化中时，基于Voxler软件利用三维体的直接渲染、等值面、基于视切面的形体切割三种方法，挖掘了居民日常活动时空模式的三个重要的形体特征。

① 轨迹的时空汇聚（Spatio-Temporal Convergence of Trajectories）：反映在特定时刻大量轨迹点集中在特点区域，彼此邻近。

② 时间桥（Temporal Bridges）：反映大量活动点间歇性地集聚在某个特定区域中（即存在某个集聚高峰时段，而在其他时段则几乎没有轨迹点）。

③ 时间塔（Temporal Towers）：反映大量活动点持续性地集聚在某个特定区域中。

6.3.2 活动的时空密度特征

路径图中共有 1 098 条时空路径，并在 x—y 平面上嵌入了西宁市地图，由于时空路径数量多，大多数路径在图上相互堆叠、覆盖，在出行高峰期表现得尤为明显。为进一步识别居民的活动密度，弥补时空路径方法的不足，获得更为清晰的可视化效果，并能够识别活动点的空间分析，本节在德姆萨尔等（Demšar et al.，2010）方法的基础上，对西宁市居民的活动数据进行时空密度的可视化分析。研究数据基于 2013 年西宁市居民活动日志调查中的工作日数据，根据数据情况，将其转化为在经纬度坐标上的每 5 min 一个的活动数据点，出行数据不参与可视化，即该段时间的赋值为 0。在 Voxler 软件中，以经度为 x 轴、纬度为 y 轴，取经度为 101.512°—101.905°、纬度为 36.516°—36.931°的矩形区域，建立 100×100 的空间坐标；以时间为 z 轴，时间精度为 864 秒（共 100 个单元，总时长为 24 h），建立时空箱，计算西宁市居民工作日活动的时空密度。计算结果总共包含 100×100×100 个像元。在此基础上，本书利用三维体的直接渲染、等值面以及基于视切面的形体切割等方法，对每日的时空密度进行可视化，并尝试挖掘时空密度的模式。下面将重点介绍上述时空密度可视化的方法以及时空模式的识别结果。

活动密度可视化方法的分析结果如图 6-5 所示。图 6-5（a）为按点密度建立的时空箱模型，不同灰度表示活动密度的差异，其中浅灰色为活动密度低值点，深灰色至黑色为活动密度高值点。图 6-5（b）反映了活动点时空密度的等值面，图 6-5（c）为密度体的渲染图，相较于上节的时空路径图，这两张图的表达更为清晰、更易于识别时空模式。根据等值面与密度体渲染图可以看到，调查样本的活动地主要集中在居住区周边与城市中心两个锚点。居民白天家外活动的时间段与工作时间的安排关联较大，中午活动点出现向家收缩，少数居民在工作时间会到中心区外进行活动，城市中心区全天存在较高的活动密度。为了方便分析与理解不同城市区域与视角的活动时空密度图，图 6-5（d）是对城市东部时空密度体进行渲染，反映了东部到中心附近的居民活动时空密度。图 6-5（e）为在图 6-5（d）基础上，沿着城市南北干道与中心区宽约 100 m 范围内的密度视切面图。从图 6-5（d）（e）中可以发现城市中心区居民活动点的时空分布特征，即集中分布在城市商业中心附近，并且在早晨和傍晚之前呈现出密度峰值［如图 6-5（d）中的浅灰色高亮度区域］，表明居民在上述区域及时间段呈现出时空汇聚，同时主要调查的居住小区及周边全天均有活动分布［如图 6-5（e）中的深灰色区域］，说明工作日仍有相当一部分居民在家内和近家活动。与此同时，从俯视角度识别中心区居民活动的热点，发现主干道周边活动点聚集，且活动密度随着与中心区距离的增大而减小［图 6-5（f）］。

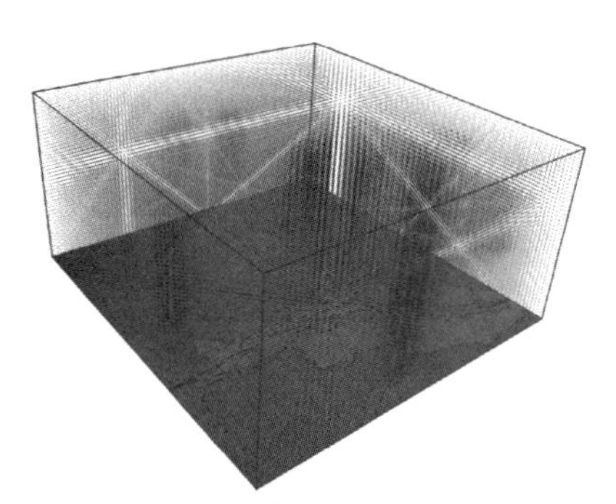

(a) 活动密度时空箱

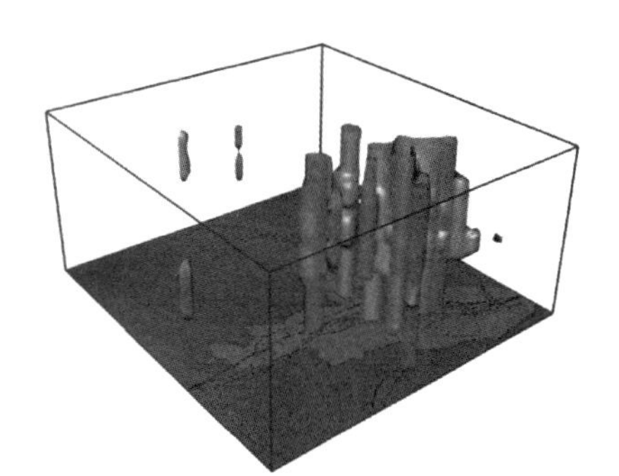

(b) 活动地时空密度等值面

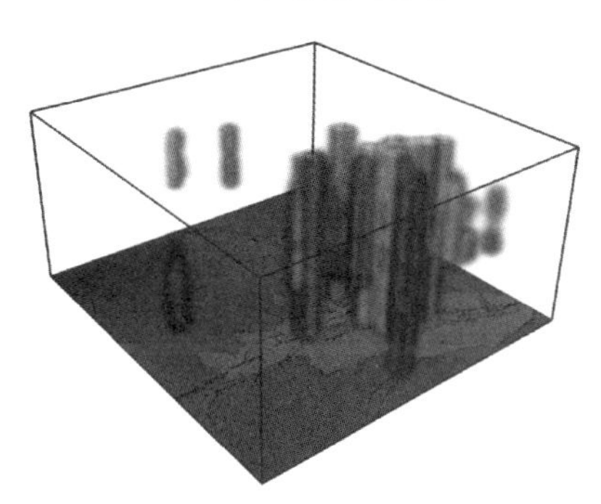

(c) 活动点时空密度渲染

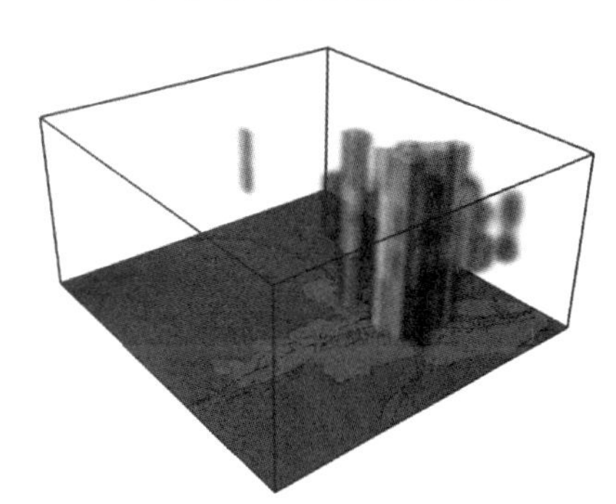

(d) 城区东部地区时空密度体渲染

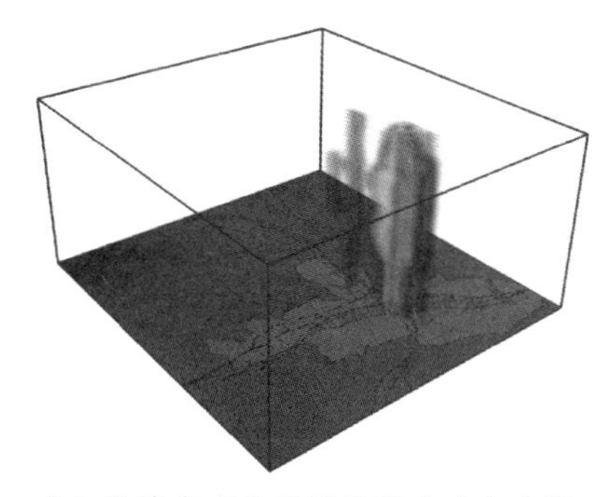

(e) 沿城市南北干道的活动时空密度视切面（观测视角 1）

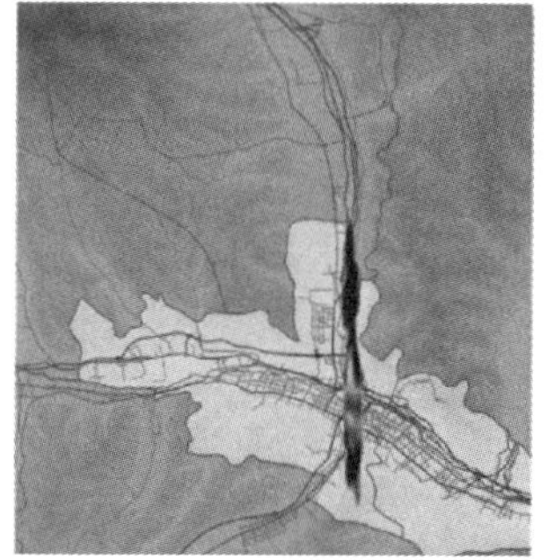

(f) 沿城市南北干道的活动时空密度视切面（观测视角 2）

图 6-5　居民活动密度的时空密度可视化（彩图见书末）

6.4 时间利用与不同类型活动的时空分布

6.4.1 活动时间节奏

如图 6-6 所示，活动时间节奏图中的横轴为时间轴，代表一天 24 h [以分（min）为单位]；纵轴为样本占比，代表在某一时间发生某类活动的样本占比。

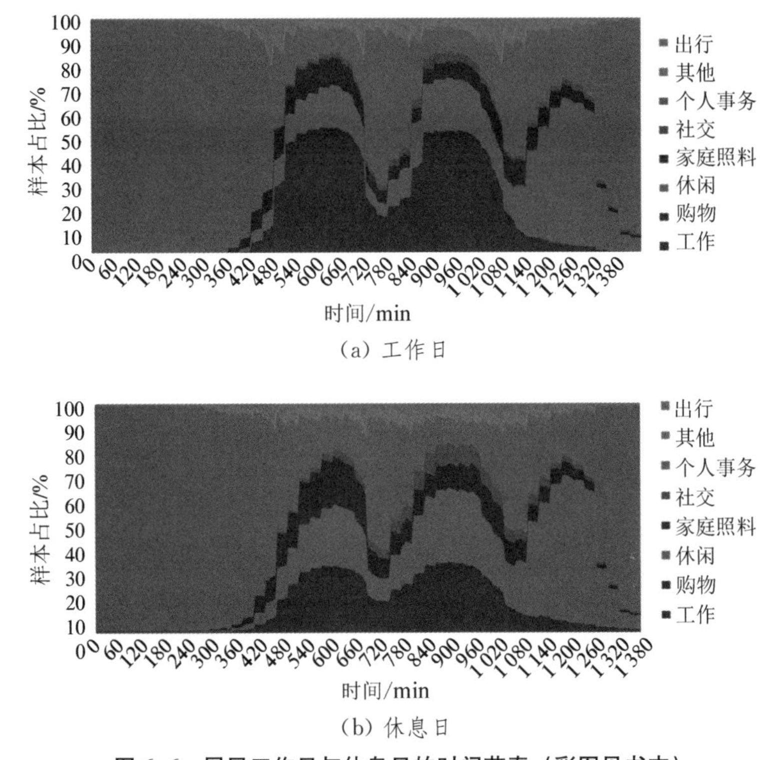

图 6-6　居民工作日与休息日的时间节奏（彩图见书末）

工作日，工作活动呈现出典型的“双峰”特点，上午 9：00 左右工作活动的占比接近峰值（约 50%），并存在明显的午休时间，工作活动的结束时间相对分散，出行围绕工作活动呈现出明显的节奏性，分别在两次工作活动前后的早通勤（7：30—8：30）、午休前后（11：30—12：00，14：00—14：30）、晚通勤（18：00—19：30）期间达到峰值，其中，早通勤发生时间更加集中；晚间则休闲活动的占比最高。休息日，西宁市居民活动的时间节奏与工作日存在明显差异，工作活动高峰仍存在但占比显著下降，购物、休闲、家庭照料、社交等非工作活动发生率显著增加。工作活动达到峰值时，参与该活动的样本占比略高于

20%，午休结束时间较工作日延后。购物活动出现两个峰值，且下午购物活动发生率更高；家庭照料活动发生率白天高于晚间；社交活动的占比明显高于工作日；出行没有明显的节奏性。

6.4.2 活动时间分配

本书将一个样本每日每项不同活动的用时分别进行统计，之后将全部样本的时间分配进行汇总后平均，得到工作日、休息日两天的不同类型活动时间分配情况（表 6-1）：工作日与休息日的活动时间分配差异明显，其他活动与出行的日间差异不显著。

工作日，除个人事务外，工作活动平均时长最长（约 265 min）且个体间差异最大。相对于正常全日 8 h 工作制而言，西宁市的平均工作时间相对较短，主要原因是样本中的全职工作占比不高（46.8%，见表 5-2），工作类型多样，时间安排也相对灵活。休闲活动的平均时长为 219.9 min，明显高于其他活动。工作日的购物、社交活动平均用时较少。休息日，西宁市居民的时间分配与工作日差异较大，其中工作、个人事务、家庭照料、休闲、购物、社交等活动差异显著。休息日，工作活动的平均时间缩减至 130.6 min，同时个体间的差异较大，个人事务、休闲的活动时间最长。在出行时间上，休息日与工作日相近，差异不显著。

表 6-1 居民工作日与休息日不同类型活动的时间分配差异

分类	工作日 平均值/min	标准差 /min	休息日 平均值/min	标准差 /min	*F* 值
工作	265.2	259.7	130.6	229.9	174.275***
个人事务	768.6	177.4	784.8	170.6	5.013***
家庭照料	83.7	142.5	112.3	159.6	20.498***
休闲	219.9	189.5	273.3	212.2	40.532***
购物	19.7	63.3	34.1	77.7	23.666***
社交	22.1	79.0	41.2	105.3	24.110***
其他	25.7	80.4	30.2	92.6	1.526
出行	35.1	45.6	33.6	45.7	0.670

注：* 表示在 0.1 水平上显著；** 表示在 0.05 水平上显著；*** 表示在 0.01 水平上显著。

结合研究者通过居民时空行为日志调查、GPS 跟踪调查等方式对北京、深圳、广州、南京等东部城市居民行为特征的研究结论，探索作为西部城市的西宁市居民时空行为特征。研究发现，北京（张艳等，2011）、广州（古杰等，2012；陈梓烽等，2015）（2007年全市调查数据）居民通常在6：00—8：00、17：00—20：00进行通勤，深圳居民（柴彦威等，2002a）（1998年）的主要工作时间集中在8：00—12：00、14：00—18：00，而以南京（刘玉亭等，2005）、北京（张艳等，2011）为案例城市的低收入群体的工作持续时间更长，主要在7：00—12：00、13：00—18：00进行工作活动。相较于东部城市，西宁市的早通勤开始时间晚于东部案例城市，而与西部城市乌鲁木齐9：00开始进行工作活动的开始时间相近（郑凯等，2011）。同时参与工作的居民的占比远低于东部地区（深圳为90.5%，北京低收入群体主为90%），并有较长的午休时间。西宁市的工作活动结束时间与东部地区相近，但平均工作时长短（根据北京2007年调查数据，北京平均工作活动时长为8.7 h，西宁则为4.25 h），工作等固定活动带来的行为制约较小。休闲活动参与率高，下午的时间安排更加灵活。

6.4.3 不同类型活动的时空分布

本节结合活动分类方法，将主要家外活动分为工作、休闲和购物三大类活动，通过在时空路径中标注出此三类活动的方法，得到西宁城市居民工作日不同类型活动的时空分布（图6-7），分析居民不同类型活动的时空特征。

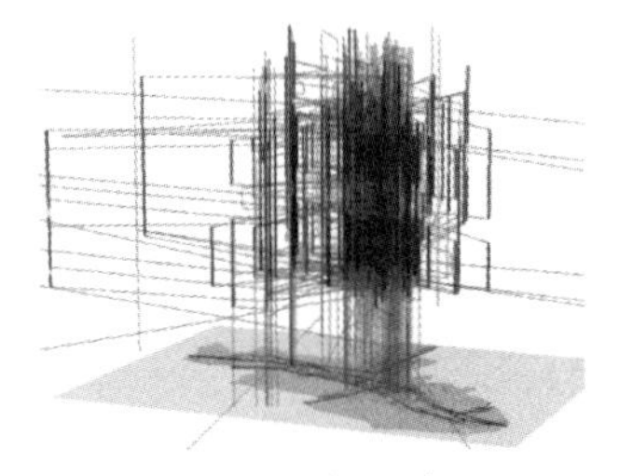

(a) 工作活动

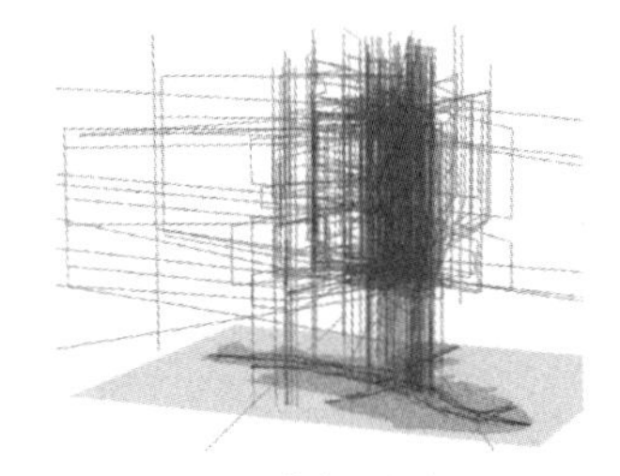

(b) 休闲活动

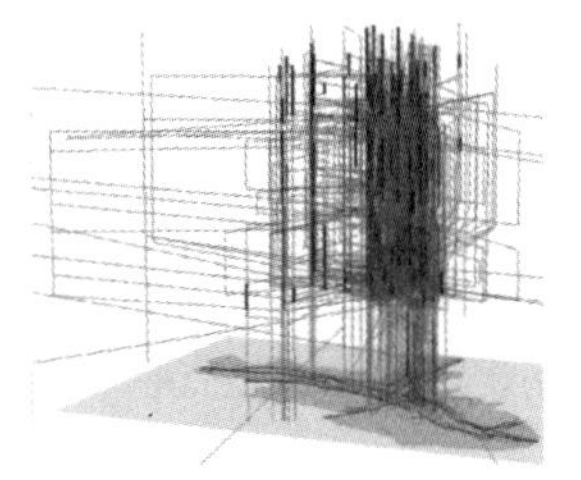

(c) 购物活动

图6-7 工作日不同类型活动的时空分布（彩图见书末）

工作日5：00开始有少量居民出行，7：00至8：00为通勤早高峰。由工作活动的时空路径可以看到，一般通勤距离较远的居民早通勤出发时刻也相对较早。早间也有部分短时间的休闲活动与购物活动，结合活动日志发现，此时的休闲活动以家周边的体育锻炼为主，购物活动同样在居住地附近，大多是前往周边菜市场等购买日常生活所需的蔬菜、水果等商品。8：00开始，居民到达就业地开始工作活动。12：00左右，居民上午的工作活动结束，并有部分出行行为，14：00居民回到单位继续进行工作活动。下午休闲与购物活动的发生比例有所上升，同时以长时间为主，部分活动持续到晚间。17：00 居民开始离开就业地进行晚通勤，晚通勤的持续时间较早通勤长，通勤开始时间更分散。晚间的购物活动大多在 20：00 前结束，休闲活动大多在家附近进行，部分家外休闲活动可持续到深夜。

6.4.4 不同类型活动的空间分布与城市空间的关系

在上述基础上，分析居民不同类型活动的空间分布与城市空间的关系，并从行为角度透视西宁市居民的城市设施供给与利用情况。行为空间以用时间加权后的不同类别活动的分布密度表示，城市空间由政府机关、企业、商业大厦等工作地，公园等休闲娱乐场所，商业设施等 POI 点密度表示（Kwan，1999）。本节使用核密度方法来生成活动点分布的密度表面，以此分析居民活动的密度分布。在核密度的计算中，如果 R 表示研究区域，x 表示区域 R 中的点的位置，其中 x_1，x_2，…，x_n 表示 n 个活动的位置，那么位置 x 的密度强度 $\lambda(x)$ 可以用以下公式来估计（Kwan et al.，2004）：

$$\lambda_h(x) = \frac{1}{\delta_h(x)} \sum_{i=1}^{n} \frac{w_i}{h^2} \mathrm{k}\left(\frac{x - x_i}{h}\right), x \in R \quad (6.1)$$

其中，k（）是核函数；参数 $h>0$，表示决定平滑程度的带宽；w_i 为权重因子；$\delta_h(x)$ 为边缘校正系数。

本节利用 ArcGIS 10.3 软件进行核密度估计，得出西宁市居民日常活动与设施分布的核密度平面，并在三维环境下进行可视化。如图 6-8 所示，西宁市居民工作活动主要集中在城市中心区与北部产业园区等工作场所集中、工作人员需求量较大的地区，城市西部特别是现阶段规划建设重点的海湖新区以住宅为主，工作场所密度低，仅有零星的零售、社区工作等工作活动在此发生。这种居住与工作地区错位的情况，与西宁市狭长的河谷地形和城市内部不同区位发展阶段、设施类型差异等共同造成西宁市早晚通勤高峰道路的拥堵。

在休闲活动方面，工作日居民家外休闲活动主要在居住地附近进行，部分休闲活动在市中心，而西宁市的休闲设施主要分布在市中心等老城区，城市西部与南部地区的休闲设施密度低，而这些地区是目前西宁市新建商品房比较集中的主要居住地区，设施分布与休闲活动空间存在错位，对居民日常休闲需求的支撑有限。

受工作活动制约，工作日的购物活动时间有限，参与度相对较低。在调查中发现，工作日的购物活动以近家、短时购物为主。虽然购物活动相对较低的发生率与较短的时长也对结果显示度有一定影响，但仍可以看到居住地周边的购物需求与购物设施在中心地区集中分布之间存在一定的矛盾，居民的近家购物需求难以得到充分满足。

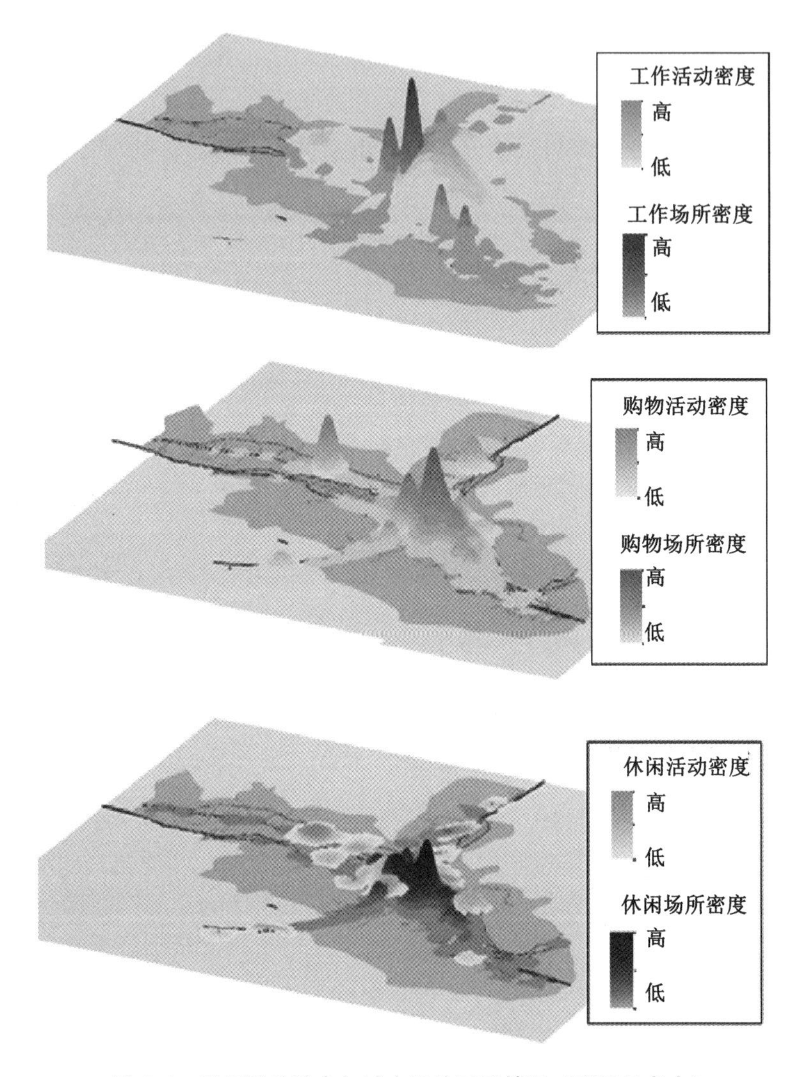

图 6-8　居民活动地点与城市设施匹配情况（彩图见书末）

6.5　活动空间及其影响因素

6.5.1　活动空间刻画方法

活动空间作为度量个体行为的核心指标之一，是与日常生活活动有密切关系的地点的集合（Golob et al.，1997），其界定与表示方法主要包括椭圆、多边形、路径（及缓冲区）、核密度估计等。

（1）椭圆

通过标准差椭圆（Standard Deviational Ellipse）等方法对活动点的空间分布进行汇总描述。通常以位置点的算术平均值点为中心，以其长轴表示分散的最大方向，以其短轴表示分散的最小方向（Wong et al.，2011）。轴的长度是基于实测距离与平均值间的标准差，因此这一方法也被称为置信椭圆。一种较易操作的方法是将居民的家作为椭圆的中心，或分别以家为中心、以工作地为中心绘制两个椭圆（Schönfelder et al.，2003）。学者已将基于椭圆的活动空间测度应用于社会排斥与城市社会空间分异（Wong，1999）的研究中，并讨论了基于椭圆的城市社会空间分异测度与基于隔离指数的测度的关系（O'Sullivan et al.，2007）。

本书采取置信椭圆获得居民个体活动空间。计算中基于活动点的位置坐标得到椭圆的中心与长短轴，其范围即个体活动空间范围，方向为活动空间主要分布方向趋势。本书利用 ArcGIS 10.4 软件中的标准置信椭圆工具，用 95%的置信度获取 1 095 个样本每个人的活动空间以减弱数据噪声，并分别基于工作日、休息日和连续 48 h 的活动日志，生成相应的个体活动空间（图 6-9，样本代码为 YX－012－0）。由于西宁市居民活动数据采用日志调查方式获取，当居民仅有一个外出点时便无法生成标准差椭圆，因此活动空间计算中的缺失比例较高。

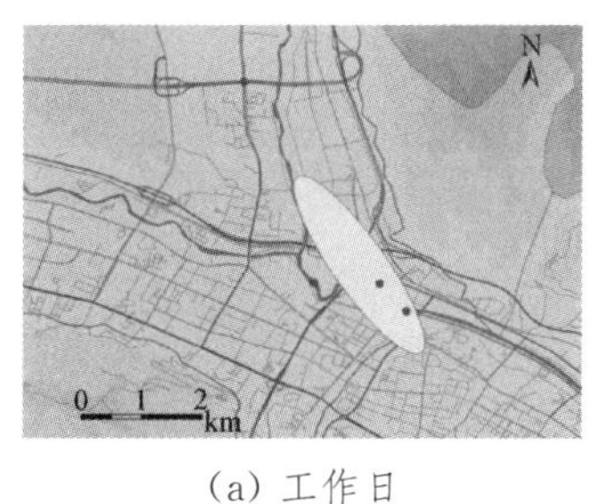

（a）工作日

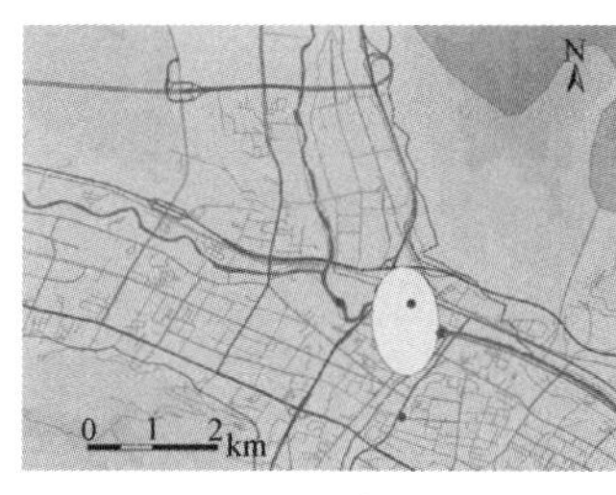

（b）休息日

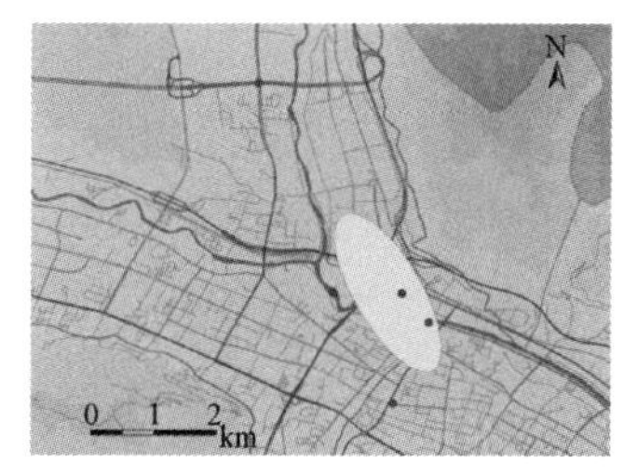

（c）连续 48 h 活动空间

图 6-9 基于标准置信椭圆方法的个体活动空间

（2）多边形

为计算居民活动空间，一般采用最小凸多边形方法。最小凸多边形方法指将居民全部的或部分位置点包进一个最小的多边形中，且内角均不超过 180°的最小多边形（Buliung et al.，2006a，2006b；Jones et al.，2014）。该方法在家域研究中被用于通过经常到访地点及其之前的区域来估计家域范围（Burgman et al.，2003；Kie et al.，1996），近年来也被应用于刻画居民的活动与出行（Fan et al.，2008）。

本书利用 ArcGIS 10.4 软件中的最小凸多边形空间分析获取样本活

动空间，得到工作日、休息日和连续 48 h 的个体活动空间（图6-10）。与标准差椭圆相近，由于西宁市居民活动数据采用日志调查方式获取，当居民仅有一个外出点时，虽然 ArcGIS 软件在处理中可以生成“最小凸多边形”，但实际上此时仅为线段，而非多边形，因此在统计活动空间面积时存在大量“面积”很小的活动空间，此时的“面积”实为线段长度。

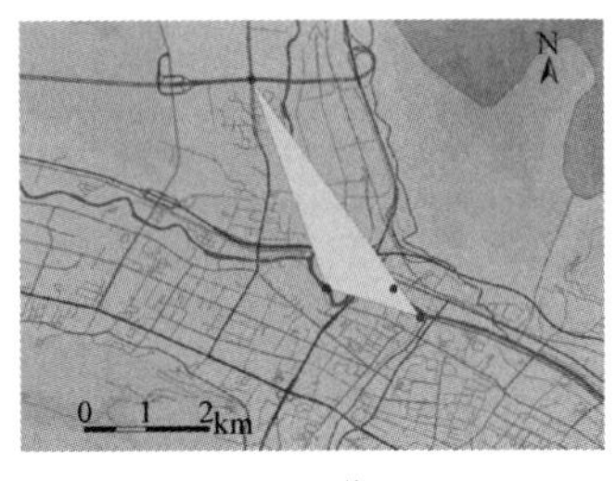

(a) 工作日

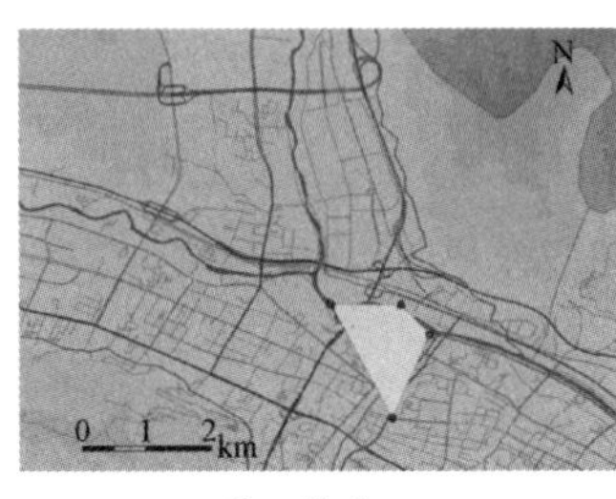

(b) 休息日

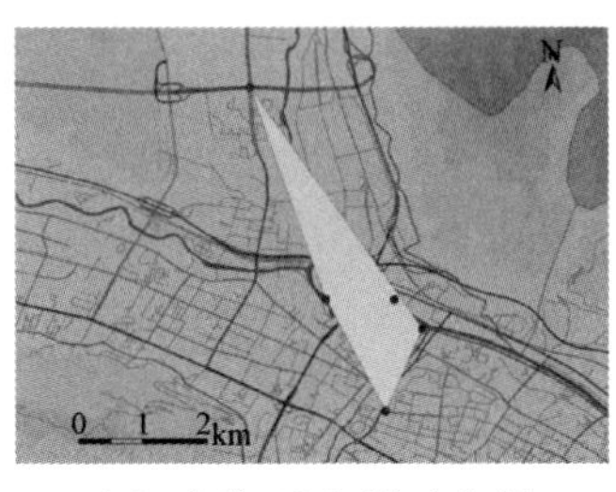

(c) 连续 48 h 活动空间

图 6-10 基于最小凸多边形方法的个体活动空间

(3) 路径

路径这种测度方式有时被称作基于点的方法，尽管有时候出于特定的目的会加入其他非实际观测的点（Wong et al.，2011）。活动点之间的最短路径距离（直线距离或路网距离）可作为对出行距离的估测值，而路径周围的缓冲区可作为活动空间的测度方式（Schönfelder et al.，2003）。另外，一天中两个点之间的最大距离可作为居民活动空间范围的估计值，艾萨克曼等（Isaacman et al.，2010）将其称为日常范围。

本书基于路网数据，利用 ArcGIS 10.4 软件中的网络分析模块，按时间顺序将居民活动点根据路网进行连接，模拟居民出行的实际路径，并在此基础上通过缓冲区分析，得到居民个体活动空间。参照已有研究，一般以 500 m（即 5—7 min 步行可达范围）作为步行可接受范围，同时西宁中心城区的设施分布广泛、密集，且很少存在阻隔步行的立交桥等设施，适于采用 500 m 作为测度范围，因此本书在进行活动空间范围分析和地理背景测量时以 500 m 作为缓冲区范围，生成工作日、休息日和连续 48 h 的个体活动空间。鉴于活动数据来源于居民活动日志，缓冲区方法在仅有一次家外活动时即可获得活动空间，因此在本书中具有很好的适宜性（图 6-11）。

(4) 核密度估计

核密度估计方法提供了一种相对不那么保守的活动空间测度方法，其目标是基于观测数据，估计个体在任意位置的概率函数，总体效果是将非连续的空间数据转化为某地理区域上平滑的概率密度表面（Kwan，2000；Schönfelder et al.，2003）。在本书中，由于大量样本的家外活动数相对有限，当采用核密度估计方法计算活动空间时，难以形成连续的概率密度表面，因此未采用该方法进行分析。

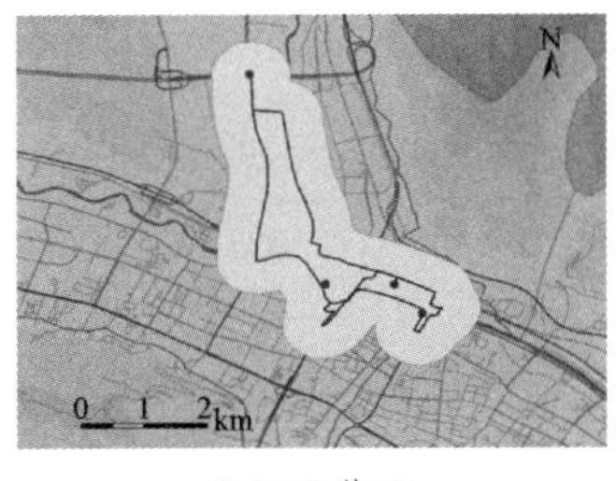

(a) 工作日

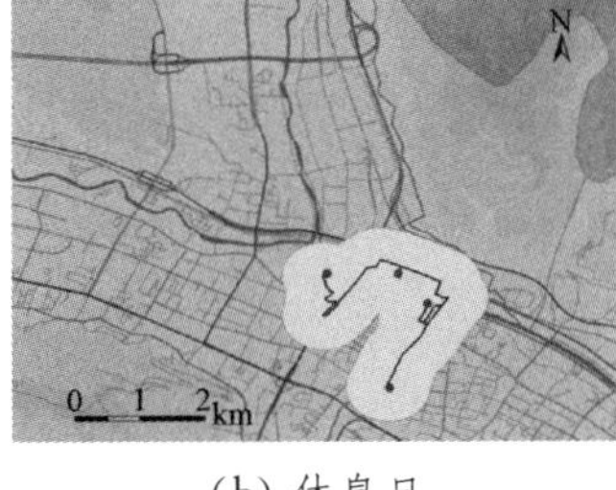

(b) 休息日

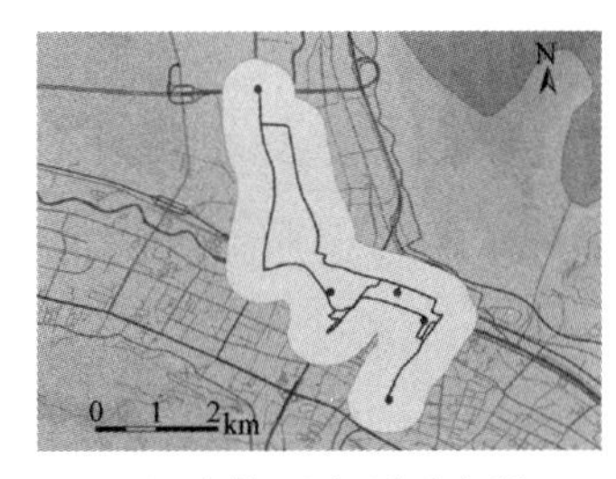

(c) 连续 48 h 活动空间

图 6-11 基于最短路径缓冲区方法的个体活动空间

6.5.2 活动空间刻画方法的比较与选择

基于个体活动空间刻画方法（最短路径缓冲区、标准差椭圆和最小凸多边形）对西宁市居民在工作日与休息日的活动空间进行统计与相关分析，得到表 6-2。

从活动空间的样本人数来看：最短路径缓冲区方法在工作日有 67 人无法生成活动空间，休息日与 48 h 活动空间则全部样本均可以生成活动空间范围。在工作日的 67 人中，12 人因前往青海省其他州县工作形成过大的活动空间范围而被排除，其他样本包括在西宁市非主城区工作的样本（路网选取西宁市主城区范围内的不同等级道路，因此前往非主城区范围时无法生成最短路径）无外出活动等情况。在 95% 置信度的标准差椭圆方法中，能够得到 48 h 活动空间范围的样本为 905 人，工作日与休息日分别有 406 人和 375 人存在 3 个以下活动位置点导致无法生成有效的活动空间范围，有效率最低。最小凸多边形方法虽然在工作日与休息日均可以对全部样本进行活动空间刻画，但实际上存在大量的“线段”，而非真实的作为范围的“面”，实际有效率同样较低。

从活动空间面积来看：通过最短路径缓冲区方法获得的活动空间范围的平均面积最大，且居民间的差异明显小于其他方法。基于标准差椭圆方法和最小凸多边形方法生成的活动空间面积相对较小，但居民间的差异较大，且活动空间的最大值很大并包含了相当一部分实际活动并未到达的区域。其中基于标准差椭圆方法在休息日单日的最大活动空间面积达到 446.83 km^2，基于最小凸多边形方法也有 347.94 km^2，远大于基于最短路径缓冲区方法的 78.12 km^2。

总体来看，采用不同方法生成的个体活动空间差距较大。由于本书采用的是活动日志数据，因此当居民当日仅一次外出时则无法形成标准差椭圆，且此时的最小凸多边形实为线段。虽然标准差椭圆除面积外，

表 6-2　基于不同刻画方法的居民活动空间面积统计

分类	最短路径缓冲区			标准差椭圆			最小凸多边形		
	工作日	休息日	48 h	工作日	休息日	48 h	工作日	休息日	48 h
人数/人	1 028	1 095	1 095	689	720	905	1 095	1 095	1 095
缺失人数/人	67	0	0	406	375	190	0	0	0
最小值/km^2	0.42	0.42	0.42	0.00	0.00	0.00	0.00	0.00	0.00
最大值/km^2	78.12	78.12	78.31	429.11	446.83	326.06	347.94	347.94	350.23
平均值/km^2	5.17	4.81	6.75	2.48	2.16	3.85	1.39	1.40	3.53
标准差	6.61	5.75	7.58	22.05	17.94	17.29	14.66	15.11	19.33

方向、离心率均可从其他方面表现活动空间特征，但当样本存在某个较远距离的活动点时。标准差椭圆倾向于过大估计活动空间。最小凸多边形则一方面包含了内部全部范围，而这些范围有时并非样本有效的活动范围；另一方面又存在对顶点周边的外部空间估计过小的问题。相比于标准差椭圆与最小凸多边形，最短路径缓冲区分析中由于应用了活动日志数据，虽然得到的范围基于模拟路径而非实际路径，但面积估计偏差较小，且西宁市城市空间整体呈现“十字”形布局，采用此方法时不会将河谷周边无法达到的地区错误计入，因此在后文设计活动空间的计算与分析时，均采用基于路网的居民最短缓冲区方法，并选择 500 m 作为缓冲范围。

6.5.3　居民社会经济属性对活动空间的影响

为进一步探讨居民活动空间的影响因素，特别是居民社会经济属性等要素对活动空间的影响，以挖掘西部城市居民行为特色问题与社会分异情况，本书分别以工作日、休息日两天的样本活动空间面积作为因变量，以个人社会经济属性、家庭总人数、家庭小汽车拥有量、住房类型等数据为自变量，采用多元线性回归模型进行拟合，其中为使活动空间服从正态分布，对其进行取对数处理，得到表 6-3。

研究地区西宁市作为少数民族聚居的西部城市，当考虑民族因素时发现，回族居民无论休息日还是工作日，活动空间都显著小于汉族居民：一方面由于回族居民主要在城市中心区聚居，该地区周边各类生活设施便利，因此无须长距离出行，即可在近家较小范围内满足不同层次的生活需求；另一方面回族居民收入水平、受教育水平整体上低于汉族

居民，在活动—移动方面受到更多制约，这也导致了回族居民活动空间的相对收缩。

表 6-3　居民日常活动空间影响因素

分类（常量）		工作日		休息日	
		系数	显著性	系数	显著性
		—	0.000	—	0.000
性别（参照类：男性）		−0.066	0.052	−0.065	0.042
年龄（参照类：50 岁以上）	30 岁以下	−0.027	0.413	0.077	0.052
	30—50 岁	−0.065	0.143	0.087	0.061
回族（参照类：汉族）		−0.071	0.048	−0.130	0.000
受教育水平（参照类：初中及以下）	高中、大专	0.092	0.019	0.056	0.141
	大学本科及以上	0.022	0.633	0.005	0.902
西宁户籍（参照类：非西宁户籍）		−0.038	0.257	−0.033	0.314
工作类型（参照类：全职）	兼职	−0.060	0.112	0.021	0.556
	离退休	−0.020	0.648	−0.012	0.789
	无工作	−0.112	0.003	−0.023	0.552
收入水平（参照类：中等收入）	低收入	−0.003	0.948	0.000	0.994
	高收入	0.021	0.527	0.009	0.780
家庭小汽车拥有量		0.023	0.504	0.071	0.029
有驾照（参照：无驾照）		−0.040	0.263	0.023	0.438
家庭总人数		−0.014	0.676	−0.009	0.771
住房类型（参照：商品房）	单位住宅	0.008	0.825	0.076	0.021
	政策性住宅	−0.013	0.699	−0.014	0.669
	其他	0.014	0.670	−0.001	0.981
相关系数平方（R^2）		0.059	—	0.042	—
检验统计量（F 值）		3.516	—	3.268	—
显著性		0.000	—	0.000	—

在其他社会经济属性方面，女性相对男性无论是工作日还是休息日活动空间均更小。这是由于女性居民往往需要在家庭中承担更多与家务相关的活动，因此家外活动时间有限，同时在出行能力上弱于男性居民，进而活动空间范围有限。在年龄上，受可达能力的影响，30 岁以下以及 30—50 岁的居民在休息日的活动空间范围显著大于 50 岁以上的

居民，而工作日由于强制性活动的存在，年龄对活动空间范围的影响更为复杂，不存在显著的线性相关。与此相应，当不受到强制性的工作活动与通勤行为制约时，在工作日无工作居民比全职居民的活动空间范围更小，而此差异在休息日则不再显著。此外，受教育水平也对活动空间的面积存在一定影响。

在居民移动性与可达性方面，选取是否有驾照和家庭小汽车拥有量两个变量进行反映。拥有驾照虽然带来了更高的可达性，但是并不意味着有私家车可供出行，因此该变量对活动空间的面积并不存在显著的相关性；而在休息日时，当居民拥有一辆或多辆小汽车时，会显著扩大活动空间，说明了移动能力与可达范围之间的正向相关性。

在住房类型方面，根据受访者自填的家庭住房来源与住房类型选项，西宁市居民的主要住房类型包括单位住宅、政策性住宅和自建房等其他类型住房。由于调查的 15 个社区中，三类住房分布在城市中的不同区位，其居住条件、周边设施配备情况等不仅受到住房类型的影响，而且因其建筑年代、城市区位等要素的不同而存在差别，因此在工作日，单位住宅中的居民与商品房住户相比，活动空间并没有显著的扩大或缩小，且由于部分单位住宅分布在郊区而出现休息日活动空间大于商品房住户的情况。

需要说明的是，活动空间的面积受到多种因素的影响，包括个人社会经济属性、家庭属性、居住区位、住区及活动空间建成环境等，本部分主要关注个人社会经济属性中各变量对活动空间的影响，对于建成环境等变量对时空行为的复杂互动将在后文进一步说明。受此影响，模型拟合效果一般，仅作为个人社会经济属性对活动空间影响的参考。

6.6 小结

本章从微观行为视角，以西北地区重要中心城市之一的西宁市作为案例，基于 2013 年 9—10 月西宁市居民时空行为调查数据，对居民的时间利用、活动空间特征以及行为空间与城市空间关系的解读，探讨西部城市居民行为模式与生活方式，在此基础上，进一步刻画西宁市居民的活动空间并分析活动范围的影响因素，以发现西宁市居民时空行为的特点与特色问题，以说明民族作为西宁市居民社会空间分异的重要因素，需要进一步深入地分析与探讨。本章研究主要得出以下主要结论：

(1) 活动时空密度的可视化具有重要意义，可以更为清晰地展现活动的时空分布。

以往活动的时空轨迹被广泛应用于展示活动点在时空中的分布，该方法具有能够完整展示一段时间连续活动的特点，但当希望通过大量时空轨迹与路径观察总体活动的时空分布特征时，大量路径往往在二维图上相互堆叠、覆盖，在出行高峰期时尤为明显，难以清晰地观测到活动的一般性时空特征。而利用三维体可视化技术对居民日常活动的时空密度进行可视化分析，有助于从大量活动轨迹中识别其时空模型、挖掘主要的形体特征，为进一步的分析、比较与解读提供基础。

本书同时采用活动路径与活动时空密度可视化方法识别西宁市居民时空模式发现，仅观察活动路径时，样本整体的活动分布地、集中通勤时间便于识别，但活动时空密度的具体特征相对模糊。但时空路径可以方便挖掘特殊行为，如发现西宁市存在周末在市区居住、周一前往地州县工作的跨地区通勤这一特殊群体。而采用活动密度并结合三维体的渲染、等值面、基于视切面的形体切割等不同方法和视角，可以对西宁市居民不同活动密度地区、时段进行更好地识别，并可针对特定地区和时间进行可视化分析，这一方法的应用对于活动模式的挖掘与轨迹的分析具有重要意义。

（2）西宁城市自然、社会经济等环境特色鲜明，居民时空结构与东部城市存在差异。

首先从西宁市的自然环境、社会文化、宏观制度背景等多方面入手，说明城市发展基础相对较差、资源快速流失、人居环境相对恶化等问题，且社会经济发展水平、市场化水平普遍滞后于东部发达城市，说明西宁市居民在时间利用、活动—移动系统上可能存在依赖非机动出行方式、近家活动占比高、工作时间相对弹性化的时空行为特征。

在此理论框架下，基于 2013 年时空行为调查数据进行实证分析，发现西宁市居民在工作日与休息日的居民行为特征存在明显的差异，其中工作日呈现三次出行峰值，午休返家特征明显。而休息日的出行无明显峰值，活动时间安排上以休闲与家庭照料类为主。相比于东部城市，西宁市存在工作活动占比低、平均时长短，早通勤时间延后，午休返家等特点，居民受到的固定活动制约小，时间安排更加灵活。同时，居民主要活动范围沿河谷分布，除近家活动外多集中在城市中心地区，每日存在三次出行高峰，其中工作活动集中在中心地区，新建居住区在周边分布，易造成通勤高峰时段的拥堵。休闲活动与购物活动空间与城市的休闲、购物类设施布局存在一定的空间错位，从微观行为需求视角揭示了西宁城市空间问题。此外，研究发现西宁市作为青藏高原海拔相对较低的宜居中心城市，存在休息日居住、工作日前往周边地区通勤的特殊行为。而作为多民族聚居城市，西宁市的汉族居民与人数最多的少数民族——回族居民之间同样存在显著的行为差异，此问题将在后面几章展开进一步的讨论。

（3）不同活动空间刻画方法存在差异，民族、性别等居民社会经济属性对个体活动空间存在显著影响。

当采用不同方法刻画个体活动空间时，得到的活动空间特征存在差异。当采用活动日志这一家外活动点相对有限的数据获取方式时，当居民当日仅一次外出时则无法形成标准差椭圆，且此时的最小凸多边形实为线段，且当样本存在某个较远距离的活动点时，标准差椭圆倾向于过大估计活动空间，最小凸多边形则一方面包含了内部全部范围，而这些范围有时并非样本有效的活动范围，另一方面又存在对顶点周边的外部空间估计过小的问题。同时综合考虑西宁城市“十字”形空间布局，本书采用基于路网的最短路径缓冲区对居民活动空间进行分析，虽然得到的范围基于模拟路径而非实际路径，但面积估计偏差较小。

西宁市居民活动空间受到诸多因素的影响。其中，由于回族居民在城市中心与东部聚居，周边设施便利，同时又受到更多制约，因此民族因素对活动空间存在显著影响，表现为回族居民无论休息日还是工作日，活动空间都显著小于汉族居民；女性往往需要在家庭中承担更多与家务相关的活动，相对男性无论是工作日还是休息日活动空间均更小；工作日无工作居民比全职居民的活动空间范围更小。另外，年龄与受教育水平等社会经济属性也会对活动空间存在一定影响。在移动性方面，休息日当居民拥有一辆或多辆小汽车时，会显著扩大活动空间。而住房类型与活动空间不存在显著的线性关系。由于本章更多关注社会经济属性与社会分异，且建成环境与活动—移动要素未被考虑进入模型中，地理背景、民族差异等问题将在下面章节中展开分析，探讨行为空间与城市空间互动问题。

注释

① 数据来源于谷歌地图的海拔信息。

7 西宁城市居民时空行为模式的民族差异研究

少数民族群体因其生活习惯、文化上的特殊性，其日常生活及行为空间与城市空间的互动呈现不同于汉族居民的特征。这些特殊性会造成民族间资源访问和利用能力的差异，进而引起城市社会空间分异。西方研究者在研究中发现，少数族裔在活动时间、空间安排上与其他族裔存在差异，同时活动能力有限、可达性更差，且暴露在危险环境中的可能性更高。本章将从少数民族群体特征与其所面临的制约入手，分别利用通过问卷获取的惯常行为与通过活动日志获取的日常行为两个不同时间尺度的时空行为数据进行分析，说明汉族与回族的时空行为模式与民族差异，以理解社会分异的时空表现。

7.1 回族居民的时空行为制约

基于时间地理学对时空行为的理解，一个人要满足需要，一般要从一个驻所移动到另一个驻所。然而，这种移动受到了许多制约：一些是生理上或自然形成的制约，另一些则是由于个人决策、公共政策及集体行为准则造成的制约。对于个人来说，通常只能部分地克服这些制约（柴彦威等，2012a）。这些制约可以归为三类：能力制约、组合制约和权威制约（柴彦威等，1997）。而城市中的回族居民除了受社会经济属性影响外，还受其民族群体特征影响，并产生行为制约，在城市空间中呈现出其特有的时空结构（谭一洺等，2017c），具体表现如下所述：

（1）能力制约：个人通过自身能力或使用工具能够进行的活动是有限制的（柴彦威，1998）。少数民族居民除了由睡眠等一些生理性制约和移动所受到的物理性限制外，还因其需要进行宗教活动而受到限制。因宗教活动具有时间上的固定性，当居民在家内进行宗教活动时，会制约其时间利用。同时，受生活习惯、语言障碍的影响，少数民族居民会避免前往一些场所，如普通餐厅、娱乐场所，从而制约其时空行为。

（2）组合制约：个人或集体为了从事某项活动而必须同其他的人或物的路径同时存在于同一场所的制约（柴彦威，1998）。以回族男性居民为例，进行宗教活动特别是星期五“主麻”聚礼时，需要在固定场所——清真寺与其他参与者共同进行，并且受礼拜时间的制约，行为安排的连续性被破坏，活动程序被打乱（图 7-1）。

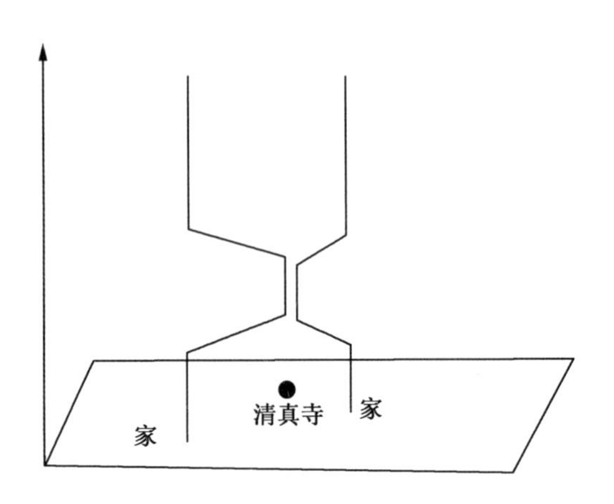

图 7-1　回族居民行为组合制约示意

（3）权威制约：法律、习惯、社会规范等把人或物从特定时间或特定空间中排除的制约（柴彦威，1997）。从社会认同角度来看，其他民族居民对少数民族居民存在民族刻板印象，一些消极的刻板印象会带来空间排斥。而回族居民外貌与服饰特征的识别度很高，这种权威制约下的空间排斥更易外显。

综合以上行为制约效应，少数民族居民在行为制约下，在城市空间中的时空结构会呈现出区别于汉族的整体性差异，个体行为则更体现出制约的影响。同时基于少数民族居民特别是西宁市回族居民的群体特征与宗教信仰，西宁市回族居民的宗教活动的时间安排与地点选择同样带来民族间的行为差异与行为空间分异。

因此，本章将分为四个部分来讨论居民时空行为模式的民族差异。第一部分（第 7.2 节“惯常行为分异与民族差异”）分析西宁市居民的惯常行为特征，从通勤、购物、休闲行为等方面全面描述居民惯常行为的民族差异。第二部分和第三部分（第 7.3 节“日常行为的时间利用与民族差异”和第 7.4 节“日常活动的时空特征与民族差异”）关注回族居民的日常行为活动，其中第 7.3 节从时间利用角度出发，比较汉族与回族在活动时间节奏、时间分配等方面的差异，并通过时间利用的性别差异说明不同民族的家庭分工特点；第 7.4 节关注日常活动的时空特征，首先从汉族和回族日常活动的时空密度与分布特征入手，说明两个民族在城市空间利用方面的时空差异，然后分析出行行为特征的民族差异，并通过出行与活动空间的性别差异，说明两个民族男性与女性的活动移动能力的差异。第三部分（第7.5节“宗教活动对少数民族时空行为的影响”）通过刻画宗教活动的发生时间、地点等方面，重点分析宗教活动这一特殊意义的活动类型对回族居民的时空行为影响，从文化视角透视民族间的行为空间分异。本章从多个时间尺度与多个方面分析居民行为的民族差异，试图描述群体分异的外在时空行为表现。

7.2 惯常行为分异与民族差异

惯常行为是个体在长期的居住、活动地理环境影响下所形成的中期尺度的相对稳定、固定的行为。居民的惯常行为往往具有周期规律性，其变动周期表现为一天或一周、一月等。其中，通勤行为相对于其他行为而言，在时空上的固定性更强，就某种意义而言，是其他活动的基础（柴彦威等，2002a）；购物行为作为满足生理与生活需求的基础，因类别差异而呈现出时间频率、空间选择的差异；休闲行为相较于固定性最强的通勤行为与维护性的购物行为，弹性最强。本节基于西宁市居民行为调查中的惯常行为部分，在讨论惯常行为民族差异的同时，加入对健康、满意度的说明，补充了城市社会空间分异的主观情绪与前沿问题。

7.2.1 通勤行为与民族差异

不同的居民群体在居住和就业机会上面临不同的制约，这种差异体现在职住空间上则直接影响了通勤行为。通勤及其所反映出来的职住分离应当被理解为居民在城市空间中的居住机会和就业机会的空间结果，体现了居民在城市空间中的就业可达性（刘志林等，2009）。本节中的惯常通勤行为研究对象采用工作类型为全职、兼职或其他类型的727人，包括汉族591人、回族136人，离退休与无工作样本不参与通勤惯常行为的分析与讨论。

从惯常通勤行为的主要指标来看（表7-1），西宁市居民自填的平均通勤距离为3.07 km，其中汉族的平均通勤距离为3.16 km，回族的平均通勤距离为2.67 km且个体间的差异更大，这主要是由于回族居民的居住地集中在中心城区，且与西宁市就业机会较多地区邻近，进而职住距离相对较短。不同于通勤距离，回族的通勤平均时长大于汉族，且个体间的差异更大，这可能是受到民族通勤方式选择的差异影响。在每周工作天数与每日工作时间方面，两个民族间的平均值相近，无显著差异，但回族个体间的差异均大于汉族。

表 7-1　西宁市居民惯常通勤行为与工作行为情况与民族差异

分类	总体		汉族		回族	
	平均值	标准差	平均值	标准差	平均值	标准差
通勤距离/km	3.07	5.36	3.16	5.53	2.67	4.44
通勤时长/min	21.17	21.29	20.84	19.23	22.78	29.23
每周工作天数/天	4.86	2.10	4.85	1.96	4.89	2.67
每天工作时长/h	7.32	3.49	7.31	3.33	7.33	4.18

为进一步说明通勤方式对通勤时长的影响，对居民的通勤方式选择、花费进行分析，如图 7-2 所示。相比于汉族居民，回族居民的通勤倾向于选择机动化出行，33.6%的回族居民选择步行通勤，36.7%的回族居民选择公共汽车通勤，而选择私人小汽车通勤的占比为 18.8%。受偏机动化出行方式的影响，回族居民在通勤的平均花费上高于汉族，特别是在月花费为 31—60 元的公共交通费用区间与月花费为 301—500 元的私人小汽车、出租车费用区间上的人数较多。汉族居民中有接近 50%选择步行通勤，35%采用公共交通作为通勤方式，选择私人小汽车的通勤者仅占汉族居民的 15%，因此有超过 30%的汉族居民每月的通勤支出在 30 元以下。通勤方式的机动化倾向与平均花费的增加，一方面是由于回族居民的职业类型大多为体制外的企业或个体经营，因此较少居住在职住接近的单位社区；另一方面是由于回族居民在制约下不得不采用更昂贵的方式去获得更好的可达性。

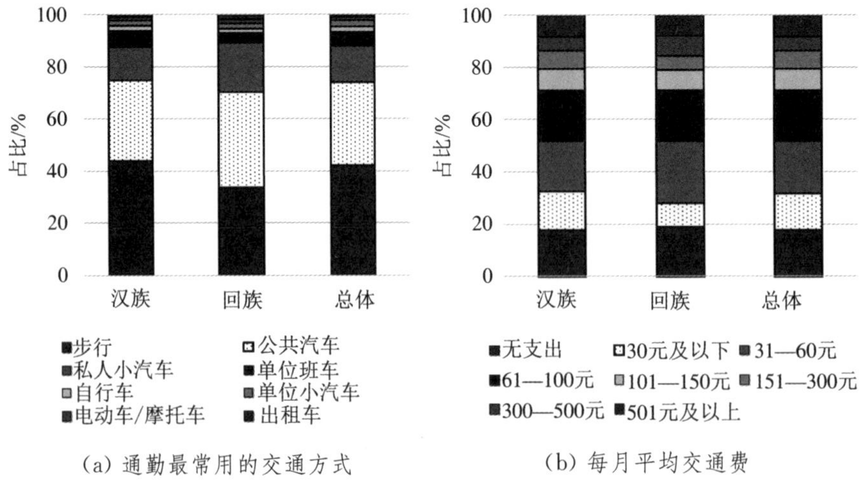

(a) 通勤最常用的交通方式　　(b) 每月平均交通费

图 7-2　通勤方式与费用

居民移动性与健康问题相结合的研究是近期时空行为研究的新热点(吴江洁等，2016；孟斌等，2013；干迪等，2015)。其中通勤满意度基于受访者的主观意愿选择［图 7-3（a)］，相较于汉族居民，回族居民在通勤满意度上显著低于汉族居民，具体表现在对惯常通勤活动非常满意的占比更低，而非常不满意等负面情绪的占比更高，这与回族居民通勤耗时长、花费高的特点相对应。在调研过程中，结合居民的工作活动与通勤行为部分对相关的健康问题进行了调查，包括是否经常加班、是否经常感受到压力、是否经常请病假等内容［图 7-3（b）至（d)］。受回族居民以体制外的企业、个体经营为主的工作性质影响，回族居民的工作时间相对灵活，因此在加班方面，回族居民选择很少或者从不加班的占比远高于汉族。同时回族居民的工作压力也显著小于汉族居民，请病假的占比与频次相对较低，整体上的工作感受要优于汉族居民。

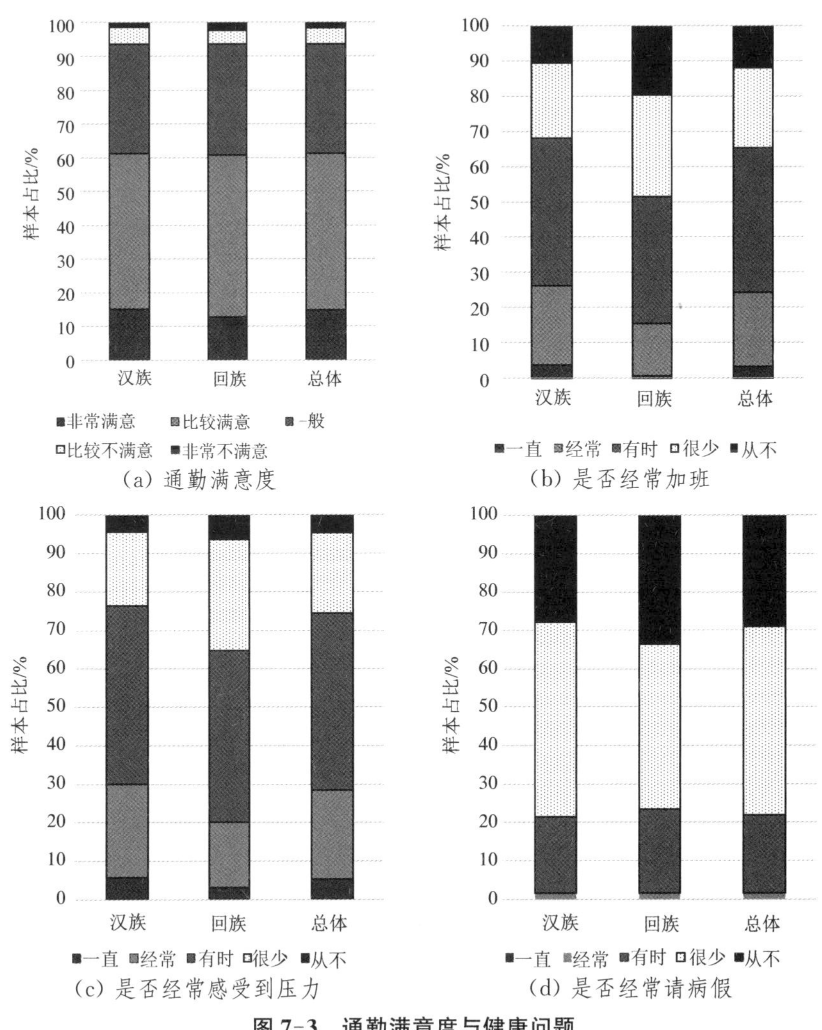

图 7-3　通勤满意度与健康问题

7.2.2 购物行为与民族差异

购物行为研究从需求方的角度出发，关注消费者的购物决策过程、购物地点选择、空间特征与方式、偏好等方面（柴彦威等，2002b，2008b）。同时鉴于购物行为的特殊性，区分不同类型、等级商品的购物行为研究为归纳消费者购物活动时空模式，反映行为决策与城市商业空间特征提供了有益的视角（冯健等，2007；焦华富等，2013；王益澄等，2015）。本节延续了基于个体行为视角的购物行为研究方法，将购物行为按消费类别划分为购买蔬菜水果等食品类、购买日用品类、购买高档服装类三个类别，通过惯常行为数据，讨论购物距离、出行耗时、频率、花费等购物行为要素，比较民族差异，以反映不同民族在维持性活动上所受到的制约情况（表 7-2）。

表 7-2 惯常购物行为特征与民族差异

分类		汉族		回族		总体	
		平均值	标准差	平均值	标准差	平均值	标准差
食品类	购物地离家距离/km	3.1	8.8	1.2	1.2	2.8	8.0
	从家到该购物地单程耗时/min	19.8	15.5	11.8	7.9	18.2	14.7
	每周到该地购物的频率/次	3.2	2.2	3.7	2.4	3.3	2.3
	平均每月该项购物花费/元	658.5	523.5	828.7	800.4	692.7	593.1
日用品类	购物地离家距离/km	3.7	8.2	2.9	4.2	3.5	7.6
	从家到该购物地单程耗时/min	22.3	20.3	18.6	9.2	21.6	18.7
	每月到该地购物的频率/次	2.8	2.3	2.2	1.3	2.7	2.2
	平均每月该项购物花费/元	326.0	344.1	360.2	350.2	332.9	345.5
高档服装类	购物地离家距离/km	6.4	7.4	4.7	5.4	6.0	7.1
	从家到该购物地单程耗时/min	25.7	23.0	22.8	16.0	25.1	21.8
	每年到该地购物的频率/次	3.9	3.6	3.2	2.8	3.8	3.4
	平均每年该项购物花费/元	3 023.8	3 764.4	2 729.5	3 397.6	2 964.7	3 694.1

西宁市居民的购物出行距离按商品等级从低到高的顺序，在空间上表现为等级性的圈层结构，其中以购买蔬菜水果等食品类为目的时西宁市居民的平均出行距离为 2.8 km，购买日用品类的平均出行距离为 3.5 km，购买高档服装类的平均出行距离为 6.0 km，与已有居民购物研究中的商业地域空间等级分布规律相一致（柴彦威等，2008b）。不同

民族间购物所需的出行距离存在显著差异，同时回族居民购买各个等级商品所需的平均出行距离均小于汉族居民且个体间的差异小，特别是当购买食品类时，回族居民所前往的购物地到居住地的平均距离仅为1.2 km，而汉族居民则为3.1 km，可见回族居民由于居住地多集中在中心城区，因此在购物便利程度上要高于汉族居民。

与购物地和居住地之间的距离相应，购物行为的出行时长也随着购买商品的等级上升而增加，说明居民在进行高等级商品购买时可为此进行长距离的出行，而在进行食品类商品购买时则一般以邻近居住地的社区商业中心为主。在民族差异方面，回族居民在到达购物地距离更近的情况下，所需时间也短于汉族居民。这同时使得回族居民在购买近家分布的食品类商品时，倾向于一周多次购买，购买频率高于汉族居民。不同于食品类商品，回族居民在购买日用品类与高档服装类商品时，购买频率显著小于汉族居民，此时距离不再是购物频率的主要影响因素，居民的购买能力开始有更大的影响。

在购物花费上，回族居民每月的食品类平均消费达到828.7元，每月的日用品类平均消费为360.2元，每年的高档服装类平均消费为2 729.5元；汉族居民每月的食品类与日用品类平均消费金额低于回族居民，分别为658.5元和326.0元，而每年的高档服装类平均消费为3 023.8元，高于回族居民同类消费品的购物金额。回族居民呈现典型的金字塔形消费结构，即仍以维持生存、生理需求的食品类、日用品类商品为主，高端消费需求较低，而汉族居民对高端消费品的消费能力高于回族居民。

7.2.3 休闲行为与民族差异

休闲行为作为城市居民现代化生活方式的一种标志，其活动的时空安排与工作活动、购物活动等居民行为存在制约与替代关系（赵莹等，2016）。休闲活动作为可随意支配活动的重要组成（Chapin，1974；Reichman，1976），其行为的发生弹性大、随意性强，居民往往以周、月或者年为单位进行休闲活动的计划与安排。休闲活动的相关研究涉及休闲方式、花费、同伴、满意度等多个方面（刘志林等，2001；林岚等，2012；柴彦威等，2005；程遂营，2006；龙江智等，2013）。本节选取问卷调查中涉及惯常休闲行为的个体调查数据，对西宁市居民的休闲行为与民族差异进行分析。

在休闲方式方面，在前期调研、了解西宁市居民主要休闲活动的基础上，让受访者选择经常进行的休闲活动类型（可多选）。根据调查结果（表7-3），西宁市居民休闲活动方式具有多样化特征，以看电视（30.8%）、遛弯散步（19.3%）、上网（15.2%）为主，此外居民进行体育锻炼（7.8%）、棋牌游戏（5.8%）、看电影（5.0%）、观光旅游（4.5%）、去茶园（4.5%）、登山（3.7%）、唱歌（2.4%）、文艺演出（1.0%）等多种其他休闲活动。其中回族居民有40.5%选择看电视作为最为休闲的活动方式之一，高于汉族的28.9%，有10.1%的回族居民选择上网活动，低于汉族居民的16.2%，两个民族居民选择遛弯散步休闲方式的居民占比相近。在其他方式方面，有更高居民占比的回族居民前往茶园进行休闲活动，但无人选择文艺演出，且选择看电影、唱歌、棋牌游戏、登山的居民占比均小于汉族居民。总体上，回族居民的休闲方式相对汉族居民而言较为单一，且涉及知识和文化生活方面的休闲活动参与率相对较低。值得注意的是，信息技术进入家庭后，为居民带来了以网页浏览、视频、网络游戏等为主的网络娱乐休闲方式（赵霖等，2013），但是回族居民选择此类休闲活动的居民占比显著低于汉族居民。

表7-3　居民经常进行的休闲活动与民族差异

分类	汉族		回族		总体	
	人数/个	占比/%	人数/个	占比/%	人数/个	占比/%
看电视	676	28.9	185	40.5	861	30.8
上网	380	16.2	46	10.1	426	15.2
看电影	123	5.2	18	3.9	141	5.0
文艺演出	27	1.2	0	0.0	27	1.0
唱歌	64	2.7	4	0.9	68	2.4
棋牌游戏	149	6.3	15	3.3	164	5.8
遛弯散步	444	19.0	95	20.8	539	19.3
体育锻炼	185	7.9	34	7.4	219	7.8
观光旅游	105	4.5	20	4.3	125	4.5
去茶园	95	4.1	31	6.8	126	4.5
登山	94	4.0	9	2.0	103	3.7

在调查中发现，超过60%的汉族居民采用步行作为休闲活动的出行方式，而回族居民采用私人小汽车或者公交车出行的占比更高，以到达家外活动地，由此可见回族居民家外休闲活动更加依赖于机动化的出行方式，进而公交车线路等往往是其选择休闲活动地的要素之一。在休闲同伴方面，回族居民相比于汉族居民更倾向于与家人共同进行休闲活

动，朋友、同事/同学等非亲属关系作为休闲同伴的占比仅为10%左右，显著低于汉族居民。这一方面是由于回族居民以家庭为核心的观念更强，另一方面是受工作性质与社会融入情况的影响，回族居民在社会交往中受到排斥的机会更高，社会网络关系相对单一，并以亲属关系等强联系为主，弱联系相对有限，进而更愿意选择亲属作为休闲活动的同伴（图7-4）。在休闲花费方面，超过60%的回族居民每月平均休闲花费在300元及以下，其中近40%的每月平均花费在100元及以下，显著低于汉族居民在休闲活动上的投入。但是相对于休闲活动的低成本，回族居民在休闲活动中的整体满意度高于汉族。这说明回族居民的消费结构以满足生理需求为主，进而当投入较少的更高层次消费时，可以带来更高的心理层面收益。

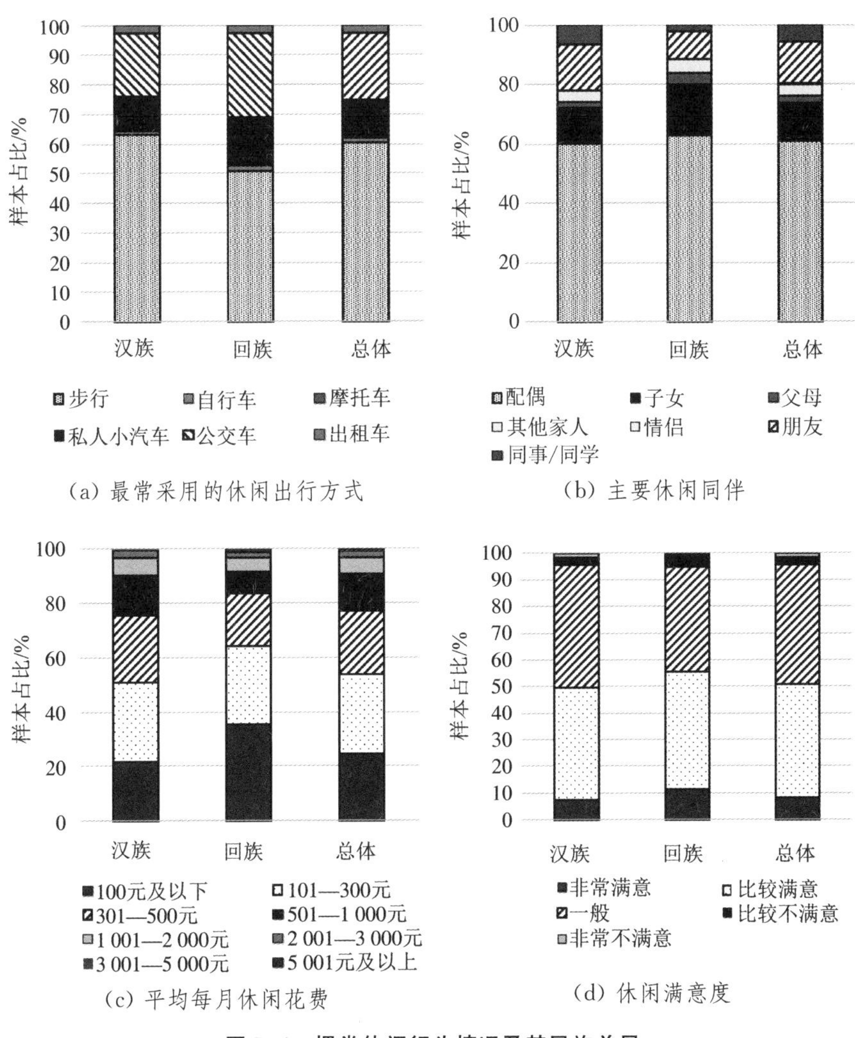

图7-4　惯常休闲行为情况及其民族差异

7.3 日常行为的时间利用与民族差异

日常活动伴随着活动理论（Activity Theory）提出（Engeström et al.，1999；Leontyev，1977）。汉森等（Hanson et al.，1993）结合哈格斯特朗对时间地理学的阐释指出，日常活动有三个普适性原则：（1）时间有限性，即一天仅有 24 h；（2）个体在一个时刻仅可能出现在一个地方，即地点上具有唯一性；（3）活动转移的时间间隔性，即没有人能瞬间转移到另一个地点进行活动。不同于惯常活动，日常活动强调以“天”为时间尺度来研究居民行为。本节及下节对日常活动的分析是基于 2013 年西宁市居民活动出行调查中的 48 h 活动日志调查数据进行的，分别从时间、空间以及个体在空间转移时所必需的出行活动几个角度来说明西宁市居民日常活动的民族差异。

7.3.1 时间节奏与民族差异

利用西宁市居民活动日志调查数据，描绘样本在工作日、休息日两天的活动—移动时间节奏，用以观察居民开展各类活动的时间分布特征（图 7-5）。其中，横轴为时间轴，代表一天 24 h [以分（min）为单位]，纵轴代表在某一时间发生某类活动的样本占比（Lu et al.，1999）。在活动类别方面，将原活动日志调查数据的各类活动归并为工作/学习活动、个人事务活动（含睡眠、用餐、个人护理、外出办事等活动）、家庭照料活动（含家务和照料）、休闲活动（含体育锻炼、娱乐休闲和观光旅游等活动）、购物活动、社交活动（社交与联络活动）、其他活动类型（含宗教活动），以及出行行为。

在工作日，回族、汉族居民时间节奏曲线均呈现出典型的“双峰”特点，即上午从 9：00（540 min）到 12：00（720 min）、下午从 13：30（810 min）到 18：00（1 080 min）的两个峰值，回族居民的工作占比低于汉族居民，且中午工作活动的减少程度低于汉族居民；在休息日，汉族居民工作活动发生的占比显著下降，而回族居民工作活动的峰值不明显，8：30—17：30 不同时段工作活动的占比差异较小。在休闲活动方面，回族居民白天发生休闲活动的占比高于汉族居民，并呈现出“三峰值”结构。由此可见，回族居民受工作活动的制约相对弱化，活动时间安排的自主性更强，日常生活中夹杂购物、社交等活动，时间安排有丰富性、细碎性的特点。

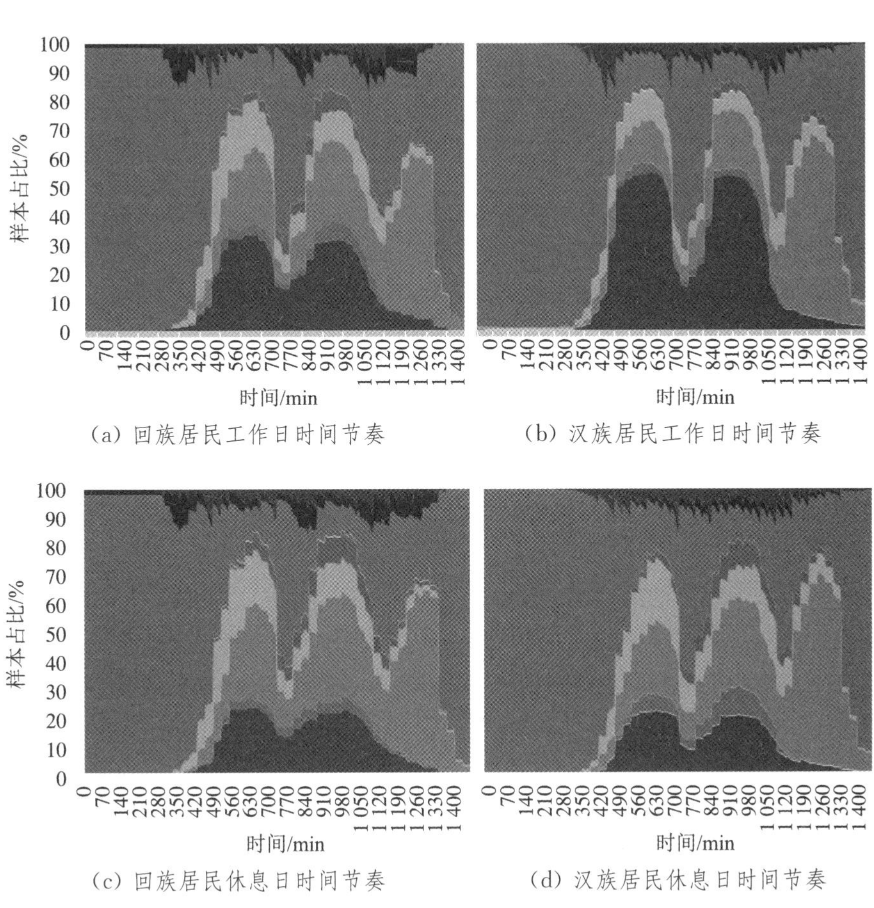

(a) 回族居民工作日时间节奏　　(b) 汉族居民工作日时间节奏

(c) 回族居民休息日时间节奏　　(d) 汉族居民休息日时间节奏

图 7-5　回族、汉族居民时间节奏及日间差异

注：■ 工作；■ 购物；■ 休闲；■ 家庭照料；■ 社交；■ 个人事务；■ 其他；■ 出行。

7.3.2　时间分配与民族差异

根据居民活动日志，对汉族、回族居民日常活动的时间分配情况进行统计（表 7-4），并采用方差分析方法，对汉族、回族间的时间分配差异进行分析。

表 7-4　工作日与休息日的日常活动时间分配民族差异

分类		工作日			休息日		
		平均值/min	标准差/min	F 值	平均值/min	标准差/min	F 值
工作	汉族	313.7	253.1	3.3***	150.8	240.0	17.0***
	回族	281.9	282.7	—	228.2	287.7	—

续表 7-4

分类		工作日			休息日		
		平均值/min	标准差/min	*F* 值	平均值/min	标准差/min	*F* 值
个人事务	汉族	752.1	163.2	1.1	779.2	164.6	31.1***
	回族	747.7	173.2	—	736.9	168.5	—
家庭照料	汉族	67.2	116.8	1.0	95.1	134.3	13.7***
	回族	54.0	111.0	—	58.8	113.9	—
购物	汉族	19.7	58.3	0.6	48.6	87.8	8.96***
	回族	20.8	73.5	—	29.1	84.7	—
休闲	汉族	205.4	175.6	2.1**	248.9	192.2	1.4
	回族	213.4	203.9	—	231.8	201.5	—
社交	汉族	19.7	58.3	1.7	48.6	87.8	0.2
	回族	25.2	93.9	—	53.5	128.6	—
其他	汉族	20.7	77.3	7.6***	49.6	110.8	28.3***
	回族	61.1	120.1	—	61.2	119.7	—

注：* 表示在 0.1 水平上显著；** 表示在 0.05 水平上显著；*** 表示在 0.01 水平上显著。

分析结果表明，工作日西宁市汉族居民与回族居民在工作活动、休闲活动和其他活动上存在显著差异。其中汉族居民平均工作时长为 313.7 min，高于回族居民的 281.9 min；而汉族居民的休闲活动平均时长为 205.4 min，略低于回族居民的 213.4 min。其他活动主要包括宗教活动，回族居民受信仰伊斯兰教的影响，其工作日其他活动平均时长超过 60 min，而汉族居民仅为 20.7 min。工作日汉族居民和回族居民的个人事务、家庭照料、购物活动和社交活动的时长不存在明显差异。

不同于工作日，休息日汉族居民和回族居民的时间分配在多个活动类型上存在显著差异。在工作活动方面，汉族居民相较于工作日的活动时长减少了 160 多 min，回族居民休息日的平均工作时长长于汉族居民，且与工作日相比仅缩短了不到 1 h，反映了回族样本的职业自由度高，与社会经济属性中职业类型所反映的情况一致。在非工作活动方面，汉族居民在个人事务、家庭照料、购物、休闲与社交活动方面的时间分配均明显多于工作日，回族居民活动时间分配的日间差异则相对较小。两个民族除了在工作活动时长上存在显著差异外，在个人事务、家庭照料和购物这类维护生活的活动方面也存在显著差异。结合职业类型的民族差异，汉族居民全职工作的占比较高，工作日在工作活动之余可自由支配的活动时间相对有限，而休息日的工作活占比与时间大幅下降，因而更倾向于在休息日进行代偿性的维护与照料类活动。回族居民的职业类型多样，行业以企业和个体经营为主，因此工作日与休息日整体的活动安排差异相对不大。

7.3.3 不同民族时间利用的性别差异

时间地理学框架下的活动时间利用强调时空制约下个体所表现出的日常行为的时间安排（Hägerstrand，1970）。不同活动的划分标准为活动时间利用赋予了不同的含义。赖希曼（Reichman，1976）在蔡平（Chapin，1974）的活动分类基础上，将活动分为维持生计（Subsistence）活动、维护（Maintenance）生活活动和娱乐休闲（Leisure）活动三大类。这种划分被广泛应用和扩展修正到之后的活动分类研究中（Bhat et al.，1993；Golob et al.，1997）。本书采用安德烈耶夫等（Andreev et al.，2010）修正后的三大类活动进行活动时间利用研究，分别为强制性活动（Mandatory Activities）、维护性活动（Maintenance Activities）和可支配活动（Discretionary Activities）。

在非汇总层面，为分析不同民族间时空行为的性别差异，特别是透视家庭分工对空间排斥的作用与表现，强调家外活动的时间利用，并基于方差分析（ANOVA）显著性检验对两个民族的时空行为特征进行描述统计及对比分析。已有文献表明，宗教活动参与及家庭劳动分工是影响回族与汉族居民日常生活差异的两大重要因素（Berlie，2007），因此，本书重点考察性别与民族要素对居民时空行为特征的联合影响，比较不同的“民族—性别”组合的时空行为差异。

描述统计及显著性检验的结果如表 7-5 和表 7-6 所示。

表 7-5　工作日居民分性别、分民族家外时间利用差异　（min）

分类		汉族		回族	
		男	女	男	女
强制性活动	工作	331.9[c***]	261.8[d***]	312.9[a**]	229.6[b***]
维护性活动	合计	77.5[b*]	74.5	53.6[d*]	64.3
	个人事务	61.4[b** c***]	41.5[d***]	33.7[d**]	37.2
	家庭照料	5.8	6.5	1.0	4.4
	购物	10.3[b* c***]	26.5[d***]	18.9[d*]	22.7[b***]

续表 7-5

分类		汉族		回族	
		男	女	男	女
可支配活动	合计	71.9[b***]	73.0	117.8[a*** d***]	56.2[b***]
	休闲	46.4	52.2	35.8	33.5
	社交	10.2[b**]	10.8	24.8[d**]	15.3
	宗教行为	0.2[b***]	0.1[a***]	43.4[a*** d***]	2.5[b*** c***]
	其他	15.1	9.9	13.8	4.9

注：a 表示与回族女性存在显著差异；b 表示与回族男性存在显著差异；c 表示与汉族女性存在显著差异；d 表示与汉族男性存在显著差异。* 表示在 0.1 水平上显著；** 表示在 0.05 水平上显著；*** 表示在 0.01 水平上显著。

表 7-6　休息日居民分性别、分民族家外时间利用差异　(min)

分类		汉族		回族	
		男	女	男	女
强制性活动	工作	163.1[b*** c***]	117[d***]	270.2[a*** d***]	140.2[b***]
维护性活动	合计	109.2[b***]	115.9	53.0[a*** d***]	105.9[b***]
	个人事务	59.5[b**]	48.4	33.0[d**]	56.9
	家庭照料	10.9[b**]	10.6	1.7[d**]	7.0
	购物	38.8[b** c***]	56.9[d***]	18.3[a** d**]	42.0[b**]
可支配活动	合计	127.7	118.1	154.0[a*]	110.2[b*]
	休闲	74.1[b**]	66.5	45.1[d**]	48.4
	社交	37.4	38.7	50.7	45.4
	宗教行为	0.3[b***]	0.1[a***]	46.8[a*** d***]	5.0[b*** c***]
	其他	15.9	12.8	11.4	11.4

注：a 表示与回族女性存在显著差异；b 表示与回族男性存在显著差异；c 表示与汉族女性存在显著差异；d 表示与汉族男性存在显著差异。* 表示在 0.1 水平上显著；** 表示在 0.05 水平上显著；*** 表示在 0.01 水平上显著。

(1) 在强制性活动方面，工作日的活动时长并没有表现出显著的民族差异，但两个民族内部的性别差异均显著，并且回族内部的性别差异大于汉族内部。在休息日，回族男性的家外强制性活动的平均时长为 270.2 min，显著大于汉族男性，同时回族内部的性别差异（男性比女性多 130 min）远大于汉族内部（男性比女性多 46.1 min）。

(2) 在维护性活动方面，无论是工作日还是休息日，回族男性的活动时长均显著小于汉族男性，并且回族内部的性别差异显著，差值远大于汉族内部。具体来说，与汉族男性相比，回族男性在个人事务上分配的时间较少，并且休息日在家庭照料上分配的时间较少。在两个民族中，男性的家外购物活动时长均显著小于女性。值得注意的是，回族男性的家外购物活动时长在工作日大于汉族男性，但在休息日却小于汉族男性。

(3) 在可支配活动方面，工作日回族男性显著大于女性（汉族内部亦然），并且回族内部的性别差异远大于汉族内部；休息日回族男性的活动时长显著大于汉族男性，而对女性来说恰好相反，即回族女性的活动时长显著小于汉族女性。具体来说，与汉族男性相比，回族男性在休闲活动上分配的时间较少，但在社交活动上分配的时间较多。在宗教行为活动方面，无论是工作日还是休息日，回族男性居民的活动时长均大于回族女性，而汉族居民几乎没有参与宗教行为活动。

上述结果表明，回族居民的家庭劳动分工模式对居民日常活动参与产生了一定的影响。在回族家庭中，无论是工作日还是休息日，女性均承担了绝大多数家务活动，而工作活动的时间远短于男性。这一明显的"男主外，女主内"的家庭模式在一定程度上导致了女性居民出行的频率与时长均显著低于男性。与回族家庭相比，汉族家庭内部的性别差异相对较小，其中汉族男性承担家庭照料活动的时间普遍多于回族男性。

另外，宗教行为活动也在一定程度上塑造了两个民族时空行为特征的差异，体现在维护性活动与可支配活动的权衡上，即回族居民有可能通过缩减维护性活动以增加可支配活动的总体时间分配（本书将宗教行为活动归并在"可支配活动"的大类中）。

7.4 日常活动的时空特征与民族差异

7.4.1 活动时空密度与趋势面

(1) 活动时空密度特征的民族差异

第 6.3 节中已经介绍了利用 Voxler 软件对三维体进行二维表达的方法并对西宁市工作日的居民活动时空特征进行了分析与案例说明，本节利用该方法，为减弱居住地影响，选取家外活动点，分别对汉族、回族居民的活动密度体进行渲染，以说明家外活动时空密度的民族差异，其中相对较浅灰色区域代表此时此地有较高的活动密度，深灰色区域代表较低的活动密度（图 7-6）。

汉族居民家外活动以城市中心为核心，活动范围散布在中心城区，并在调查社区与主要工作地周边形成多个活动密度较高的集中地。工作日的活动范围更大、活动开始时间更早，城市中不同区域的活动密度高值发生时间存在差异，其中城市东部、南部区域的活动结束时间最早，中西部区域晚上仍存在一定的家外活动密度，同时同一地区当日的活动密度差异不大。休息日的活动范围相对收缩，活动密度较高的地点虽然与工作日相近，但高值出现时间存在差异，且全天活动密度变化更大，以图 7-6（b）中的西部活动束为例，休息日上午和下午分别出现活动密度为高峰值，但晚间转为活动密度一般地区，而城市中心全天保持较高的活动密度。

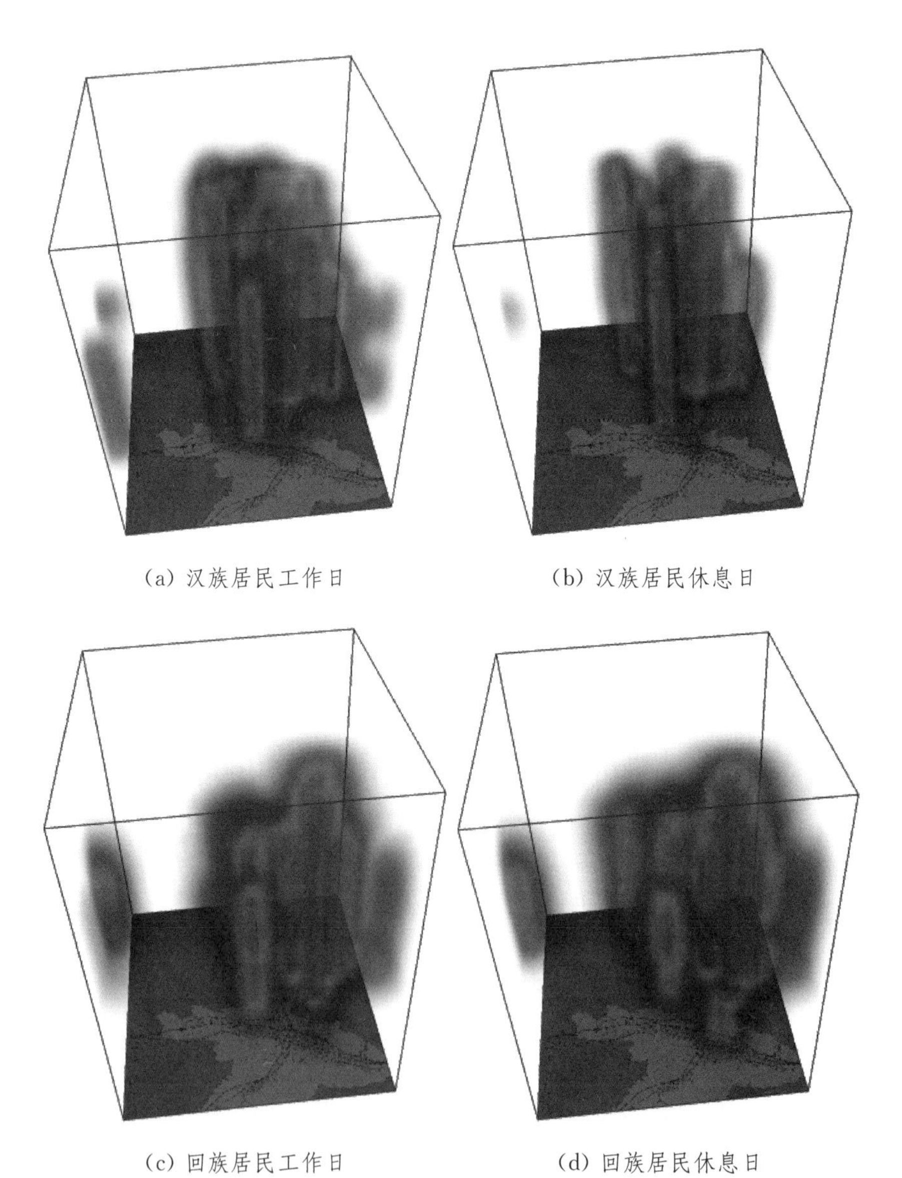

（a）汉族居民工作日　（b）汉族居民休息日

（c）回族居民工作日　（d）回族居民休息日

图 7-6　工作日、休息日居民家外活动的时空密度与民族差异（彩图见书末）

回族居民的活动密度模式与汉族居民存在明显区别。回族居民的整体活动范围围绕城市东部回族居民聚居区和城市商业中心，少数居民前往城市西部和北部地区进行家外活动。工作日回族居民开始家外活动的时间相对晚于汉族居民，家外活动密度更为集聚，晚间在居住地附近有家外活动密度高值区域，全天同一地点的活动密度变化不大，在西部地区家外活动较少出现。休息日的活动密度更为分散，城市西部与北部也存在活动密度相对较高的地区，中心城区居民的活动密度高值持续到晚间，整体家外活动结束时间晚于工作日。

（2）时空趋势面下的民族行为差异

在对西宁市居民日常活动的时间、空间的民族差异分别进行讨论后，如何综合反映日常活动的时空差异成为讨论的重点。本节采用活动密度表面方法，反映工作日与休息日的民族间日常活动差异。活动密度表面由于同时兼顾时间、空间维度，因此在进行群体差异比较时具有很强的有效性和综合性。由于研究数据是在西宁市 15 个不同区位的居住区获取，因此对时空行为数据按个体居住地到活动发生地的距离进行标准化处理，以便具有可比性。具体密度表面算法如下：当研究区域为 R 时，R 中的任意区域为 x，活动发生地分别为 x_1，x_2，…，x_n，采用式 7.1 定义密度 λ（x）（Gliebe et al.，2002；Kwan，2000；Silverman，1986）：

$$\lambda_h(x)=\frac{1}{\delta_h(x)}\sum_{i=1}^{n}\frac{w_i}{h^2}\mathrm{k}\left[\frac{(x-x_i)}{h}\right],x\in R \tag{7.1}$$

其中，当该地核函数为 k 时，大于 0 的参数 h 代表平滑度与宽度；w_i 为权重；$\delta_{(x)}$ 为边缘矫正因子。密度表面为采用核估计获取的类似于 x—y 几何坐标系的时空区域。

在图 7-7 中，时间轴代表一天中的 24 h，空间轴选取居住地到活动发生地的直线距离在 0 km 到 30 km 内的数据，并采用活动持续时长作为权重，进而得到一个时间轴以 6 min 为单元共 240 个小格、空间轴以 100 m 为单元的共 300 个小格的密度表面。为便于比较两个民族群体间的差异，对高度要素，即汉族与回族的样本量进行标准化（Wang et al.，2012），并采用地统计方法对汉族、回族在各区域的值进行差值处理后得到 z 轴，即每个单元的实际值为回族居民在此处的活动密度值减去汉族居民的活动密度值。其中，峰值（高出基准时空格网平面部分）说明回族样本在此的活动时空密度值高于汉族，且颜色越深代表回族样本占比越高；谷值（低于基准时空格网平面部分）表示回族样本在此的活动时空密度值低于汉族，且颜色越深代表汉族样本占比越高。

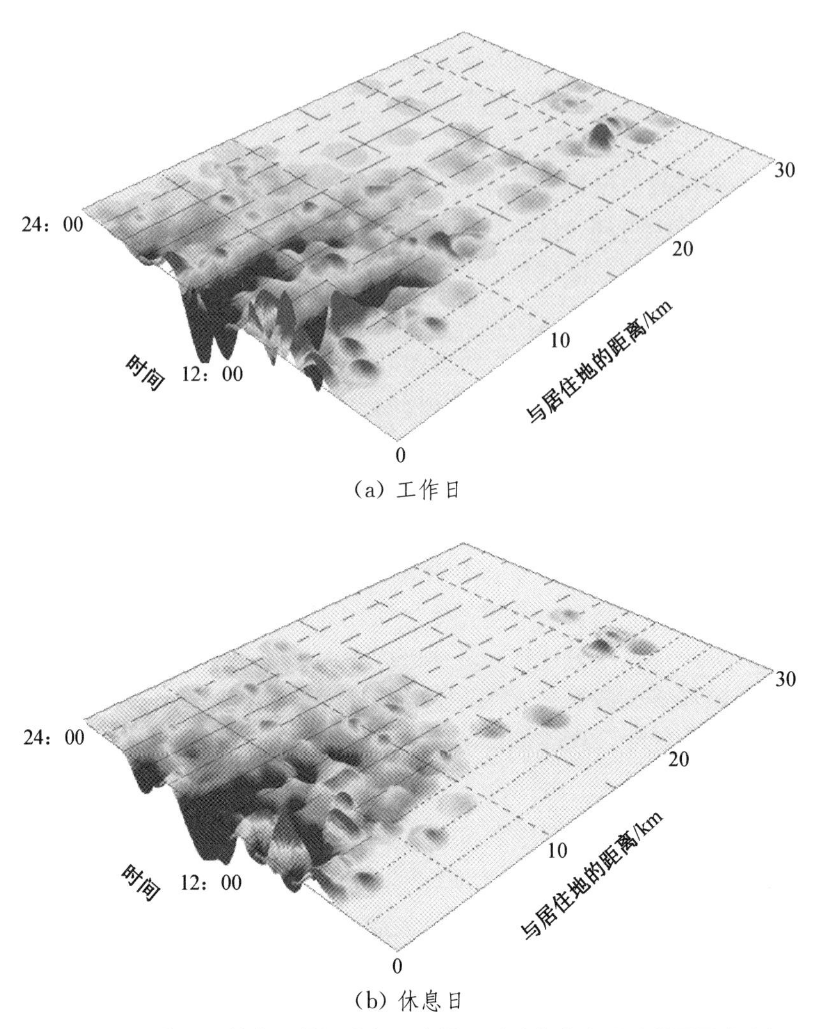

（a）工作日

（b）休息日

图 7-7　工作日、休息日的汉族与回族居民活动密度表面（彩图见书末）

总体上，工作日与休息日汉族居民的活动强度要高于回族居民。在工作日，6：00 至 11：00 间回族居民在距离居住地 5 km 范围内的活动密度较高，汉族居民上午则倾向于在与居住地距离更远的地方活动。下午密度表面在距离居住地 1—10 km 时出现明显谷值，说明汉族居民在该时空范围的活动密度高。17：00 开始，回族居民在距家约 2 km 范围内出现小活动高峰，这与当日伊斯兰教晡礼时间吻合。这一回族居民活动密度相对较高的情况同样出现在另一宗教活动——晨礼，即凌晨 5：00左右。晚间汉族居民家外活动持续时间要稍晚于回族居民，并以近家活动为主。在休息日，汉族居民与回族居民的主要活动范围为 0—5 km，除早晨外汉族居民的家外活动强度明显高于回族居民，中午不同于工作日开始出现谷值，即汉族居民的家外活动密度高于回族居民，并在下午达到活动密度最高值，晚间仍有较高的家外活动强度。回族居民早间仍存在活动密度相对较高的区域，但晚间的峰值斜率与持续时间不如工作日明显，可能的解释为汉族居民在休息日晚上存在较高的近家活动密度，因此与回族居民进行差值后，活动密度表面的波动不明显。

7.4.2 出行特征与民族差异

出行次数是衡量群体移动能力、表征行为制约效应的重要指标。从每日平均出行次数来看（表 7-7），回族居民在工作日与休息日的出行频率分别为 1.18 次和 1.17 次，均明显低于汉族居民在工作日（1.59 次）与休息日（1.53 次）的出行频率；在出行时长方面，回族居民在休息日的平均出行时长较工作日短 5 min 左右，但仍显著小于汉族的平均出行时长。根据出行频率与出行时长分别得到工作日和休息日回族与汉族居民的平均单次出行时长，工作日回族居民的平均单次出行时长为 17.5 min，少于汉族的 20.4 min，而休息日回族与汉族居民单次出行时长均大于工作日，且回族居民的平均单次出行时长显著增加并大于汉族居民的平均时间。由此可见，回族居民的出行需求小于汉族居民，并通过长时间的单次出行补偿能力制约对其的影响，这可能是由于回族居民在工作类型上以兼职、个体经营为主，休息日仍有较高的工作占比，因此受工作活动时间安排的制约，以单次长时间出行为主，但出行频率不高。

表 7-7 回族与汉族居民出行频率与出行时长比较

<table>
<tr><th colspan="2" rowspan="2">分类</th><th colspan="4">工作日</th><th colspan="4">休息日</th></tr>
<tr><th>平均值</th><th>标准差</th><th>F 值</th><th>p 值</th><th>平均值</th><th>标准差</th><th>F 值</th><th>p 值</th></tr>
<tr><td rowspan="2">出行频率/次</td><td>回族</td><td>1.18</td><td>1.83</td><td rowspan="2">9.09</td><td rowspan="2">0.00</td><td>1.17</td><td>1.78</td><td rowspan="2">6.94</td><td rowspan="2">0.01</td></tr>
<tr><td>汉族</td><td>1.59</td><td>1.97</td><td>1.53</td><td>1.98</td></tr>
<tr><td rowspan="2">出行时长/min</td><td>回族</td><td>20.60</td><td>33.82</td><td rowspan="2">15.58</td><td rowspan="2">0.00</td><td>25.06</td><td>42.49</td><td rowspan="2">5.72</td><td rowspan="2">0.02</td></tr>
<tr><td>汉族</td><td>32.44</td><td>44.21</td><td>32.71</td><td>45.82</td></tr>
</table>

注：p 为显著性，表中差异均为显著差异。

7.4.3 不同民族时空特征的性别差异

为进一步分析汉族与回族居民在活动—移动能力上的性别差异，分别计算汉族和回族居民男性、女性的每日平均出行时长、出行频率与活动空间面积等活动—移动指标，如表 7-8 所示。

由表 7-8 可见，回族女性在出行时长、出行频率与活动空间面积方面，都显著小于回族男性与汉族女性，且汉族男性与女性间活动—移动的性别差异要小于回族，这可能是由于回族受到家庭劳动分工模式以及女性穆斯林多在家礼拜的习俗制约，女性居民在家内的活动安排更多，且细碎化的活动安排使得回族女性相对不容易进行长时间的家外活动，因此其空间移动性（Physical Mobility）与回族男性、汉族女性等其他群体存在较大程度的差异。

表 7-8　不同民族居民出行行为与活动空间性别差异

分类		汉族		回族	
		男	女	男	女
工作日	出行时长/min	28.5^{c***}	22.8^{a***d***}	24.6^{a***}	15.6^{b***c***}
	出行频率/次	2.2^{b*c***}	1.9^{a***d***}	2.0^{a***d*}	1.3^{b***c***}
	活动空间面积/km^2	5.7	4.4^{a***}	4.7^{a***}	2.4^{b***c***}
休息日	出行时长/min	27.3	24.9^{a**}	27.0^{a**}	18.9^{b**c**}
	出行频率/次	2.0^{c**}	1.8^{a***d**}	1.9^{a***}	1.5^{b***c***}
	活动空间面积/km^2	5.3	4.8^{a***}	4.6^{a***}	2.7^{b***c***}

注：a 表示与回族女性存在显著差异；b 表示与回族男性存在显著差异；c 表示与汉族女性存在显著差异；d 表示与汉族男性存在显著差异。* 表示在 0.1 水平上显著；** 表示在 0.05 水平上显著；*** 表示在 0.01 水平上显著。

7.5　宗教活动对少数民族时空行为的影响

宗教信仰作为回族居民的主要群体特征，深刻地影响着回族居民的时空行为，是民族间时空行为差异的重要影响因素。在调查中发现，工作日回族居民的宗教活动发生率为 25.0%，其中男性为 27.0%，女性为 22.8%。休息日男性参与宗教活动的占比稍有上升，为 27.1%，女性则为 22.0%。结合西宁市回族居民家庭男性侧重外出工作、女性以照料家庭为主的家庭分工模式，在休息日工作活动带来的能力制约有所减弱，因此有更多的男性居民参与宗教活动中，而女性则在休息日存在更多的家务劳作与照顾家人的安排，宗教活动参与率略有下降。此外，本节从活动时间与活动发生地点两个方面分析了回族特色的宗教活动的时空安排，讨论了宗教活动对回族居民时空行为的影响。

7.5.1　宗教活动时间安排

对西宁市回族居民宗教活动的时间安排分析（图 7-8）显示，样本的宗教活动集中在五个时间段：5：30—7：00、13：00—14：30、17：00—18：00、18：30—19：30、20：00—21：00。结合调查期间清真寺宗教礼拜时间段（图中灰色阴影部分）可以看到，宗教活动时间节奏与礼拜时间表高度一致，进而说明了本书对回族居民时空行为的反映与揭示作用。

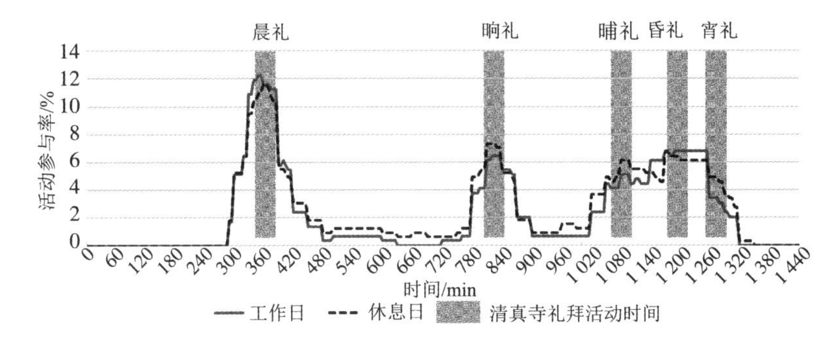

图 7-8　回族居民宗教活动时间节奏与调查日清真寺礼拜时间

在回族居民宗教活动时间安排方面，晨礼在常规工作时间开始之前，超过 10%的回族居民在此时进行礼拜活动，参与率最高；晌礼在 13：00 左右进行，受工作活动影响，此时的宗教活动参与率明显低于晨礼；晡礼、昏礼和宵礼的时间间隔短，时间节奏上的联系性强，特别是在昏礼之后，回族居民已完成了晚餐活动，清真寺作为生活的重要锚点之一，此时不仅作为宗教活动场所，而且为回族居民提供了与同民族居民交流的社交地点与氛围，一部分前往清真寺的回族居民会在昏礼与宵礼的间隔时间中在清真寺及其周边进行聊天社交，这种宗教活动与社会活动的混合延长了单次宗教活动的时间，延展了活动的性质。在日间差异上，回族居民周五下午为每周一次的主麻聚礼时间，其他时间的宗教活动安排的日间差异较小，体现在时间节奏上表现为周一工作日与周日休息日时间节奏曲线的走势非常相近，变化很小。

7.5.2　宗教活动地点选择

在地点选择上，西宁市仅在东关清真大寺等少数清真寺中设有小型女性礼拜堂或学习室，回族女性居民很少前往清真寺进行宗教活动（结合活动日志部分，前往清真寺进行宗教活动的女性仅 2 人），且调研所在日期非回族居民的主麻聚礼日，因此本书仅对回族男性居民的惯常宗教活动地点进行讨论（表 7-9）。

超过 90%的回族男性居民选择惯常的宗教活动地点为清真寺，少部分居民选择在家中进行宗教活动，仅 2 人将工作地作为宗教活动的惯常地点。可见即使在工作等固定活动带来的能力制约影响下，清真寺这一宗教活动地点仍具有无法取代的重要性。回族居民的主麻聚礼一般于周五晌礼时开始，作为回族居民一周宗教活动中规模最大、持续时间最长的一次活动，对回族居民的时空行为有着极其重要的影响。本书对主麻聚礼后回族男性居民的活动地点与类型进行了分析，67.0%的男性居民选择在聚礼后返家，23.1%的居民继续进行工作活动，另有约10%的居民选择进行休闲活动。考虑到回族样本的全职工作占比为24.8%，兼职工作占比为37.4%，笔者认为回族居民在进行主麻聚礼这一大型宗教活动后，有整日工作活动提前结束的倾向。

表 7-9 男性回族居民宗教活动惯常地点

宗教活动地点	占比/%	主麻聚礼后活动	占比/%
家中	8.0	回家	67.0
工作地	1.1	工作	23.1
清真寺	90.9	休闲	9.9

7.6 小结

本章从少数民族群体特征出发，基于时间地理学的视角理解城市少数民族居民时空行为，提出城市中少数民族的时空整体性特征与汉族居民有所区别，并讨论了少数民族群体特征对其时空行为的能力制约、组合制约和权威制约效应。在此影响下，少数民族居民在城市空间中呈现出特有的时空行为特征。

（1）民族间通勤、购物、休闲等惯常行为与满意度差异显著

本章关注了西宁市居民通勤、购物、休闲三大类在长期的居住、活动地理环境影响下所形成的惯常行为，并讨论惯常行为及健康、满意度的民族差异。

通勤及其所反映出来的职住分离表现了居民在城市空间中的居住机会和就业机会的空间差异。在移动性与健康方面，受回族居民以企业、个体经营为主的工作性质影响，回族居民整体上的工作感受要优于汉族居民，很少或者从不加班的占比远高于汉族居民，同时工作压力也小于汉族居民。

不同民族间购物所需的出行距离、时长存在显著差异，且回族居民购买各个等级商品所需的平均出行距离、时长均小于汉族居民；在购物便利程度上要高于汉族居民，且食品类购买倾向于一周多次，但日用品类与高档服装类商品的购买频率显著小于汉族居民。在消费结构上，回

族居民呈现出典型的金字塔形消费结构，即仍以维持生存、生理需求的食品类、日用品类消费品为主，高端消费需求较低，而汉族居民对高端消费品的消费能力高于回族居民。

休闲活动的时空安排与工作活动、购物活动等居民行为存在制约与替代关系。在休闲方式方面，回族居民相对汉族居民单一，且涉及知识和文化生活方面的休闲活动参与率相对较低，参与利用信息技术的休闲活动的占比显著低于汉族居民。在休闲同伴方面，回族居民相比于汉族居民更倾向于与家人共同进行休闲活动。回族居民虽然在休闲花费上显著低于汉族居民，但整体满意度高于汉族居民。这说明回族居民的消费结构以满足生理需求为主，进而当投入较少的更高层次的消费时，可以带来更高的心理层面收益。

（2）日常活动时间、空间安排民族间差别明显，并存在性别差异

本章在长期的惯常行为基础上，进一步结合居民活动日志调查数据，分析了星期日到星期一（休息日、工作日）两天连续 48 h 日常行为的活动时间安排与活动空间分布特征。

在日常活动时间安排上，回族居民受工作活动的制约相对弱化，活动时间安排上的自主性更强，日常生活中夹杂购物、社交等活动，时间安排有丰富性、细碎性的特点。同时，工作日汉族居民与回族居民在工作活动、休闲活动和其他活动上的活动时长存在显著差异，休息日在多个活动类型上存在显著差异。这与回族居民全职工作占比低、职业类型多样的职业特征关系密切。

在日常活动的空间分布与出行特征上，整体活动范围方面汉族居民以城市中心为核心，活动范围散布中心城区，回族居民则围绕城市东部回族居民聚居区和城市商业中心进行活动，并在晚间几次宗教活动时间出现活动密度的小高峰；同时出行需求低于汉族居民，并倾向于通过长时间的单次出行补偿能力制约对其的影响。工作日汉族居民的活动范围更大，活动开始时间更早，特别是上午倾向于在与居住地距离更远的地方活动，回族居民的家外活动开始时间晚于汉族。休息日汉族与回族居民的主要活动范围为 0—5 km，活动地更为分散，且汉族居民的活动时空分布日间差异小于回族居民。

在性别差异上，汉族居民男性与内部的性别差异相对较小，回族男性与女性在不同类型活动的时间安排、出行、活动空间均存在显著差异。受两个民族家庭分工差异的影响，大部分回族家庭仍为“男主外，女主内”的家庭分工模式，回族女性均承担了绝大多数家务活动，汉族家庭男性则参与的家务活动时间要明显高于回族男性。同时，回族女性在移动能力方面也表现出相对较弱的特点。

（3）回族居民宗教活动时间节律鲜明，地点选择多样

本章同时重点关注了西宁市回族居民的宗教活动时空特征，以结合民族特征来理解民族间的时空行为差异性。

西宁市回族居民宗教活动的时间安排与清真寺宗教礼拜时间段高度一致，其中晨礼在常规工作时间开始之前，居民参与率最高，晡礼、昏礼和宵礼的时间间隔短，时间节奏上的联系性强，且宗教活动与社交活动在此时结合紧密。在地点选择上，虽然部分清真寺设有女性礼拜堂，但回族女性居民很少前往清真寺进行宗教活动，男性居民则有超过90％选择清真寺作为惯常宗教活动地点。而主麻聚礼后，大部分居民返家，不再进行工作活动。

回族居民因宗教信仰群体特征而进行的宗教活动对其时空行为的制约具体表现为：女性居民因宗教活动占用了固定时间，而制约了其他活动的时间安排，即主要表现为能力制约；男性居民行为除了受到能力制约外，在清真寺进行宗教活动时，因前往集会场所而受到组合制约，由此进一步影响其时空行为。

8 不同地理背景下西宁城市居民时空行为的民族差异

伴随着城市研究新数据源与方法论的兴起，从时空整合的角度反思和修正传统的概念与方法，成为时空行为研究的重要发展趋势。地理背景作为城市研究的核心变量，其界定方式的不确定性如何影响其对个体行为作用效应的分析结果，已成为地理学的新方法论问题。

本章将从地理背景不确定性问题入手，首先讨论西宁市不同空间区位下地理背景对行为分析影响的差异性，然后结合活动的时空动态性和不同地理背景范围的差异性，说明将动态地理背景引入民族时空行为差异分析的必要性，之后采用结构方程模型，分析不同地理背景下西宁城市居民时空行为模式的影响因素，理解不同民族的行为—空间互动关系。

8.1 时空行为研究中的地理背景不确定性

地理背景的不确定性意味着即使其他因素都相同，分析结果也会因为背景单元的差异而不同（Kwan，2012a，2012b，2016）。本书假设：当采用相同样本时，即使社会经济属性变量以及活动时间、出行、活动空间等行为要素变量保持不变，仅改变地理背景的界定方式（如从仅考虑居住地到综合考虑居住地与活动地），社会经济属性对行为模式的影响以及行为要素间的相互关系或影响程度也会产生显著的差异。结合已有研究，对居民行为模式的讨论主要包括时间利用、出行行为和活动空间等方面。

根据活动基于出行的理论观点（Ettema et al.，1997），出行是活动的派生需求，即出行的产生是为了满足个体在不同地点的活动的需求，因此个体参与不同活动系列决定了出行的产生与时空分布。而活动空间是对时空行为的一种概况性的度量方式，是对个体活动机会认知范围的近似测度（Ma et al.，2014）。个人活动空间和时间及其派生的出行关系的研究最早可以追溯到蔡平（Chapin，1974）提出的联系活动类型、时间及空间的个人选择模型。在此后的研究中，活动空间和时间、出行的联系一直是学者所关注的重要内容。

为验证城市社会空间分异中地理背景与居民行为空间的互动关系，特别是城市物质环境作为地理背景时地理背景不确定性对行为模式分析的影响，结合已有研究结论来构建模型框架（图 8-1）。总体上，城市社会空间的融合与分异一方面与行为空间存在互动，另一方面被城市物质环境所影响。在物质环境方面，居民在不同的地理背景范围下所接触的建成环境设施密度存在高低差异，因此研究比较两类地理背景范围时对居民时空行为模式的解释：仅考虑居住地周边设施的地理背景以及综合考虑居住地与家外活动地周边设施的地理背景。行为模式要素分别选择居民的活动时间、出行行为和活动空间三个方面：活动时间利用决定派生的出行行为，同时出行行为又反馈到活动时间分配上，活动与出行特征共同影响活动空间情况。其中，在活动时间上以强制性活动优先，可支配活动最灵活，即强制性活动影响维护性活动和可支配活动的时间，维护性活动时长也对可支配活动的存在影响。

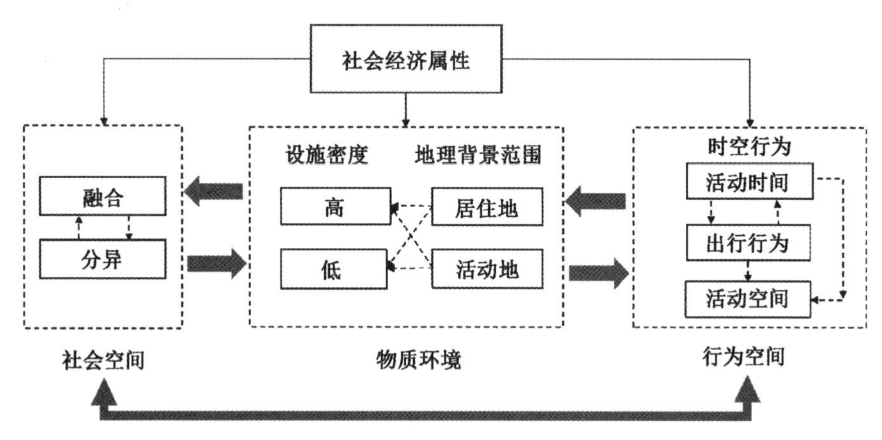

图 8-1　不同地理背景下城市居民时空行为差异

结合西宁市实际，西宁市整体呈现放射“十字”形空间格局。从城市功能分区而言，城市行政机构相对集中在“十字地带”的几何中心，商业、娱乐设施以旧城区（即几何中心稍偏东侧区域）为中心分布，各区域的建成环境差异明显；从城市社会分区而言，中心地区由于属于西宁市老城区，住宅建筑年代久，居住条件差，因此大量流动人口与低收入群体在此居住，同时中心区及东部地区也是回族、撒拉族等信仰伊斯兰教的民族居民聚居区域，其内不同规模、教派的清真寺数量众多。而此时如何处理地理背景不确定性问题，分析不同地理背景下的城市居民时空行为的民族差异就显得尤为重要（谭一洺等，2017a）。

因此，本章分为三个部分讨论不同地理背景下西宁城市居民时空行为的民族差异。第一部分（第 8.2 节“地理背景对时空行为分析的影响及其空间分异”）首先讨论城市空间区位中不同地理背景对行为的影响存在差异，并对西宁市不同圈层内的居民采用不同的地理背景范围，从城市区位角度说明不同地理背景对解释居住在不同区位的居民时空行为模式的有效性；第二部分（第8.3节“居民活动与地理背景的动态性与民族差异”）关注民族间时空行为模式与差异研究中引入动态地理背景的必要性，并分别从活动视角和地理背景视角讨论不同民族的时空行为动态性与差异性；第三部分（第8.4节“不同地理背景下时空行为模式影响因素与民族差异”）建构居民的社会经济属性、地理背景对时空行为模式影响的路径框架，在不同的地理背景下分别采用结构方程模型探讨民族因素对时空行为模式的影响、时空行为变量间的相互作用与联系。

8.2 地理背景对时空行为分析的影响及其空间分异

8.2.1 城市不同区位居民活动理论模式

地理背景的不确定性不仅体现在采用居住地、活动地等不同地理背景范围上，而且在城市空间的不同区位上也因其活动特征与建成环境的不同而存在分析结果的差异。在我国城市快速郊区化的过程中，人口、产业等城市要素不断向郊区扩散（张艳等，2013），但设施仍在中心城区相对集中，这种商业郊区化滞缓于人口郊区化所带来的资源与设施的不均衡供给，使得郊区居民的生活空间仍高度依赖于中心区，而产业郊区化又可能导致中心区的居民逆向通勤（孟斌，2009）。受此影响，城市空间的不同地区当采用不同的地理背景范围内的建成环境要素进行分析时，结果也可能会存在分异（谭一洺等，2017b）。

本书参考同心圆理论模式（Burgess，1925），结合周一星（1996）、冯健等（2004b）学者对城市空间结构的划分，将城市空间抽象为单中心的圈层区域，其中最靠近城市中心的连片建成区为中心区，中心区与其他城市建成区的接驳区域为近郊区，城市建成区向乡村过渡地区为远郊区，从建成环境与居民生活空间视角出发，各区位具体特征表现为（图8-2）：①中心区住宅与城市中心的距离相对最近，居住地及周边存在大量的商业、娱乐等设施，且等级较高、规模较大，可以满足绝大部分日常活动，同时公共交通便捷，设施可达性高，此区位居民除工作日前往就业地外，其他生活空间以居住地为主，休息日可能存在远离城市中心的休闲活动；②近郊区内的居住区及周边存在一定的设施配套，可以满足大部分日常活动，但中高端购物、休闲等消费场所有限，居民活动空间表现为以居住地和城市中心为双中心的“哑铃形”结构；③居住在远郊区的居民住区与城市中心的距离最远，此地区工作场所有限，设施密度相对较低，仅可满足少部分日常蔬菜、水果等的购物需求，工作日家外休闲只能依赖于社区内部公共设施，居住地周边缺乏中高端购物、休闲场所，因此居民活动表现为活动空间范围大且高度依赖于中心城区，虽然目前一些大城市中已经出现生活空间郊区化现象（张艳等，2013），但大部分城市远郊区居民的生活空间重心仍指向中心城区。

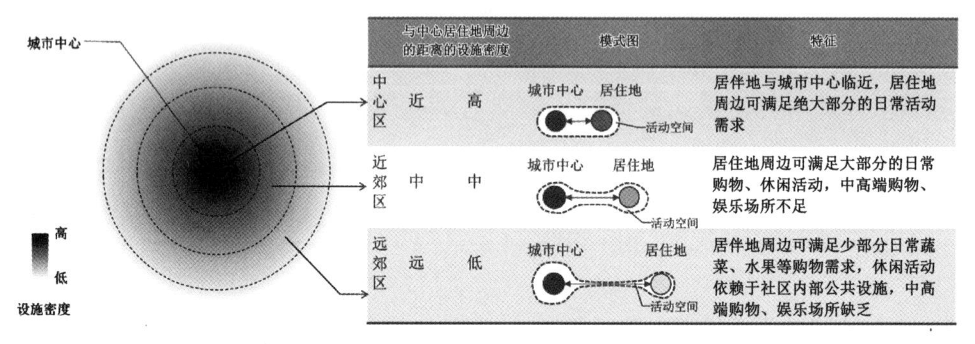

图 8-2　城市不同区位建成环境特征与居民活动模式

基于中心区、近郊区和远郊区的建成环境与居民活动空间特征，结合地理背景不确定性问题内涵［即使其他因素都相同，分析结果也会因为背景单元的差异而不同（Kwan，2012a，2012b，2016）］，本节针对讨论不同地理背景范围下的建成环境要素对各区位居民行为的影响及差异提出如下假设：①居住在中心区的居民，活动空间与居住区及周边重合区域面积大，当仅以居住地为地理背景范围时，其内的建成环境会对活动空间存在显著影响；②近郊区居民的活动空间以居住地和城市中心为核心，仅考虑居住地地理背景范围内的建成环境和综合考虑居住地及活动地地理背景范围内的建成环境时，均可以在一定程度上对居民空间行为进行解释，并以综合考虑两者时的解释力更优；③远郊区居住地及周边建成环境对居民活动范围不存在显著影响，考虑活动地地理背景范围时，活动空间才可以被建成环境解释。此外，工作日居民的工作活动存在较强的时空制约，居民受能力制约影响，对满足非强制性活动的购物、休闲设施利用有限，因此工作日和休息日采用同一地理背景范围时，不同建成环境的设施类别对活动空间的影响也会存在日间差异。

8.2.2　城市不同区位居民的地理背景差异

为综合居住地、活动发生地周边的城市建成环境，关注地理背景不确定性对行为模式分析的影响，本节以西宁市商业、娱乐等生活设施集中的“大十字”地区为中心，分别以到商业中心直线距离小于 2 000 m、2 000—5 000 m 和大于 5 000 m 对居住区区位进行划分。划分原因主要基于以下考虑：①根据西宁市空间尺度与设施密度，保证居住区属性的差异性；②结合有效样本人数，使不同区位样本占比相近，保证分析比较的有效性。

（1）居民属性差异

如表 8-1 所示，居住在西宁市不同区位的居民性别构成相近，年龄超过 50 岁的居民占比随着与商业中心距离的增加而递增。在收入水平方面，居住在距离商业中心 2 000—5 000 m 的高收入居民占比最高，邻近中心区的样本中有近 50%的月收入在 2 000 元以下。在受教育水平方面，居住区与商业中心距离小于 2 000 m 的居民中有 51.8%为初中及以下学历，仅 13.9%的居民拥有本科及以上学历，而居住在 2 000—5 000 m 的居民有 44.0%拥有本科及以上学历，高于调查样本平均水平。同时居住在距离商业中心 2 000—5 000 m 区位的居民拥有驾照的占比、平均家庭小汽车拥有量均高于总体样本平均水平，其他两个区位的居民占比相近。在户籍方面，邻近商业中心的居民非西宁户籍占比最高。总体来看，距离商业中心 2 000 m 以内的流动人口占比较高，收入水平相对较低；2 000—5 000 m 范围内的居民高学历、高收入占比高，有 42.6%的家庭拥有小汽车；距离大于 5 000 m 的居民 30—50 岁的占比最高，西宁户籍人口占比多，驾照拥有率、家庭小汽车拥有量与中心区相近。

表 8-1　西宁市调查样本统计特征与分区位比较

与商业中心的距离		小于 2 000 m		2 000—5 000 m		大于 5 000 m	
变量		样本数/个	占比/%	样本数/个	占比/%	样本数/个	占比/%
性别	男	205	53.7	192	51.5	179	52.6
	女	177	46.3	181	48.5	161	47.4
年龄/岁	<30	49	12.8	35	9.4	18	5.3
	30—50	237	62.0	224	60.0	208	61.2
	>50	96	25.2	114	30.6	114	33.6
收入水平/元	<2 000	186	48.7	88	23.6	120	35.3
	2 000—5 000	181	47.4	217	58.2	201	59.1
	>5 000	15	3.9	68	18.2	19	5.6
受教育水平	初中及以下	198	51.8	75	20.1	122	35.9
	高中或大专	131	34.3	134	35.9	161	47.3
	本科及以上	53	13.9	164	44.0	57	16.8

续表 8-1

与商业中心的距离		小于 2 000 m		2 000—5 000 m		大于 5 000 m	
变量		样本数/个	占比/%	样本数/个	占比/%	样本数/个	占比/%
户籍	西宁户籍	307	80.4	322	86.3	296	87.1
	非西宁户籍	75	19.6	51	13.7	44	12.9
驾照	有	134	35.1	152	40.8	118	34.7
	无	248	64.9	221	59.2	222	65.3
家庭小汽车拥有量/辆	平均值	0.26	—	0.45	—	0.28	—
	0	284	74.4	214	57.4	252	74.1
	1	96	25.1	150	40.2	82	24.1
	2 及以上	2	0.5	9	2.4	6	1.8
总人数/人		382	34.9	373	34.1	340	31.0

(2) 活动空间分异

活动空间的界定方法已在第 7.5.2 节中进行了说明，本节采用最短路径缓冲区方法对居住在不同区位的居民的活动空间及日间差异进行刻画（表 8-2）。

表 8-2　分区位居民工作日与休息日活动空间面积比较

区位	分类	样本数/个	活动空间面积/km²	标准差/km²	*F* 值	显著性
<2 000 m	工作日	382	3.92	5.33	1.82	0.00
	休息日	382	3.83	3.73		
2 000—5 000 m	工作日	373	4.60	6.74	8.18	0.00
	休息日	373	4.22	4.46		
>5 000 m	工作日	340	6.19	7.24	1.02	0.48
	休息日	340	6.54	8.03		

居住在距离市中心 2 000 m 范围以内的居民工作日和休息日的活动空间面积均最小，且个体间的差异最小。其中休息日的活动空间稍小于工作日，这一方面是由于工作场所在此范围内分布较多，另一方面该地区的设施密度高，可以满足周边居民不同层次的消费需求，因此在较小的活动范围内居民即可完成日常生活所需的活动。

居住在距离市中心 2 000—5 000 m 范围内的居民工作日与休息日的活动空间面积在三个区位里居中，平均面积在 4 km² 到 5 km² 之间。其中休息日为 4.22 km²，显著小于工作日的 4.60 km²，但两日面积均高于中心区。这是由于该地区的居住地周边有购物、休闲场所存在，虽然可以满足大部分日常活动，但休息日的中高端消费仍需前往中心区进行，同时工作所在地也多集中在中心区及其周边，整体来看部分活动依赖中心区进行。

居住在距离市中心 5 000 m 以上的近郊区居民的活动空间面积最大，同时个体差异也最大。休息日活动空间面积虽然大于工作日，但差异并不显著。这说明该区域内的居民高度依赖于中心区进行工作、家外维护性与休闲等各类活动。

三个居住区位居民的活动空间与日间差异的比较，从居民活动—移动个体行为视角验证了不同区位居民的活动空间特征，以及对城市物质空间利用与依赖程度的差异性。

(3) 地理背景差异性

本节聚焦 POI 数据中的商业零售、餐饮娱乐、公交车站布局等设施信息，对居住地与家外活动地点两类空间单元进行地理背景的测度，其中居住地设施密度为以居住地为中心取半径 500 m 的同心圆作为地理背景测度范围，家外活动地点则基于所有家外活动点生成半径 500 m 的缓冲区并取并集作为地理背景测度范围，计算活动地点周边的设施密度。其中公交车站布局除了统计密度信息外，参照西宁市 2013 年公交车线路情况，还对地理背景范围内该公交车站的公交车线路数量进行了统计，用汇总后的地理背景范围内的公交车站班次与范围的面积之比来衡量公交车的可达性（表 8-3）。

表 8-3　不同地理背景范围下各居住区位建成环境差异

分类		小于 2 000 m		2 000—5 000 m		大于 5 000 m	
		平均值	标准差	平均值	标准差	平均值	标准差
餐饮娱乐	居住地设施密度	118.61	92.13	67.43	35.88	13.77	6.59
	工作日活动空间设施密度	92.77	79.50	63.87	50.63	35.49	49.33
	休息日活动空间设施密度	102.05	77.10	79.88	58.17	41.01	50.31
商业零售	居住地设施密度	171.31	119.93	64.63	35.66	25.31	14.51
	工作日活动空间设施密度	125.56	106.22	71.65	67.70	44.34	60.16
	休息日活动空间设施密度	134.13	102.22	97.81	87.03	51.59	64.05
公交车站	居住地设施密度	7.53	2.63	5.44	2.53	4.30	1.83
	工作日活动空间设施密度	5.72	3.47	4.05	2.48	3.39	2.52
	休息日活动空间设施密度	5.88	3.35	4.54	2.21	3.72	2.42

续表 8-3

分类		小于 2 000 m		2 000—5 000 m		大于 5 000 m	
		平均值	标准差	平均值	标准差	平均值	标准差
公交车可达性	居住地	74.31	35.02	36.35	18.48	15.47	5.42
	工作日活动空间	53.74	38.35	32.32	23.23	20.72	20.09
	休息日活动空间	55.01	37.06	38.25	22.92	22.88	19.70

居住在距离市中心 2 000 m 范围以内的居民住区周边的餐饮娱乐、商业零售、公交车站等设施密度高，但活动范围不局限在区域中心区，居民还会前往其他地点进行工作、购物、休闲、社交等活动，这些活动地区的设施密度随着与商业中心距离的不断增大而减小，因此该区位居民的居住地设施密度均高于其工作日与休息日的活动空间设施密度，并且由于休息日居民家外活动以购物、休闲活动等维护性与可支配性活动为主，进而更依赖中心区设施，所以休息日的活动空间设施密度高于工作日。

居住在距离市中心 2 000—5 000 m 范围内的居民除了公交车站外，其他设施密度均以休息日为最高：餐饮娱乐设施在工作日活动空间内最低，说明由于存在强制性的工作活动而缺少到访休闲娱乐设施的机会；商业零售在居住地周边最低；虽然居住地周边公交车站的密度较高，但当考虑到实际到站的公交车线路数时，则与工作日、休息日活动空间内的可达性相近。总体来看，该区位内的居住地设施密度与以活动空间为地理背景范围内相近。

居住在距离市中心 5 000 m 以上近郊区的居民居住地周边设施在各区位中相对最低，到访活动空间的地理背景范围内的设施密度也较低。相较于以居住地为地理背景范围，休息日与工作日活动空间范围内的餐饮娱乐、商业零售的设施密度均明显高于居住地，可见该区位内的居民存在前往居住地以外的城市空间进行活动的特征。同时日间差异上表现为休息日活动空间范围内的设施密度高于工作日，这一方面是由于在工作日强制性活动时间制约下难以进行长时间的家外购物、休闲活动，另一方面则考虑到在这种时间制约下居住地周边设施有限，因此休息日在市中心集中进行代偿性的购物、休闲活动。

综上，当采用传统的基于居住地的地理背景范围分析建成环境信息时往往会存在偏差，这种偏差在城市的居住区位中具体表现为：中心区会高估对居民存在实际影响的建成环境设施密度；近郊区虽然设施密度相近但活动空间地理背景范围内的设施密度仍稍高于居住地，特别是在休息日活动空间面积收缩，活动地点趋向中心城区，因此设施密度明显高于仅考虑居住地地理背景范围的情况；当仅考虑居住地及其周边时，远郊区会存在明显低估建成环境影响的可能。

8.2.3 地理背景对时空行为分析的影响及其空间分异

为分析不同地理背景界定方式对居住在城市不同区位居民的时空行为分析结果的影响，分别对三个区位居民的工作日和休息日的活动空间平均面积构建线性回归模型。其中，对因变量活动空间面积进行取对数处理，以防止非正态分布的影响。利用回归模型控制社会经济属性，重点考察不同地理背景界定方式下地理背景范围内建成环境的影响。其中，各区位模型 1 仅考虑居住地及其周边建成环境的特征，如餐饮娱乐设施密度、商业零售设施密度与公交车站密度；模型 2 综合考虑居住地与活动地周边的建成环境特征。通过比较模型拟合情况与显著影响因素，说明各居住区位下不同地理背景界定范围对行为分析的影响与解释力差异，并可在一定程度上说明各区位对居住地附近建成环境的依赖情况。

对居住在距离市中心 2 000 m 范围以内的分析结果如表 8-4 所示，从模型的显著性与 R^2 来看，模型 1 中的 F 值检验显著性在 0.95 置信度以下，未通过检验，这说明仅考虑居住地周边建成环境时，该区域的居民活动范围与建成环境不存在显著线性关系，表明工作日由于城市就业地与商业中心在一定程度上存在错位，同时受时间分配等能力制约的影响，对居住地周边设施的利用机会少。模型 2 在工作日考虑活动空间地理背景范围内的建成环境设施后，模型得到改善，可以部分解释活动范围，但变量中仅公交车站密度这一建成环境因素显著影响居民活动范围，同样说明在工作日固定活动制约下，居民对购物、休闲设施的使用有限。模型 1 和模型 2 休息日的 F 值检验结果显著，且 R^2 反映拟合效果较好，这说明当固定活动制约削弱时，居民开始想进行购物、休闲等家外活动，同时由于其居住地邻近商业中心，在居住地附近即可满足其购物、休闲等活动需求，因此模型 1 在休息日的拟合效果较好，而当考虑到活动点后，拟合效果进一步提高，这可能是由于在休息日该地区居民存在前往中心区外公园或休闲场所游憩的行为。

表 8-5 为居住在距离市中心 2 000—5 000 m 范围内居民的活动空间回归模型。其中模型 1、模型 2 在工作日、休息日均通过 F 值进行检验，这说明该地区设施可以在一定程度上满足日常生活，同时存在就业岗位相对集中的特点，因此将居住地及其周边作为地理背景范围时，其内的建成环境可以解释部分活动空间情况。比较模型 1 与模型 2 的 R^2 可

表 8-4　活动空间线性回归模型（2 000 m）

分类			模型 1		模型 2	
			工作日	休息日	工作日	休息日
社会经济属性	性别（参照类：男性）	女性	−0.08	−0.11**	−0.08	−0.05
	年龄（参照类：30—50 岁）	30 岁以下	0.01	−0.1**	−0.01	−0.03
		50 岁以上	−0.06	−0.14***	−0.09*	−0.03
	收入水平（参照类：2 000 元以下）	2 000—5 000 元	0.06	0.00	0.07	−0.03
		5 000 元以上	−0.04	−0.09	−0.04	−0.07*
	受教育水平（参照类：初中及以下）	高中、大专	0.07	0.08	0.08	0.04
		大学本科及以上	0.05	0.05	0.07	0.11**
	户籍（参照类：西宁户籍）	非西宁户籍	0.03	0.16***	0.05	0.07*
	驾照（参照类：无驾照）	有驾照	0.01	0.00	0.01	0.02
	家庭小汽车拥有量		−0.06	0.04	−0.04	0.00
与市中心的距离			0.03	0.11	0.08	−0.05
居住地	餐饮娱乐设施密度		0.06	0.19	0.14	−0.03
	商业零售设施密度		−0.01	−0.08	−0.02	−0.04
	公交车站密度		−0.04	−0.25***	−0.13*	0.04
活动地	餐饮娱乐设施密度		—	—	0.15	0.09
	商业零售设施密度		—	—	−0.16	−0.26*
	公交车站密度		—	—	0.25***	−0.59***
F 值			0.907	4.970	1.759	4.970
显著性			0.551	0.000	0.032	0.000
R^2			−0.003	0.127	0.033	0.503

注：*** 表示在 0.01 水平上显著；** 表示在 0.05 水平上显著；* 表示 0.1 水平上显著。

以看到，模型 2 在工作日与休息日的拟合效果均好于模型 1，这说明加入活动地地理背景范围内的建成环境信息后，可以更好地解释建成环境对活动空间的影响。与居住区位距离城市中心 2 000 m 范围以内的居民相一致，由于选取的建成环境变量主要为购物、休闲这些非强制活动服务，因此休息日的拟合效果更好，且设施变量影响显著。

表 8-5　活动空间线性回归模型（2 000—5 000 m）

分类			模型 1		模型 2	
			工作日	休息日	工作日	休息日
社会经济属性	性别（参照类：男性）	女性	−0.13**	−0.07	−0.12**	−0.09
	年龄（参照类：30—50 岁）	30 岁以下	0.04	0.15***	0.03	0.15***
		50 岁以上	0.07	−0.03	0.08	0.00
	收入水平（参照类：2 000 元以下）	2 000—5 000 元	0.17**	0.03	0.11*	0.01
		5 000 元以上	0.09	0.09	0.12*	0.06
	受教育水平（参照类：初中及以下）	高中、大专	−0.11*	−0.05	−0.11**	−0.04
		大学本科及以上	−0.01	−0.04	−0.04	−0.03
	户籍（参照类：西宁户籍）	非西宁户籍	0.00	−0.14**	−0.01	−0.15***
	驾照（参照类：无驾照）	有驾照	0.03	0.00	0.02	0.02
	家庭小汽车拥有量		0.00	0.07	−0.01	0.09
与市中心的距离			−0.09	0.40***	−0.03	0.48***
居住地	餐饮娱乐设施密度		−0.12	0.15	−0.07	0.23*
	商业零售设施密度		−0.18	−0.04	−0.21*	−0.06
	公交车站密度		0.25*	−0.32**	0.11	−0.32**
活动地	餐饮娱乐设施密度		—	—	0.14	−0.67***
	商业零售设施密度		—	—	0.06	0.88***
	公交车站密度		—	—	0.22***	−0.18***
F 值			3.156	3.750	9.540	6.340
显著性			0.000	0.000	0.000	0.000
R^2			0.075	0.093	0.280	0.200

注：*** 表示在 0.01 水平上显著；** 表示在 0.05 水平上显著；* 表示在 0.1 水平上显著。

同样对居住在距离市中心 5 000 m 以上近郊区的居民活动空间建立线性回归模型（表 8-6），其中模型 1 仅考虑居住地周边建成环境，此时不管是工作日还是休息日均不能通过检验，这说明居住地附近的建成环境对活动空间不存在显著的线性关系，这是由于该居住区位周边设施的密度较低，能够提供的活动场所有限，居民家外活动不依赖于居住地及其周边展开。当考虑到以活动地为地理背景范围内的建成环境时，模型 2 在工作日与休息日均可以通过检验，且休息日 R^2 的拟合效果较好。

表 8-6　活动空间线性回归模型（5 000 m 以上）

分类			模型 1		模型 2	
			工作日	休息日	工作日	休息日
社会经济属性	性别（参照类：男性）	女性	−0.06	−0.01	−0.07	−0.03
	年龄（参照类：30—50 岁）	30 岁以下	0.11*	0.09	0.09	0.03
		50 岁以上	0.13**	0.05	0.11*	0.05
	收入水平（参照类：2 000 元以下）	2 000—5 000 元	0.12*	−0.07	0.14**	−0.02
		5 000 元以上	0.04	0.00	0.05	0.05
	受教育水平（参照类：初中及以下）	高中、大专	0.01	0.05	0.04	0.04
		大学本科及以上	−0.04	−0.04	−0.03	−0.05
	户籍（参照类：西宁户籍）	非西宁户籍	0.06	−0.05	0.04	0.00
	驾照（参照类：无驾照）	有驾照	0.01	0.06	−0.02	−0.01
	家庭小汽车拥有量		0.02	0.04	0.04	0.04
与市中心的距离			0.08	0.04	0.04	0.26**
居住地	餐饮娱乐设施密度		0.00	−0.05	0.08	0.02
	商业零售设施密度		−0.16	−0.13	−0.12	−0.42**
	公交车站密度		−0.07	−0.06	−0.13*	−0.08
活动地	餐饮娱乐设施密度		—	—	−0.07	1.10***
	商业零售设施密度		—	—	0.09	−0.45***
	公交车站密度		—	—	0.24***	−0.35***
F 值			1.478	1.176	4.090	10.477
显著性			0.117	0.292	0.000	0.000
R^2			0.019	0.000	0.134	0.322

注：*** 表示在 0.01 水平上显著；** 表示在 0.05 水平上显著；* 表示在 0.1 水平上显著。

8.3　居民活动与地理背景的动态性与民族差异

为讨论综合考虑日常活动的地理背景（例如活动空间内的建成环境）对民族间时空行为分异研究的意义，本节关注汉族与回族居民活动时间的家内、家外分配，活动地点与居住地点空间分布的差异性，以此说明使用传统静态地理背景范围界定方法的局限性与动态地理背景引入的必要性。同时，由于地理背景的不确定性具有时间维度，并表现在日间差异方面，本书分别对两个民族样本工作日与休息日的活动时间利用与活动地点分布进行分析。

8.3.1　日常活动的动态性及民族差异

利用西宁市居民 48 h 活动日志调查数据，参照第 7.3.3 节中的三类活动划分，仍按强制性活动、维护性活动和可支配活动来分析回族与汉族样本的家内、家外活动时间分配，以及工作日、休息日两天的活动时间利用差异，并对活动时间的动态性进行阐述（表 8-7）。

表 8-7　汉族、回族居民家内、家外活动时间利用差异性

分类			回族		汉族		F 值
			平均值/min	标准差/min	平均值/min	标准差/min	
工作日	强制性活动	家外	277.7	285.8	297.1	253.2	0.98
		家内	5.1	34.3	15.8	75.3	4.25^{**}
	维护性活动	家外	58.2	118.8	74.8	117.1	3.49^{**}
		家内	765.1	194.0	763.2	181.5	0.02
	可支配活动	家外	90.7	165.9	73.3	135.5	2.63
		家内	207.9	193.3	172.3	147.9	8.91^{***}
休息日	强制性活动	家外	214.1	286.5	142.6	237.3	14.63^{***}
		家内	14.4	82.8	9.9	52.5	1.02
	维护性活动	家外	75.6	137.3	110.6	145.3	10.42^{***}
		家内	749.2	180.5	810.5	183.5	19.69^{***}
	可支配活动	家外	135.4	196.4	124.0	163.6	0.79
		家内	211.0	183.7	198.7	154.6	1.03

注：*** 表示在 0.01 水平上显著；** 表示在 0.05 水平上显著；* 表示在 0.1 水平上显著。

回族和汉族居民的活动时间（含睡眠）在地点分配上以家内为主，两个民族有近 1/3 的时间在家外进行活动（其中回族居民的两日家外活动时长占比为 30.4%，汉族居民的占比为 29.4%），这一结论与维厄等（Wiehe et al.，2008）关于青少年女孩危险行为的研究时间分配结果相近。不同类型活动的家内、家外时间分配差异显著：工作等强制性活动几乎全部发生在家外，离家特征明显；维护性活动具有较强的向家倾向，该类活动平均有 10%左右是在家外进行，其他时间则分配在家内，主要为个人事务、家庭照料等维护生活活动；在休闲等可支配活动方面，家内活动时间约占 2/3；另有平均每日 40 min 左右的时间花费在出行上。其中，回族居民家外非工作活动时间占比要小于汉族居民，这说明回族居民的家外活动会更多地受到强制性活动的影响。

在日间差异上，汉族居民工作日平均家外强制性活动的时间显著长于休息日，回族居民工作时间的日间差异相对较小。强制性活动所需花费的时间的缩短，使得居民可以将更多的时间分配在家庭与个人生活、购物消费与休闲娱乐上：休息日，居民在家内与家外的个人事务、家庭照料、购物、休闲上分配的时间均长于工作日，且差异显著，即维护性活动与可支配活动的平均用时均显著高于工作日。

汉族与回族两个民族的家内外时间利用情况均说明有一定时间比例的活动发生在家外，当仅关注以居住地为地理背景范围内的建成环境时，无法有效地诠释家外行为与城市空间的互动关系。

在空间分布方面，综合考虑汉族与回族两个民族工作日、休息日两天家外活动地点与居住地点的地理坐标，利用 ArcGIS 10.3 软件进行核密度估计（利用活动持续时间进行加权），生成活动地点分布的密度表面，并在三维环境下进行可视化，如图 8-3 所示。一方面，居民活动地点的分布与居住地之间在一定程度上存在匹配关系，这说明居住地周边的设施可以满足居民的部分日常活动需求，即居住地是居民日常活动的一个重要锚点，其周边的地理环境会影响居民的行为模式；另一方面，除各样本居住地附近外，城市中心也是家外活动密度较高的地区之一，这是由于中心城区的商业、休闲设施相对集中，同时工作机会较多，为居民活动提供了便利的场所，可见活动地点周边的地理环境同样会作用于居民的行为。此外，工作日与休息日由于强制性活动所需分配的时间上存在差异，居民在休息日拥有更多的机会进行购物消费、休闲娱乐等活动，在空间分布上表现为城市几何中心（政府机构集聚地）的活动密度降低，而在城市商业中心的活动更为集中。

图 8-3　活动地点与居住地点的空间分布及其日间差异（彩图见书末）

进一步对两个民族居民的活动空间进行计算，得到其个人平均活动空间面积（表8-8）。回族居民的平均活动空间面积均小于汉族居民，具体为：工作日回族居民的平均活动空间面积为3.79 km^2，汉族居民为5.06 km^2，休息日回族居民的平均活动空间面积稍有收缩，为3.74 km^2，汉族达到5.13 km^2，略高于工作日。这一活动范围的差异一方面可能是由于回族居民在社会经济属性上的差异导致移动能力相对有限；另一方面是由于回族聚居区在城市中心分布，周边设施的密度、等级高，可以满足大部分的日常生活需求，回族居民可以在有限的活动空间内组织各项活动，因此活动空间显著小于汉族居民。而超过3 km^2的平均活动空间面积也说明，当仅关注居住地周边步行可达地理背景范围内的建成环境时，会造成夸大居住地的建成环境影响，而没有充分考虑到居民对其他城市空间的利用，这样的地理背景范围界定会对结果造成影响。

表8-8　回族、汉族居民活动空间面积比较

分类		平均值/km^2	标准差/km^2	F 值	显著性
工作日	回族	3.79	4.99	8.727	0.003
	汉族	5.06	5.91	—	—
休息日	回族	3.74	5.71	8.046	0.005
	汉族	5.13	6.68	—	—

8.3.2　地理背景的动态性及民族差异

结合本书研究问题，为验证地理背景的动态性特征，综合考虑西宁城市空间尺度与居民步行可达范围，对地理背景进行测度。参照已有研究，特别是针对面向居民生活质量的餐饮、公共交通站点等建成环境设施，一般以500 m（即5—7 min的步行可达范围）作为步行可接受范围，采用同心圆方法考察其中的微环境特征（Cervero et al.，2009；McEntee et al.，2010）。同时西宁城市空间尺度与中心城区设施分布广泛、密集，且很少存在阻隔步行的立交桥等设施，适于采用500 m同心圆作为测度范围（Fan et al.，2008；塔娜等，2015）。因此在进行地理背景测量时要注意两个方面：①以居住地为中心取半径为500 m的同心圆作为地理背景测度范围，计算居住地周边的设施密度；②基于所有家外活动点生成半径为500 m的缓冲区，取各缓冲区的并集作为地理背景测度范围，计算活动点周边的设施密度。

地理背景内部设施的POI分别采用餐饮娱乐设施、商业零售设施、公交车站和清真寺四类，其中商业零售设施承载购物等维护生活活动，餐饮娱乐设施主要为可自由支配活动场所，公交车站密度用以衡量公共交通出行的便捷性与居民可达性，清真寺则与回族居民的日常生活和宗教活动息息相关。同时，为检验活动点地理背景范围是否与居住地地理背景范围内的设施密度存在显著差异，采用配对样本 T 检验对其显著性进行分析；另采用 ANOVA 检验以探讨民族间的同类地理背景范围下的建成环境差异。

根据表 8-9 可知，回族居民的建成环境设施密度在居住地范围基本为最高，休息日活动地地理背景范围内的设施密度次之，仅餐饮娱乐设施在休息日活动地范围内密度最高。工作日以活动地为中心的地理背景范围内的设施密度最低。工作日由于存在强制性工作活动，居民可能会离开城市中心前往工作地，因此活动地周边的设施密度会低于居住地，进而基于居住地和基于活动地点计算的四类设施密度存在显著差异。而休息日回族居民的购物等维护性活动和休闲等可支配活动的参与率有所提升。由于回族居民的主要聚居地在城市中心附近，居住地周边此类设施密度高，除少部分出行与出游外，整体上活动地与城市中心重合度高，因此设施密度虽稍有降低，但差别不大，仅公交车站密度与清真寺密度会显著降低。特别是回族居民存在“围寺而居”的居住习惯，这一方面便于宗教活动，另一方面同族人相对聚居会使生活便利，因此居住地周边的清真寺密度明显高于其他地理背景范围。

表 8-9　地理背景的时空动态性与民族差异

分类		回族			汉族			民族差异
		平均值/（个·km^{-2}）	标准差/（个·km^{-2}）	与居住地差异显著性	平均值/（个·km^{-2}）	标准差/（个·km^{-2}）	与居住地差异显著性	显著性
商业零售	居住地	132.57	64.64	—	78.97	100.41	—	0.00
	工作日活动地	107.07	81.21	0.01	75.81	88.71	0.48	0.00
	休息日活动地	125.38	85.38	0.37	88.94	93.30	0.00	0.00
餐饮娱乐	居住地	87.76	38.21	—	63.94	77.84	—	0.00
	工作日活动地	77.35	56.80	0.00	62.17	67.98	0.33	0.00
	休息日活动地	91.58	61.55	0.24	71.62	69.11	0.01	0.00
公交车站	居住地	7.64	2.95	—	5.36	2.47	—	0.00
	工作日活动地	5.87	3.90	0.00	4.06	2.67	0.00	0.00
	休息日活动地	6.61	3.47	0.00	4.29	2.48	0.00	0.00

续表 8-9

分类		回族			汉族			民族差异
		平均值/（个·km^{-2}）	标准差/（个·km^{-2}）	与居住地差异显著性	平均值/（个·km^{-2}）	标准差/（个·km^{-2}）	与居住地差异显著性	显著性
清真寺	居住地	4.30	2.36	—	0.24	1.10	—	0.00
	工作日活动地	2.66	2.60	0.00	0.32	0.99	0.01	0.00
	休息日活动地	2.79	2.51	0.00	0.32	0.97	0.02	0.00

不同于回族居民，汉族居民休息日活动地及周边商业零售、餐饮娱乐设施的密度均最高，而工作日最低，居住地周边设施密度居中，同时居住地及周边商业零售、餐饮娱乐设施的密度个体间差异均大于活动地。这可能是由于：①被调查的居住区区位分布存在差异，部分居住区邻近中心商业区，周边设施密度较高，即使是城区边缘的居住区，其周边一般也会有满足日常生活的购物设施与公共设施可供进行部分日常生活，因此设施密度相对较高；且公共交通多根据人口分布布局，因此居住地的公交车站密度最高；②工作日受工作等强制性活动影响，居民活动主要依托工作地与家展开，维护性活动和可支配活动的发生率相对较少，对购物娱乐设施的使用需求不高，因此设施密度较低。与此相对应，休息日更有机会前往商业、娱乐设施集中的中心地区进行家外活动，因此休息日活动地周边的商业零售、餐饮娱乐设施的密度最大。

此外，对比回族与汉族居民不同地理背景范围内的各类设施密度可以看到，回族居民居住地、活动地周边的设施密度整体上均高于汉族，且差异显著。这与回族居民聚居地分布在城市中心附近，且工作类型中的服务业与个体经营等依赖于城市中心的高人口密度相关。而汉族居民居住地与工作地更为分散。从居住地与活动地之间的设施密度差异，及设施密度的民族差异可以看到，在讨论民族间行为差异时，需要综合考虑不同地理背景范围对居民行为模式解析的影响。

8.4 不同地理背景下时空行为模式影响因素与民族差异

8.4.1 模型构建

本书采用结构方程模型（SEM）来验证民族属性对时空行为影响的因果关系。结构方程模型为考察多个因变量之间的复杂内生关系提供了有效的分析框架，目前在城市及交通研究中的应用方兴未艾（Golob，2003；Lu et al.，1999）。由于本书关注时空行为的多维度特征，因此有必要采用结构方程模型以控制不同维度的时空行为变量（如时间利用、出行行为、活动空间等）之间的内生性。结构方程模型作为一种联立方程系统，融合了路径分析、因子分析、回归分析等模型技术，通过参数估计的重复迭代，实现模拟协方差矩阵与观测协方差矩阵的差值最小化，从而实现模型的最佳拟合（Cao et al.，2014）。关于结构方程模型的技术要点，可参见博伦（Bollen，1989）及戈洛布（Golob，2003）的文章。

在本书中，结构方程模型所涉及的变量包括民族属性、其他社会经济属性、建成环境及时空行为。内生变量具体为家外强制性活动时间、家外维护性活动时间、家外可支配活动时间、出行频率（即全天出行次数）、出行时长（即整日出行所用时间总和）、活动空间面积。外生变量则包括民族、年龄、个人月收入、性别、户籍、有无驾照等社会经济属性变量，以及公共交通可达性、商业设施密度以及居住地与市中心的距离等建成环境变量，其中建成环境变量方面分别考察基于居住地的地理背景以及综合考虑居住地与活动地的地理背景，以分析两种地理背景范围下建成环境、居民社会经济属性（包括民族及其他）以及居民时空行为（包括时间利用、出行行为及活动空间）之间相互关系的差异性。各内生变量与外生变量的测量方式如表 8-10 所示。

研究假设：

（1）工作等强制性活动所受到的时间制约最为严苛，其次是维护性活动，可支配活动的时间安排最灵活，因而强制性活动会影响维护性活动和可支配活动的时间分配，同时维护性活动也会对时间安排最为灵活的可支配活动造成影响（Golob et al.，1997）。

（2）出行作为活动的派生需求，即出行的产生是为了满足个体在不同地点的活动需求，因此个体参与不同的活动系列决定了出行的产生与时空分布。出行作为连接不同地点活动的行为，其需求强度、方式、耗时等都与个体所参与的活动密切相关（Ettema et al.，1997），并反过来影响活动安排，主要表现在出行影响活动时长上（Golob，2003），而出行频率对出行时长存在正向影响。

（3）活动空间面积受到家外活动时间利用及出行时长、出行频率的影响。

（4）个人时空行为（包括时间利用、出行行为、活动空间等）受到建成环境、个人社会经济属性等因素的综合影响。

表 8-10　各类变量的测量方式

变量类型	变量表征	变量	测量方式
内生变量	时空行为	家外强制性活动时间	连续变量（整日家外强制性活动时间总和）
		家外维护性活动时间	连续变量（整日家外维护性活动时间总和）
		家外可支配活动时间	连续变量（整日家外可支配活动时间总和）
		出行频率	连续变量（全天出行次数）
		出行时长	连续变量（整日出行所用时间总和）
		活动空间面积	连续变量（整日路径 500 m 缓冲区面积）
外生变量	民族属性	民族	1＝回族；0＝汉族
	其他社会经济属性	性别	1＝男性；0＝女性
		有无驾照	1＝有驾照；0＝无驾照
		年龄	连续变量
		个人月收入	连续变量
		家庭人数	连续变量
	建成环境	居住地公共交通可达性	连续变量（500 m 范围内停靠的公交车线路数量）
		居住地商业设施可达性	连续变量（500 m 范围内的商业设施数量）
		活动地公共交通可达性	连续变量（对所有家外活动点生成半径为 500 m 的缓冲区，取各缓冲区的并集作为地理背景测度范围，计算活动点周边停靠的公交车线路数量）
		活动地商业设施可达性	连续变量（对所有家外活动点生成半径为 500 m 的缓冲区，取各缓冲区的并集作为地理背景测度范围，计算活动点周边的设施密度）
		居住地与市中心的距离	连续变量

根据上述研究假设构建结构方程模型的概念框架（图 8-4），在此基础上利用西宁市调查数据分别构建工作日以居住地为地理背景范围（模型 1）、工作日以居住地及活动地为地理背景范围（模型 2）、休息日以居住地为地理背景范围（模型 3）、休息日以居住地及活动地为地理背景范围（模型 4）四个模型，并在结构方程建模软件（AMOS 17.0）平台上使用极大似然估计法进行模型拟合。模型的拟合指标［如卡方与自由度比（CMIN/DF）、拟合指数（Comparative Fit Index，CFI）、近似误差均方根（Root Mean Square Error of Approximation，RMSEA）等］如表 8-11 所示，变量之间的直接效应及显著性水平如表 8-12、表 8-13 所示。

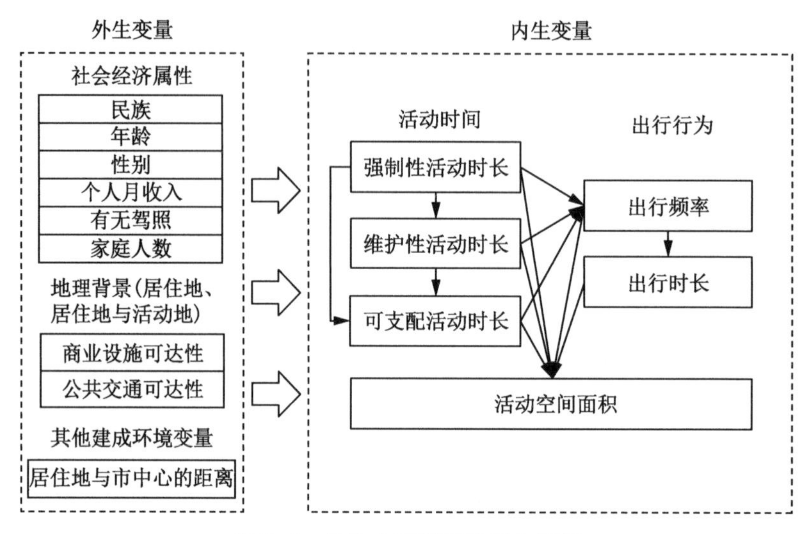

图 8-4　结构方程模型的概念框架

表 8-11　模型拟合指标

分类	CMIN/DF	CFI	RMSEA
模型 1	2.520	0.998	0.037
模型 2	2.504	0.999	0.037
模型 3	6.068	0.994	0.068
模型 4	5.749	0.996	0.066
参考范围	2.00—5.00	>0.900	<0.100

8.4.2　不同地理背景下时空行为模式的影响因素

在外生变量中，我们通过控制其他变量（即其他社会经济属性、建成环境变量），重点考察民族属性对时空行为的影响。

(1) 民族属性对内生变量的影响

在控制其他外生变量后，我们发现民族属性对部分时空行为变量仍产生显著影响，这表明民族差异是西宁市居民时空行为差异的直接动因之一。

在家外活动时长方面，无论是工作日还是休息日，两个民族居民的强制性活动时长均未表现出显著差异，但维护性活动时长差异显著，其中汉族居民的时长多于回族居民。这一结果可理解为家庭劳动分工的民族差异，由于汉族男性居民相比于回族男性居民更有可能承担家务活动（可参见上文的描述统计），因此汉族居民的维护性活动总时长显著多于回族居民。与此同时，工作日民族变量对可支配活动时长产生了显著影

表 8-12　工作日结构方程模型结果

分类	家外强制性活动时长		家外维护性活动时长		家外可支配活动时长		出行频率		出行时长		活动空间面积	
	居住地	居住地+活动地	居住地	居住地+活动地	居住地	居住地+活动地	居住地	居住地+活动地	居住地	居住地+活动地	居住地	居住地+活动地
家外强制性活动时长	—	—	-0.343***	-0.353***	-0.422***	-0.440***	0.243***	0.222***	—	—	0.134***	0.135***
家外维护性活动时长	—	—	—	—	-0.146***	-0.156***	0.286***	0.274***	—	—	0.068**	0.063**
家外可支配活动时长	—	—	—	—	—	—	0.369***	0.356***	—	—	0.068**	0.070**
出行频率	—	—	—	—	—	—	—	—	0.391***	0.384***	0.043	0.046
出行时长	—	—	—	—	—	—	—	—	—	—	0.294***	0.284***
民族	-0.044	-0.055*	-0.064*	-0.073**	0.045	0.029	-0.083***	-0.091***	-0.012	-0.011	-0.015	0.032
年龄	-0.345***	-0.346***	-0.139***	-0.143***	0.137***	0.129***	-0.058*	-0.062**	-0.030	-0.029	-0.047	-0.042
性别	-0.048*	-0.045	-0.030	-0.028	-0.087***	-0.083***	-0.070**	-0.071**	-0.051*	-0.054*	-0.026	-0.030
个人月收入	0.284***	0.291***	0.064*	0.073**	0.018	0.032	0.110***	0.121***	0.019	0.021	0.025	-0.008
有无驾照	-0.053**	-0.050*	-0.041	-0.038	-0.025	-0.022	-0.037	-0.034	-0.012	-0.011	-0.251***	-0.268***
家庭人数	0.064**	0.061**	0.006	0.003	-0.025	-0.027	-0.019	-0.024	0.010	0.007	-0.005	0.006
户籍	0.024	0.021	0.003	0.000	-0.020	-0.022	0.026	0.020	0.018	0.013	-0.009	-0.009
居住地与市中心的距离	0.022	0.035	0.025	0.036	-0.007	0.009	-0.047	-0.031	-0.005	0.000	0.092***	0.058*
居住地商业设施可达性	0.115***	0.111***	0.012	0.000	-0.062*	-0.054	-0.075**	-0.108***	-0.058*	-0.098**	-0.017	-0.054
居住地公共交通可达性	0.025	-0.007	-0.012	-0.035	0.048	0.006	0.005	-0.015	-0.031	-0.023	-0.066*	0.024
活动地商业设施可达性	—	0.011	—	0.031	—	-0.016	—	0.081**	—	0.094**	—	0.070*
活动地公共交通可达性	—	0.102***	—	0.073*	—	0.142***	—	0.060*	—	-0.033	—	-0.320***

注：*** 表示在 0.01 水平上显著；** 表示在 0.05 水平上显著；* 表示在 0.1 水平上显著。

表 8-13　休息日结构方程模型结果

分类	家外强制性活动时长		家外维护性活动时长		家外可支配活动时长		出行频率		出行时长		活动空间面积	
	居住地	居住地+活动地	居住地	居住地+活动地	居住地	居住地+活动地	居住地	居住地+活动地	居住地	居住地+活动地	居住地	居住地+活动地
家外强制性活动时长	—	—	-0.315***	-0.302***	-0.490***	-0.495***	0.155***	0.153***	—	—	0.134***	0.131***
家外维护性活动时长	—	—	—	—	-0.331***	-0.322***	0.238***	0.241***	—	—	0.096***	0.088***
家外可支配活动时长	—	—	—	—	—	—	0.354***	0.353***	—	—	0.071**	0.068**
出行频率	—	—	—	—	—	—	—	—	0.384***	0.386***	0.002	0.011
出行时长	—	—	—	—	—	—	—	—	—	—	0.416***	0.400***
民族	0.034	0.038	-0.062*	-0.061*	0.021	0.026	-0.042	-0.043	0.000	0.012	-0.071**	-0.018
年龄	-0.193***	-0.199***	-0.214***	-0.203***	0.037	0.033	0.042	0.041	-0.020	-0.012	-0.033	-0.027
性别	-0.095***	-0.089***	0.018	0.012	-0.103***	-0.099***	-0.076**	-0.075**	-0.022	-0.028	-0.019	-0.020
个人月收入	0.108***	0.105***	0.024	0.025	-0.028	-0.029	0.026	0.026	-0.001	-0.001	0.005	-0.005
有无驾照	-0.018	-0.015	-0.001	-0.003	-0.024	-0.023	-0.015	-0.015	-0.012	-0.013	0.016	0.020
家庭人数	0.100***	0.103***	-0.013	-0.019	0.023	0.027	0.029	0.030	0.005	0.000	0.007	0.002
户籍	-0.101***	-0.092***	0.039	0.029	-0.013	-0.007	-0.024	-0.022	-0.009	-0.017	-0.057**	-0.054**
居住地与市中心的距离	0.090***	0.071**	0.030	0.051	0.000	-0.014	0.009	0.006	-0.036	-0.022	0.167***	0.153***
居住地商业设施可达性	0.202***	0.240***	0.020	-0.034	0.058*	0.087**	-0.039	-0.030	-0.105***	-0.149***	-0.016	-0.040
居住地公共交通可达性	0.003	-0.011	-0.018	0.008	-0.001	-0.011	-0.006	-0.012	-0.007	0.024	-0.035	0.022
活动地商业设施可达性	—	-0.118***	—	0.161***	—	-0.088***	—	-0.027	—	0.142***	—	0.086**
活动地公共交通可达性	—	0.025	—	-0.068*	—	0.017	—	0.017	—	-0.103***	—	-0.254***

响。对于这一结果，可能的解释是本书将宗教活动归入可支配活动中，而回族居民每天都把一定时间分配到宗教活动上（而汉族居民几乎不参与宗教活动），导致了两个民族在维护性活动与可支配活动上的整体差异。

另外，仅考虑居住地的地理环境时，民族变量对家外强制性活动时长并没有显著影响；但加入活动地的地理背景时，民族变量对该内生变量产生了显著的负向影响，即回族居民比汉族居民在工作日家外强制性活动上分配更少的时间。对于这一结果，可能的解释是回族居民中有相当比例的非全职就业者，通常从事商贩等职业，其工作时间较不固定；与之相比，汉族居民则绝大部分为全职就业者，工作时间相对固定。两个民族居民各自的就业偏好导致了工作时间分配上的差异，表现为回族居民工作日的平均工作时长少于汉族居民，而休息日则多于汉族居民。在上文以居住地为地理背景的分析中，这一现象并未能得到充分挖掘，由此可见地理背景的有效性对分析结果合理性的影响。

在出行行为方面，工作日回族居民的出行频率显著低于汉族居民，而出行时长无论在工作日还是休息日均未表现出显著的民族差异。出行频率的差异可能是由两个民族女性居民的移动性差异引起的，因为回族女性居民的出行频率显著低于汉族女性居民（可参见上文的描述统计）。

在活动空间面积方面，休息日民族变量对活动空间面积产生了负向的显著影响，即休息日回族居民的活动空间面积小于汉族居民。对于这一结果，可能的解释是汉族居民在休息日的活动空间较大（因为较少受到工作活动的时空制约），而回族居民在休息日仍需要参与宗教活动，这些宗教活动的时空固定性在一定程度上制约了回族居民的活动空间范围。

（2）其他社会经济属性对内生变量的影响

除了民族属性外，其他社会经济属性均在一定程度上对内生变量（即时空行为）产生影响。

① 年龄变量对家外强制性活动、维护性活动的时长产生了显著的负向影响，对可支配活动时长则产生了显著的正向影响，同时在休息日对活动空间大小产生了显著的负向影响。对此，可能的解释是与年轻居民相比，老年人较少受到工作活动的时空制约，因此强制性活动时长较短、可支配活动时长较长；但与此同时老年人的移动能力较弱，因此活动空间（特别是在休息日）明显小于较年轻的居民。

② 个人月收入变量在工作日、休息日均对家外强制性活动时长产生了显著的正向影响，并且在工作日对出行频率产生了显著的正向影响。

③ 仅考虑居住地的地理环境时，性别变量对家外强制性活动时长、家外可支配活动时长、出行频率及出行时长产生了显著的负向影响，其中男性居民的家外强制性活动时长显著小于女性，这一点似乎与一般的认知不符合，也和其他内生变量的性别差异（如家外可支配活动时长、出行频率及出行时长）相矛盾。而当加入活动地地理背景时，性别变量对家外强制性活动的影响变为不显著。由此可见，仅以居住地为地理背景时，可能会导致分析结果的谬误。

④ 家庭人数变量对工作日及休息日的家外强制性活动时长均产生了显著的正向影响。

⑤ 户籍变量对休息日的家外强制性活动时长产生了显著的正向影响。

⑥ 有无驾照变量对家外强制性活动时长产生了显著的正向影响，同时在休息日对可支配活动时长及活动空间面积产生了显著的负向影响。

(3) 不同地理背景范围下建成环境对内生变量的影响

不考虑活动空间地理背景时，居住地周边商业、公共交通设施的密度会对活动时长及活动空间面积均存在影响，具体表现为以下方面：

① 公共交通可达性对工作日的家外强制性活动时长及活动空间面积产生了显著的正向影响，即社区的公共交通可达性越好，居民在家外强制性活动上分配的时间则越多并且活动范围越大。

② 社区的商业设施可达性对家外强制性活动时长产生了显著的正向影响，而对出行时长、出行频率及活动空间面积产生了显著的负向影响。

③ 居住地与市中心的距离变量对休息日的家外强制性活动时长产生了显著的正向影响，并且对工作日及休息日的活动空间面积产生了显著的正向影响，这表明居住区位越远离市中心，居民在（休息日）家外强制性活动上分配的时间则越多，并且活动范围越大。

而综合考虑居住地与活动地的地理背景时发现，居住空间的一些设施类别不再显著影响活动时长与活动空间，而活动地的设施密度则对各类活动的时长及出行频率、出行时长、活动空间面积均产生了显著影响，这反映出活动地的设施密度是影响居民工作日时空行为的重要因素。这一分析结果说明单纯以居住空间为地理背景范围会夸大“家”对行为模式的影响，并有可能出现对一些影响因素的忽视和偏差。

8.4.3 不同地理背景下时空行为变量间的相互关系

无论是工作日还是休息日，居民的家外强制性活动时长均对维护性活动、可支配活动时长产生了显著的负向影响，这一发现与已有的研究结论一致（Lu et al.，1999），即家外强制性活动与其他活动之间存在替代效应，总体上家外强制性活动时长的减少会带来维护性活动、可支配活动时长的增加。但对于回族居民来说，其家外强制性活动、维护性活动时长均显著小于汉族居民（以“居住地+活动地”为地理背景范围时），这些“额外”的活动时间可能分配在宗教活动（可支配活动之一）或者家内活动（如女性的家务活动）等方面，由此可见两个民族的时间分配机制亦存在一定的差异。同时，三类活动（家外强制性活动、维护性活动、可支配活动）的时间分配均对居民工作日及休息日的出行频率产生了显著的正向影响；并且无论是工作日还是休息日，居民的出行频率均对出行时长产生了显著的正向影响。这一结论在一定程度上验证了活动分析法中“出行为活动的派生需求”的理论假设，同时结合两个民族居民家外活动时间分配上的差异，可以认为西宁市居民的出行目的构成存在民族差异，需要在相关交通需求预测模型及交通政策中予以关注。

在活动空间面积方面，模型结果表明三类活动及出行的时长均显著地影响了工作日、休息日的活动空间面积，即不同目的的活动与出行均在一定程度上形塑了居民的整日活动空间。结合两个民族居民时间分配的特征，可以认为塑造回族居民活动空间的主要活动与汉族居民存在一定的差异。出行频率仅仅在工作日对活动空间面积产生显著影响而在休息日并无显著影响。对于这一结果，可能的解释是居民在休息日的出行需求较少，因此与工作日相比，活动空间面积对于出行频率的变化较为不敏感。

8.5 小结

居住地作为居民活动最重要的锚点之一，一直是关注的焦点和最为常用的地理背景范围。但是综合考虑到居民的整日活动安排与地理背景的动态性，居住地以外的地理背景同样对居民活动存在相当程度的影响。

（1）地理背景对时空行为分析的影响在城市空间中存在差异

西宁市各区位居民在活动空间上存在显著分异，且当采用传统的基于居住地的地理背景范围分析建成环境信息时，往往会存在偏差，包括中心区会高估对居民存在实际影响的建成环境设施密度，近郊区倾向于低估实际活动范围的设施密度，远郊区则会存在明显低估建成环境影响的可能。

地理背景影响居民行为分析拟合在区域的差异具体表现为：中心城区工作日受强制性工作活动的影响，居民到访居住地与非工作活动设施的机会少，仅以居住地为地理背景范围时，建成环境对活动空间没有显著影响，扩展到活动地地理背景范围时，可以对居民活动空间进行解释；近郊区居住区周边设施可以部分满足日常生活需要，以居住地和活动地作为地理背景均可以在一定程度上对空间行为进行解释，活动空间模型更优；远郊区居住地附近的设施有限，难以满足日常需求，考虑活动空间地理背景时可以对空间行为影响因素进行讨论。

研究结果一方面对地理背景不确定性问题进行了实证说明，反思了仅考虑居住地建成环境时行为研究认识的局限性，且将该问题扩展到地理背景不确定性影响下，建成环境对行为解释的局限性与差异性，并具体阐述了不同地理背景范围在城市空间进行实证时的有效性，为以后建成环境对行为影响的相关研究提供了可参考的地理背景范围；另一方面对理解居民生活方式与对城市空间的利用也有一定的意义。结合不同地理背景范围下的研究结果可以看到，城市中特别是郊区中的居民生活空间与生产空间存在错位，郊区居民高度依赖于中心城区，而中心城区居民虽然邻近大量不同等级的设施，却利用有限，因而在城市规划与管理中如果想切实提高居民生活质量，需要更多地考虑居民的实际需求，促进生活空间的郊区化，并对已有设施进行整合和提升。

(2) 在进行民族时空行为分异研究时，有必要引入动态地理背景

回族和汉族居民调查期间均有近 1/3 的时间在家外进行活动，同时工作日、休息日两天的家内外活动时间分配也存在显著的差异，当仅关注以居住地为地理背景范围内的建成环境时，或忽视日间的差异时，无法有效地诠释家外行为与城市空间的互动关系。同时，虽然两个民族的居民活动地点分布与居住地之间在一定程度上存在匹配关系，说明居住地是居民日常活动的一个重要锚点，但同时城市中心也是家外活动密度较高的地区之一，且两个民族居民的平均活动空间范围也远大于居住区周边的步行可达范围，因此当仅关注居住地周边步行可达地理背景范围内的建成环境时，会造成夸大居住地建成环境的影响，而没有充分考虑到居民对其他城市空间的利用，进而影响研究结果。

不同地理背景范围内汉族、回族居民的建成环境设施密度差异，同样说明了动态地理背景的引入有其必要性。回族居民的建设环境设施密度均以居住地为最高，休息日活动地地理背景范围内的设施密度次之，工作日活动地周边的设施密度会因远离城市中心的强制性工作活动而降低，同时居住地的高清真寺密度既是回族居民“围寺而居”居住习惯的反映，也是回族居民地理背景的特色。汉族居民休息日活动地及周边商

业零售、餐饮娱乐设施的密度均最高，而工作日最低，居住地周边设施的密度居中，同时居住地及周边商业零售、餐饮娱乐设施的密度个体间差异均大于活动地。由此可见，在讨论民族间行为差异时，仅关注居住地会夸大民族间实际活动的地理背景差异性，进而过高地估计居民的行为分异程度，需要综合考虑不同地理背景范围对居民行为模式解析的影响。

（3）综合考虑活动地与居住地的地理背景后，民族因素仍是影响时空行为的重要因素

结合不同维度的时空行为变量的相互影响机制，可以将影响时空行为的民族因素具体解析为：①与民族文化传统相关的家庭内部分工模式；②与民族宗教信仰相关的宗教活动参与；③两个民族居民各自的就业偏好的差异；④与两个民族本身居住地、活动地的分异相关的地理背景不确定性。

首先，回族居民的家庭内部分工模式可以在一定程度上解释时空行为的民族差异。与回族女性居民及汉族男性居民相比，回族男性居民承担了更少的家务活动，因此汉族居民的维护性活动总时长显著多于回族居民。这一家庭分工模式也导致了回族女性居民分配了更多的时间在家内（进行家务活动），出行需求相对较少，因此总体上回族居民的出行频率低于汉族居民。

其次，宗教活动在时空的固定性对回族居民的日常活动产生了时空制约，也在一定程度上解释了时空行为的民族差异。回族居民每天都把一定的时间分配到宗教活动上（而汉族居民几乎不参与宗教活动），导致了两个民族维护性活动与可支配活动的整体差异（在本书里，宗教活动被归入可支配活动中）。与此同时，宗教活动的参与制约了回族居民日常活动的空间范围，表现为较小面积的活动空间。

再者，加入活动地地理背景时，可以发现回族居民比汉族居民在工作日家外强制性活动上分配了更少的时间。回族居民中有相当比例的非全职就业者，通常从事商贩等职业，其工作时间较不固定；与之相比，汉族居民则绝大部分为全职就业者，工作时间相对固定。两个民族居民各自的就业偏好导致了工作时间分配上的差异，表现为回族居民工作日的平均工作时长小于汉族居民，而休息日则多于汉族居民。

最后，两个民族本身居住地、活动地的分异，也在一定程度上强化了影响时空行为的地理背景的不确定性。通过比较两类地理背景对个体行为作用效应的分析结果的差异性可以发现，如果仅以居住地建成环境作为地理背景，将导致部分分析结果的谬误，如分析结果会夸大“家”对行为模式的影响；而以活动地建成环境作为地理背景，对家外活动时

长、出行时长和活动空间面积有一定的解释力，且更为接近“真实”的地理背景，能够捕捉到一些重要的影响因素，修正有悖于常识的结论。结合上文的讨论，回族居民的家庭分工模式也导致了回族女性居民分配了更多的时间在家内；回族居民宗教活动在时空的固定性导致了宗教场所成为回族居民活动空间里的重要锚点；两个民族居民各自的就业偏好导致了家外强制性活动时间分配上的差异。这些因素均有可能导致两个民族家外活动需求及其空间分布的差异，并因此增加了地理背景对时空行为影响机理的不确定性以及不同地理背景下时空行为民族差异的复杂性。

9　不同社会背景下西宁城市居民时空行为的民族差异

居民在城市空间中进行活动—移动时，在其接触和暴露的环境中，不仅公共服务设施、消费娱乐场所等物质空间维度的建成环境对居民行为存在一定的相互关系，地理背景范围内的社会群体构成等社会维度的环境同样与居民的时空行为存在互动。与此同时，居民的时空行为作为对城市环境选择的外在表现，其暴露的社会背景也因个人社会经济属性、生活方式等而存在差异。本章从基于时空行为理解的城市居民社会空间分异与其在社会环境地理背景中的暴露入手，首先从西宁市的社会环境特别是民族的接触与隔离情况出发，综合考虑居住地与活动地视角，分析居民所暴露的社会环境受哪些因素的影响及其民族差异性，并进一步探讨同民族内部的暴露差异，以理解社会环境暴露对民族特殊行为的影响意义。

9.1　不同社会背景下的城市居民时空行为研究思路

城市社会空间分异与隔离的一个重要因素是缺乏社会群体间的互动（Wang et al.，2016)。对种族与族裔的社会空间隔离问题与融合程度评估的相关研究已经有了大量的探索，特别是从居住地社会背景出发进行的城市社会空间分异研究已经有了大量证实，但是对于居住地以外的工作、休闲等活动空间的社会背景下的城市居民时空行为差异问题，目前的研究还相对有限（Blumen et al.，2001；Estlund，2003)。

为验证城市社会空间分异中城市社会背景与居民行为空间的互动关系，结合已有研究结论理解不同社会背景下城市居民时空行为（图9-1)。居民的社会经济属性在直接作用于城市社会空间的融合与分异时，同样影响到居民所接触的社会环境地理背景与居民的时空行为特征。在社会背景方面，居民在城市空间中所接触的社会群体、社会关系存在差异性。当针对不同民族的交互时，如果该民族居民存在很大可能接触到另一民族居民时，则暴露程度相对较高，而更多地与本民族居民互动时，表现为所受到的社会背景暴露程度相对较低。与此同时，这一暴露程度伴随着居民的活动—移动过程，受到动态地理背景的影响。因此，居民的时空行为一方面通过活动的持续时间、活动空间分布而影响着居民的社会背景暴露情况；另一方面在社会环境的影响下，又表现出相应的行为，如经常与本民族相接触的回族居民更有可能频繁地前往清真寺或进行宗教活动。同时，这一行为空间的差异化表现也带来了行为视角下的社会空间分异与融合。

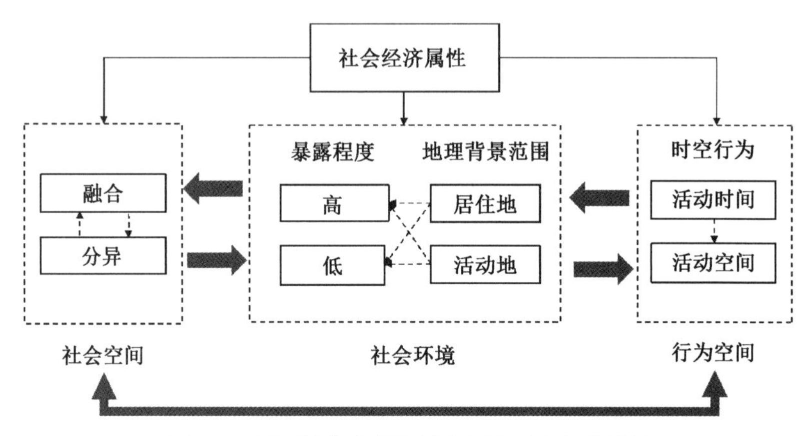

图 9-1　不同社会背景下城市居民时空行为差异

西宁市主城区的大部分回族居民在城东区聚居，其他散居、杂居在各个城区与汉族居民混居于统一居住区甚至同一住宅楼单元内。当不考虑空间性即邻域对该地区的影响时，仅从基于居住地的隔离程度出发，城东区内居住区的隔离程度要远高于其他地区，而其他地区民族间的隔离情况相近。但是实际上，一方面如果加入对所处城市空间区位的考虑，邻近回族聚居区的居住区与远离回族聚居区的居住区，可能人口构成结构相近，但是实际上与本民族、其他民族间的接触与互动机会差异很大；另一方面居民每日有大量时间在居住地以外进行活动，而且家内活动多为个人与家人的互动，实际上大部分家内活动并不存在民族间交互的机会，因此仅关注居住地视角时，会错误估计居民实际的民族间互动与接触的可能性。如何对社会环境进行定量化的表示，从社会背景理解活动空间的社会暴露与民族差异是要解决的主要问题。

因此，本章分为四个部分讨论不同社会背景下西宁城市居民时空行为的民族差异问题：第一部分（第 9.2 节“社会背景：城市社会空间分异的测度”）首先说明城市社会空间隔离与分异常用指标，并采用不同方法分析西宁市全局与局部的社会空间分异与民族差异情况，界定适宜研究社会环境的指标；第二部分（第 9.3 节“个体测度社会背景与民族差异”）从活动视角出发，建立居民在活动地的社会背景暴露值的测度指标，并探讨社会背景下的居民环境暴露变化以及民族差异；第三部分

（第 9.4 节“居民社会背景暴露的影响因素分析”）分别从居住地、整日活动地角度出发，通过建立多层线性模型，讨论不同社会背景下居民活动社会环境暴露的影响因素，从民族差异角度说明社会空间分异的相关要素，同时分异其他社会经济属性等因素对社会环境暴露的影响，从行为互动视角理解城市社会空间分异。

9.2 社会背景：城市社会空间分异的测度

9.2.1 城市社会空间分异与接触的测度指标

对城市内不同群体的人口分布进行分析时，为探究群体间的分异情况，研究者利用一系列指标来理解分异模式与趋势，如基尼系数（Gini Index）（Gini，1921）、区位熵（Location Quotient）、分异指数（Dissimilarity Index）（Duncan et al.，1955b）、锡尔指数（Theil Index）（Bartholomew et al.，1973）、莫兰指数（Moran's I）（Dawkins，2004）等原始性指标，以及在此基础上发展的暴露指数（Exposure Index）（White，1986）、交互指数（Interaction Index）（White，1986）、局部隔离指数等对两个或多个群体间分异进行度量的空间、非空间指标。其中，如分异指数、基尼系数等均为总体性测度指标，即给出区域的总体社会空间分异程度，但不能单独表示区域内各单元的分异情况，而区位熵、局部莫兰指数、局部暴露指数等可以独立表示局域的社会空间分异情况。

综合考虑社会空间分异维度与本书两个民族之间社会空间的研究主题，本书倾向于关注隔离—暴露维度，因此选择分异指数、暴露指数作为社会空间分异的总体测度指标，选择区位熵、回族—汉族比例作为局域的基本情况说明，局部隔离—暴露指数作为城市社会空间分异的局域测度指标。

（1）总体测度指标

① 分异指数

分异指数（或者隔离指数、差异指数）可以从全局揭示某一社会群体和其他群体在空间上的分离程度，是群体间隔离程度的基本方法之一（李倩等，2012）。分异指数的基本公式如式（9.1）所示，在此基础上，由于研究的侧重点有所差异，其计算方法也不相同。特别是针对分异指数缺乏空间性考虑的问题，一些对分异指数的发展赋予了其空间性，能够显示群体在空间上的聚集与孤立方面（Massey et al.，1988；Wong，2004）。分异指数一般采用基本计算公式

$$D = 1/2\sum_i \left| \left(\frac{m_i}{m}\right) - (n_i/N) \right| \quad (9.1)$$

其中，D 为分异指数；m_i是研究区域单元 i 中的 m 群体人数；m 为研究区域中 m 群体总人数；n_i是研究区域单元 i 中 n 群体的人数；N 是研究区域 n 群体的总人数。D 的取值范围为 0 到 1，0 表示两个群体人数按人口比例在各单元均匀分布，而 1 表示两个群体完全隔离。

② 暴露指数

暴露指数由于构建于群体互动概率的概念框架上，因此又被称为交互指数（White，1986）。贝尔（Bell）根据舍夫基等（Shevky et al.，1949）的研究对模型进行了修改，并将其引入对群体内交互可能性的测度：

$$B_{kk} = \sum_{i=1}^{I} \left(\frac{n_{ik}}{N_k}\right)\left(\frac{n_{ik}}{n_i}\right) \quad (9.2)$$

其中，n_{ik}表示在区域 i 中的 k 组人数；n_i表示区域总人数；N_k表示在城市中 k 组的规模大小。

指标 B_{kk}强调 k 群体的人在城市中随机遇到另一个 k 群体人的可能性。交互指数的取值范围为 0—1，0 表示没有机会遇到 k 群体其他人，1 表示一定会遇到 k 群体其他人。

此后，研究者对该公式进行了变形，用以表示 k 群体居民接触到另一群体 l 居民的可能性（Lieberson et al.，1982a，1982b）：

$$B_{kl} = \sum_{i=1}^{I} \left(\frac{n_{ik}}{N_k}\right)\left(\frac{n_{il}}{n_i}\right) (n_{ik} + n_{lk} < n_i) \quad (9.3)$$

由于该指数便于计算，对研究交互与隔离情况有良好的说明性，同时易于理解，因此被广泛应用于种族与民族分异研究中。

（2）局域测度指标

① 区位熵

在区域经济学中，通常用区位熵来判断一个产业是否构成地区专业化部门。本书借鉴这一经济学概念，用区位熵来衡量某一民族居民在某一特定街区居住的相对集中程度，进而判别该街区对某一民族的吸引力。根据俞路、赵永全的研究，当区位熵用于分析不同群体人口分布时，采用下列公式：

$$LQ_i = (m_i/t_i)/(M/T) \quad (9.4)$$

其中，m_i为区域 i 中 m 群体的人数；t_i是区域 i 的人口总数；M 和 T 分别表示研究区域中 m 群体的人数和区域总人口数。

如果少数群体在局部单元的占比等于其在整个区域中的占比，那么

$LQ=1$；如果少数群体在局部单元的占比大于其在整个区域中的占比，那么$LQ>1$，说明该区域对这一民族居民具有较强的吸引力，区域内该民族人口可能会继续增加；反之，若$LQ<1$，说明该区域对这一民族居民的吸引力低于平均水平，该民族人口可能会向区域外部流动。

区位熵可以直观显示某一民族在区域中的分布比例，但是由于其仅关注单一群体，难以说明局域的分异情况；同时由于其不包含空间性，因此缺乏邻域社会结构对研究区域的影响。

② 局部暴露指数

黄永信（Wong，2002）基于局部空间自相关的基本思路（Anselin，1995；Getis et al.，2010），提出了反映人群互动潜力的局部空间分异指数，即本书所采用的“暴露指数”。

假设研究区域中有两个群体A、B，a_i与b_i分别为某地理单元i中的A群体人口与B群体人口。为了识别区域中各地理单元是否邻接，引入以c_{ij}为基本元素的二元邻接矩阵，以反映地理单元i与另一地理单元j的邻接情况，其中$c_{ij}=1$表明两个地理单元邻接，$c_{ij}=0$则表明二者不相邻。那么，地理单元i中的群体A与群体B相互接触的潜在机会可表示为地理单元i中A群体的人口数与本地理单元及邻近地理单元中B群体人口总数的乘积，即$a_i\sum_{j}^{n}c_{ij}b_j$。其中，n为整个研究区域的地理单元数；i可以等同于j，反映地理单元内部的相互接触机会（在此情况下，$c_{ij}=c_{ii}=1$，而非0）。

上述表达式反映了地理单元i中的A群体接触B群体的潜在机会。类似的，对于地理单元i中的B群体而言，其接触A群体的潜在机会则可表达为$b_i\sum_{j}^{n}c_{ij}a_j$。

基于上述表达式及约束条件，可提出三个局部的空间分异测度指标。第一个指标反映地理单元i中A群体对B群体的隔离程度（即无法接触B群体的可能性）：

$$S_{i^{\cdot}ab}=1-\frac{a_i\sum_{j}c_{ij}b_j}{a_i\sum_{j}b_j} \tag{9.5}$$

其中，j可以等同于i。公式中第二项的分母反映在没有空间限制的情况下，地理单元中的A群体与整个研究区域的B群体接触的潜在机会。该数值为标准化测量值，取值范围为0—1，其中1表示A群体与B群体完全无接触，即完全隔离；0表示A群体与B群体充分接触，即完全无隔离。相应的，地理单元i中B群体对A群体的隔离程度（即无法接触A群体的可能性）为

$$S_{i\cdot ba} = 1 - \frac{b_i \sum_j c_{ij} a_j}{b_i \sum_j a_j} \tag{9.6}$$

从上述两个公式可以发现，两个群体对对方的暴露是非对称的，即 A 群体对 B 群体的隔离程度未必等于 B 群体对 A 群体的隔离程度（$S_{i\cdot ab} \neq S_{i\cdot ba}$）。将两个非对称的暴露指数整合，可进一步得到总体的（即一般化的）暴露指数。整合的方式是，将上述两个公式第二项的分子相加，以反映本地理单元各个群体与其他群体的接触机会；将两个公式第二项的分母相加，以反映在无空间限制的条件下本地理单元各个群体与全区域其他群体的总接触机会。最终得到的计算公式为

$$S_i = 1 - \frac{a_i \sum_j c_{ij} b_j + b_i \sum_j c_{ij} a_j}{a_i \sum_j b_j + b_i \sum_j a_j} \tag{9.7}$$

为了说明该指数的使用方式，黄永信（Wong，2002）基于华盛顿特区的数据进行了案例展示。在此案例中，黄永信将研究区域抽象为由若干个六边形单元组成的地理空间，并假设研究区域有两个群体 A 和 B。之所以使用六边形作为地理单元，是因为六边形是除了圆形之外最紧凑的几何形体，同时又能避免相邻图形之间的交叠，并且有助于无歧义地识别邻接单元。

图 9-2 反映了 A 群体的空间分布特征，该群体在地区的东北角高度集中，并向西南角递减。相应的，B 群体的空间分布高度集中在西南角，同时向东北角递减（即与 A 群体相反）。图 9-3 则反映了局部暴露指数的空间分布，其中图 9-3（a）（b）分别反映了 A 群体对 B 群体的隔离程度（即无法接触的可能性）、B 群体对 A 群体的隔离程度。由于 A 群体集中在东北角而 B 群体较少分布在东北角，因此在东北角的地理单元中，A 群体对 B 群体高度隔离（即较少有机会接触）。同理，由于 B 群体集中分布在西南角而 A 群体在此处较少分布，因此在西南角的地理单元中，B 群体对 A 群体高度隔离，并且隔离的程度向东北方向逐步递减，这反映了 B 群体与 A 群体接触、互动的机会逐渐增多。

图 9-3（c）反映了各个地理单元的总体暴露指数（即两个群体的暴露指数的综合测度值）。从图中不难发现，研究区域中部地理单元的隔离程度最低（即两个群体接触的机会最多），这是由于这些地理单元中两个群体的数量相对均衡；而东北角与西南角的隔离程度最高，与上述两个群体各自的暴露指数结果相一致。值得注意的是，在图 9-3 中，研究区域边缘地理单元的隔离程度相当高，这一现象源于空间分析技术中所常见的“边界效应”（Griffith，1983）。从暴露指数的推演过程可以发现，各个地理单元的隔离水平（或暴露水平）与邻接地理单元的人

口分布有关，而边界的地理单元的邻接单元数量少于区域内部的地理单元，因此这些单元可接触的其他群体人口数相对较少，因此表现出较高的隔离水平。这种“边界效应”以及所产生的低暴露水平、高隔离水平的现象是一种人为的结果，与研究区域及地理单元的划定方式有关，目前尚无有效的解决方法（Griffith，1983）。

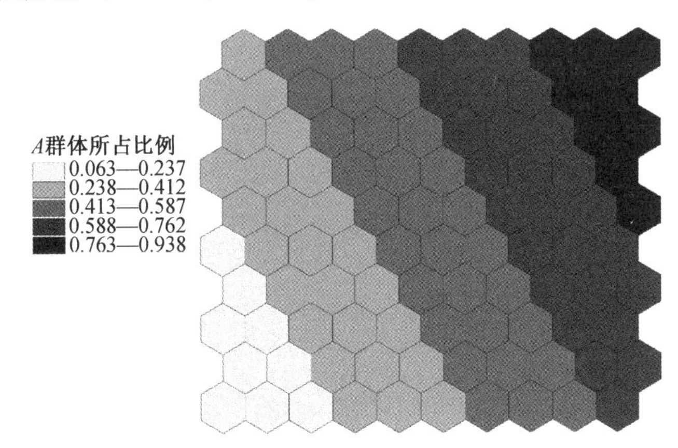

图 9-2　研究区域中 *A* 群体的空间分布特征

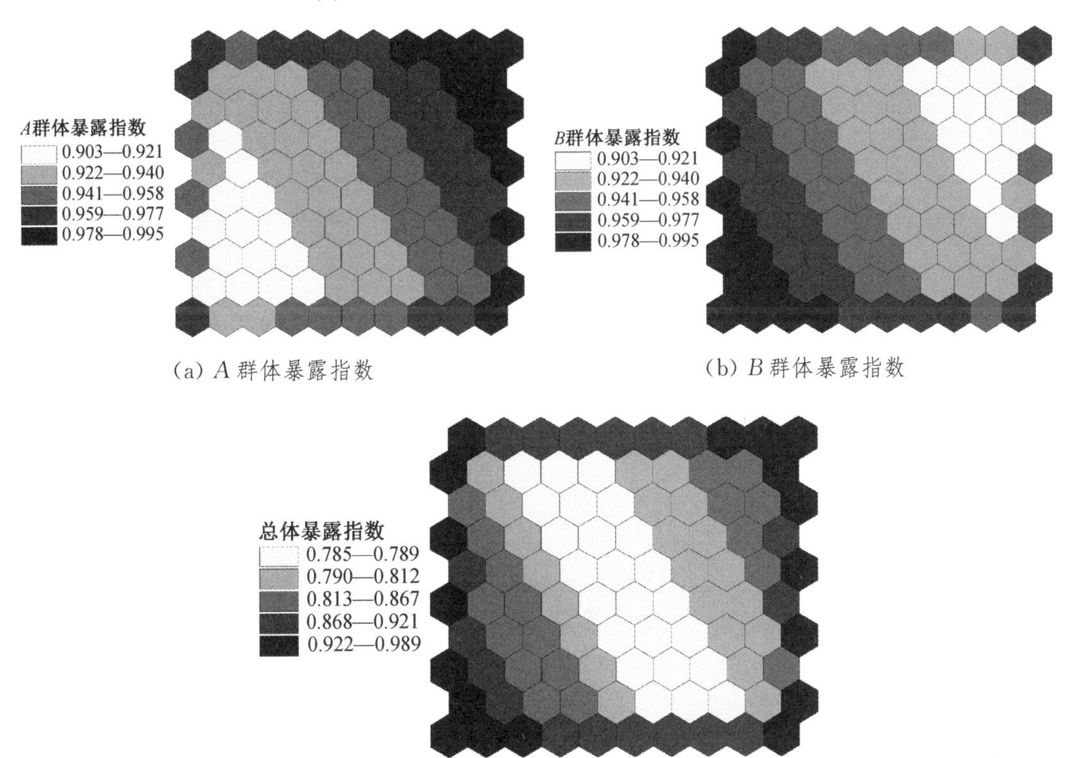

(a) *A* 群体暴露指数　　(b) *B* 群体暴露指数

(c) 总体暴露指数

图 9-3　地理单元中 *A* 群体、*B* 群体暴露指数及总体暴露指数

9.2.2 西宁城市社会空间分异总体测度

为分析西宁城市空间中回族居民分布与汉族居民的分异状态以及民族间的暴露情况，本节基于西宁市2010年第六次人口普查中街道尺度的回族、汉族人口数据，从全局性指标出发来计算西宁全市的分异指数、暴露指数，并进行相关数据分析，以说明西宁市总体社会空间分异情况。

(1) 分异指数

虽然分异指数的基本公式存在二分法（即设计之初仅针对黑人与白人两个群体，不适用于三个及以上群体）等方面的缺陷，但结合本书特点——关注回族、汉族居民两者间的分异情况，且该指数应用广泛，便于与国际、国内城市进行横向比较，因此采用分异指数来计算西宁全市与主城各区回族、汉族人口的分异情况，得到表9-1。

表9-1 西宁市各辖区民族人口与分异指数

地区	总人口数/人	汉族人口/人	回族人口/人	回族与汉族人口比例（汉族为100）	分异指数
城东区	359 688	222 105	112 248	50.5	0.393
城中区	296 987	263 191	14 233	5.4	0.131
城西区	242 627	212 109	12 918	6.1	0.166
城北区	299 002	270 082	13 288	4.9	0.108
主城区	1 198 304	967 487	152 687	15.8	0.525

根据2010年第六次全国人口普查数据中各民族的居民人数、比例和通过计算所得到的分异指数看到，整体上西宁市的回族与汉族人口比例为15.8∶100，各区中城东区的回族人口占比最高，达到汉族居民人口数的一半以上，其他三区回族居民的人口数量、比例相近，均占汉族人口的5%左右。从分异指数来看，由于西宁市的回族居民大部分聚居在城东区，并以其中清真巷、东关大街、林家崖等几个街道为主，因此聚居程度相对较高，主城四区的分异指数达到0.525，属于中高水平的城市社会空间分异。城东区内部回族居民的居住使得该区的分异指数达到0.393，处于中等分异水平。城中区、城西区、城北区的分异指数相近，分别为0.131、0.166和0.108，城市社会空间分异程度相对较低。同时，已有研究者采用2000年第五次全国人口普查进行分异指数计算（马文慧，2007），相比于2000年的人口构成，城东区的分异指数基本持平（2000年分异指数为39.15），城中区、城北区、城西区均有小幅上升（2000年分异指数分别为11.09、10.63、15.91），说明西宁市在

这 10 年间，回族居民的居住地更为集中。

（2）暴露指数

参照利伯森（Lieberson）与卡特（Carter）对城市不同群体间暴露指数的界定，即式（9.5）与式（9.6），分别计算回族对汉族居民的暴露情况，以及汉族对回族居民的暴露情况。总体来看，回族居民对汉族居民的暴露可能性相对较高，为 0.622。这一方面由于回族居民的人口基数低于汉族居民，即使在城东区回族与汉族居民的比例仍为 1∶2，在生活与活动中仍存在接触的机会；另一方面在以聚居为主的同时，也有一部分回族居民散居、杂居在城市空间中，与汉族居民的混合程度较高，拉大了总体的暴露可能性。汉族居民对回族居民的暴露指数为 0.098，远低于回族居民在汉族群体中的暴露，同样是因为受到人口结构与空间分布的影响。

9.2.3 西宁城市社会空间分异局域测度

为分析西宁城市空间中各区域的回族居民分布与社会环境暴露情况，本节基于西宁市 2010 年第六次人口普查中街道尺度的回族、汉族人口数据，从主城区各街道的人口比例与区位熵出发来说明回族人口的局部分布情况，并计算局域暴露指数，以揭示西宁市汉族与回族居民间的社会环境暴露情况。

受限于图幅，下文各街道回族与汉族居民人口比例、回族居民区位熵、局域暴露指数，以及汉族居民局域暴露指数和回族居民局域暴露指数等图件中的各街道名称通过代码进行表示，代码所对应的街道与所属行政区参照表 9-2。

表 9-2　街道/镇对应代码

代码	街道/镇名称	行政区	代码	街道/镇名称	行政区
1	东关大街街道	城东区	15	礼让街街道	城中区
2	大众街街道	城东区	16	南川东路街道	城中区
3	周家泉街道	城东区	17	总寨镇	城中区
4	韵家口镇	城东区	18	朝阳街道	城北区
5	林家崖街道	城东区	19	大堡子镇	城北区
6	八一路街道	城东区	20	二十里铺镇	城北区
7	乐家湾镇	城东区	21	小桥大街街道	城北区
8	火车站街道	城东区	22	马坊街道	城北区

续表 9-2

代码	街道/镇名称	行政区	代码	街道/镇名称	行政区
9	清真巷街道	城东区	23	西关大街街道	城西区
10	饮马街街道	城中区	24	古城台街道	城西区
11	南滩街道	城中区	25	彭家寨镇	城西区
12	南川西路街道	城中区	26	胜利路街道	城西区
13	仓门街街道	城中区	27	兴海路街道	城西区
14	人民街街道	城中区	28	虎台街道	城西区

（1）回族与汉族居民人口比例

根据西宁市2010年第六次人口普查数据，计算主城区各街道回族与汉族居民的人口比例（图 9-4）。西宁市的回族与汉族居民人口比例较高地区集中在城市中东部，特别是清真巷、大众街、林家崖三个街道的回族人口已经超过汉族人口，东关大街和周家泉两个街道的回族与汉族居民人口比例也达到了0.9左右。在这些地区中，既有传统的回族聚居区，如大众街街道、清真巷街道等，也有在拆迁安置过程中整体搬迁

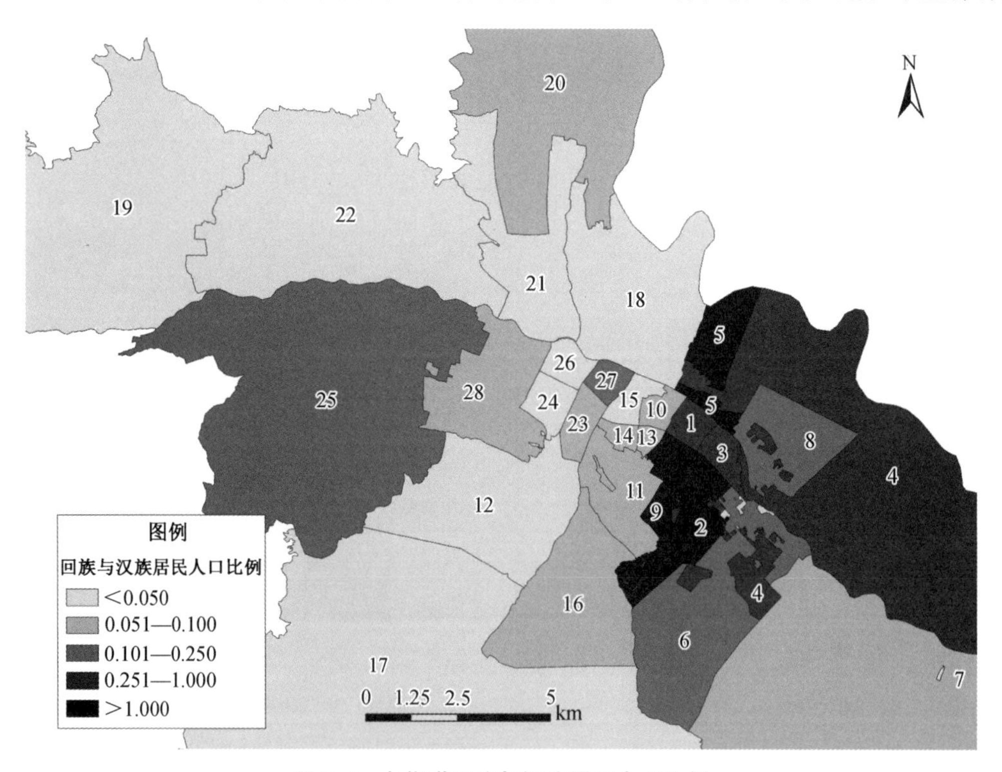

图 9-4　各街道回族与汉族居民人口比例

注：图中数字表示街道/镇对应代码，详见表 9-2，图 9-5 至图 9-8、图 9-10 同。

的回族聚居区，如林家崖街道。另外，周家泉街道靠近杨家巷清真寺，其内有新建的高层商品楼，并以回族居民为主要住户。城中区作为西宁市的老城区，回族与汉族居民的人口比例相对较低，均在 0.1 以下，城西区的兴海路街道与彭家寨镇的回族居民比例相对稍高，分别为 0.11 和 0.10。

（2）区位熵

不同于民族居民人口比例关注同一区域内的人口构成，区位熵侧重于该区域的回族居民人口占比相对于全市回族居民人口比例而言，是否更具有集中性，当区位熵大于 1 时，说明该地区对回族居民更有吸引力（图 9-5）。总体来看，城东区除最东的乐湾镇外，其他街道的区位熵均在 1 以上，其中大众街街道对回族居民的吸引力最强，区位熵达到 4.154，林家崖街道为 3.922，清真巷街道为 3.655，东关大街街道同样在 3 以上（3.478），与回族居民人口占比高的街道相一致。同时，结合前文章节中对城市建成环境的分析可以看到，该地区同样是零售餐饮业密度相对较高的地区，同时还集聚了大量的清真餐饮与以穆斯林为服务对象的商铺，是回族居民的主要就业地点，因此该地区对回族居民存在较高的吸引力。在其他区位熵相对较高的地区中，二十里铺地区为生物产业园区，存在大量的就业岗位，同样在经济上对回族居民具有吸引

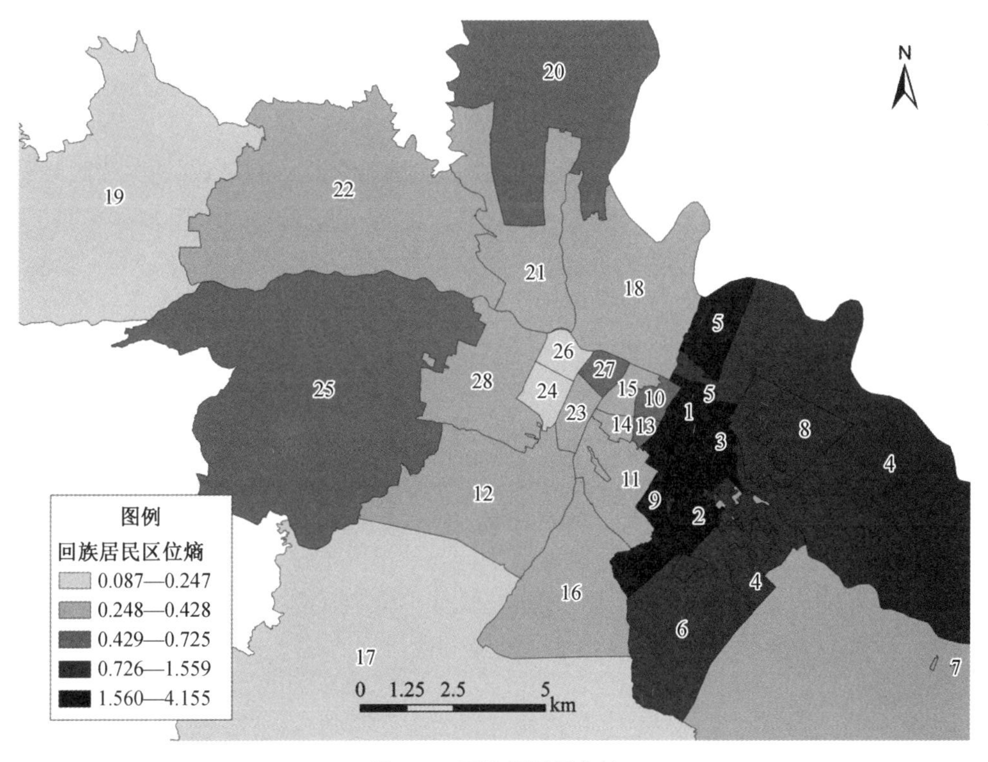

图 9-5 回族居民区位熵

力。邻近回族聚居区的饮马街街道、仓门街街道虽然主要为汉族居民，但因其区位上的邻近优势，同样有一部分回族居民选择在此居住，其中不乏在西宁市世居的回族居民。此外，虽然区位熵与回族居民人口总体占比不高，但小桥大街街道作为老城区城市空间重组过程中的主要拆迁安置区域之一，是除城东区外回族居民总人数最多的街道，并以世居回族居民为主。

（3）局域接触指数

回族与汉族居民人口比例与区位熵可以反映各街道不同民族居民的总体情况，但是该指标并未考虑回族居民与邻近地区居民交互的可能性，即不具有空间性。为综合考虑不同民族居民在城市空间的交互情况，本书参照黄永信（Wong，2002）定义的局域隔离指数，在其基础上结合暴露指数公式得到局域接触指数公式

$$E_i = \frac{a_i \sum_j c_{ij} b_j + b_i \sum_j c_{ij} a_j}{a_i \sum_j b_j + b_i \sum_j a_j} \tag{9.8}$$

对西宁市回族、汉族居民相互接触的潜在机会及其空间分异特征做进一步解读。其中，a_i为区域内回族居民人数；b_i为区域内汉族居民人数；c_{ij}为西宁市的二元邻接矩阵，即28×28的0/1矩阵：当街道i与街道j相邻（共享边界或有点相接）时，$c_{ij}=1$；当街道i与街道j不相邻时，$c_{ij}=0$。在各街道中，汉族、回族居民与本街道以及相邻街道不同民族居民间的相互暴露情况如图9-6所示。

暴露指数更加强调的是民族间的互动机会，而回族居民集中地区的人口比例和区位熵均很高，但是相对而言，与本民族居民互动的可能性同样较高，从而降低了与其他民族居民的互动机会。因此，在城东区的主要街道中，回族与汉族居民比例较高的街道暴露指数在0.3左右，而邻近街道暴露指数相对较高主要有两个方面原因：一方面，本民族居民特别是回族居民的人口比例下降，非本民族居民的人口比例上升，提供了更多的互动机会；另一方面，与周边区域存在较大的民族构成差别，也使得该地区及周边各民族更为混合，暴露指数相对较高。其中暴露指数最高的为韵家口镇、南川东路街道与朝阳街道，空间上均位于城市东部回族聚居区周边。居住在城中区且邻近聚居区的街道居民暴露指数也相对较高，城市西部由于整体民族居民人口比例相近，而又在空间上远离回族居民集聚地区，进而暴露指数最低，民族间接触、互动的机会最少。

（4）分民族局域暴露指数

局域暴露指数为两个民族间的相互接触机会，而针对单一民族在社

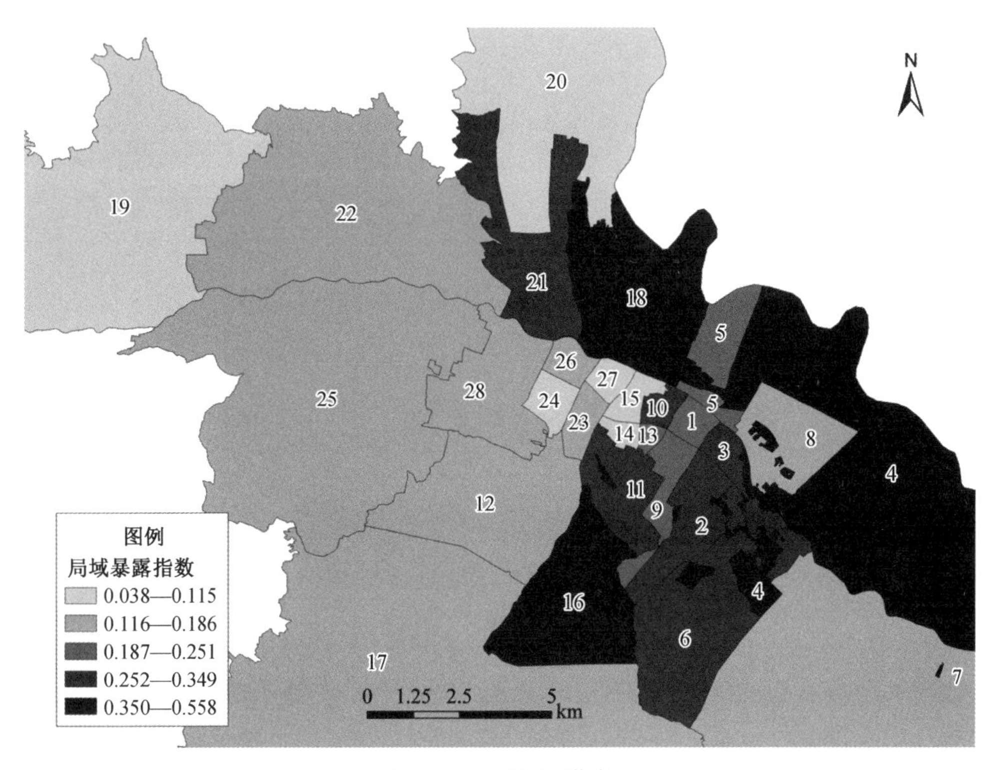

图 9-6 局域暴露指数

会环境中的暴露时，其暴露程度随着民族居民空间分布的变化与比例差异而存在不同。研究采用黄永信（Wong，2002）局域隔离指数公式暴露部分［参照式（9.9）及式（9.10）］分别对汉族居民在社会环境地理背景中的暴露和回族居民在地理背景中的暴露进行分析，以说明社会环境的民族差异。

$$E_{i^{*}ba} = \frac{b_i \sum_j c_{ij}\, a_j}{b_i \sum_j a_j} \tag{9.9}$$

$$E_{i^{*}ab} = \frac{a_i \sum_j c_{ij}\, b_j}{a_i \sum_j b_j} \tag{9.10}$$

汉族居民在西宁市的各街道中均占有较大的比例，特别是在城市西部、南部地区，回族居民整体比例低，社会空间构成相对均一。汉族居民的暴露指数在 0.1 左右，说明与回族居民接触互动的机会较少；而在城市几何中心的河谷交汇地带，汉族居民的民族暴露指数更是在 0.03 至 0.07 之间，与回族居民接触的机会非常有限；在城市中部向东部过渡的区域中，由于邻接回族居民比例高的地区，汉族居民接触回族居民的可能性显著上升；汉族居民暴露指数最高的地区为回族居民聚居的城东区街道内，在此回族与汉族居民人口比例最高，汉族居民与回族居民交互的可能性最高。总体来看，作为人口在城市中占绝对多数的民族，汉族居民的暴露指数主要取决于回族居民集中地区的分布，在其聚居区周边与内部，汉族居民存在较高的暴露与交互的可能性（图 9-7）。

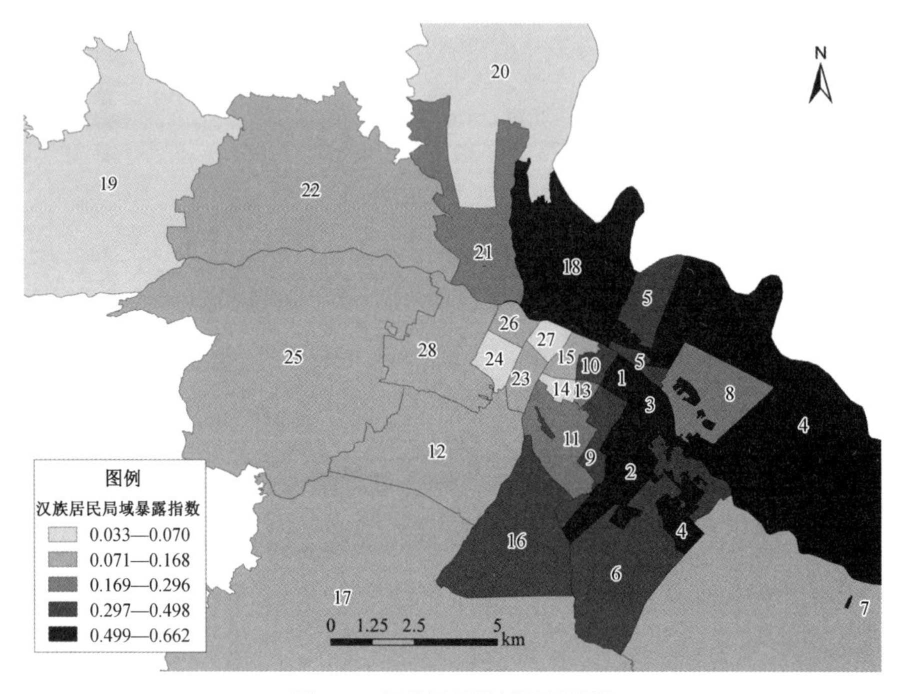

图 9-7　汉族居民局域暴露指数

回族居民作为西宁市的主要少数民族居民，其暴露指数的空间变化与汉族居民存在明显的差异：作为回族聚居区的城东区，特别是东关大街街道、清真巷街道、大众街街道等地，回族居民的暴露指数在 0.2 以下，相对较低；邻近聚居区的饮马街街道、南滩街道等地，受暴露指数计算时考虑邻接区域的空间性影响，存在较大的机会与邻近地区的本民族居民进行交互，而非汉族居民，因此该地区回族居民的暴露指数相对较低；而在该地区以西区域，其内部回族居民人口比例低，而周边区域也以汉族居民为主，进而暴露指数高。总体来看，回族居民的暴露指数变化以聚居区为核心，形成圈层状的空间结构：在聚居区内部，本民族居民的高人口比例使得回族居民与汉族居民交互的可能性不高，而在聚居区周边向其他城市空间过渡地带中，回族居民的暴露指数最高，与汉族居民接触的可能性最大（图 9-8）。

此外，相较于局域隔离指数存在的“边界效应”（即边缘地区由于其邻里区域相对较少，因此总体隔离指数变高），暴露指数在边界地区由于缺乏与邻里区域的接触，因此相对较低，具体表现为不管是汉族居民还是回族居民的暴露指数，在西宁主城区边缘的街道上均较低。

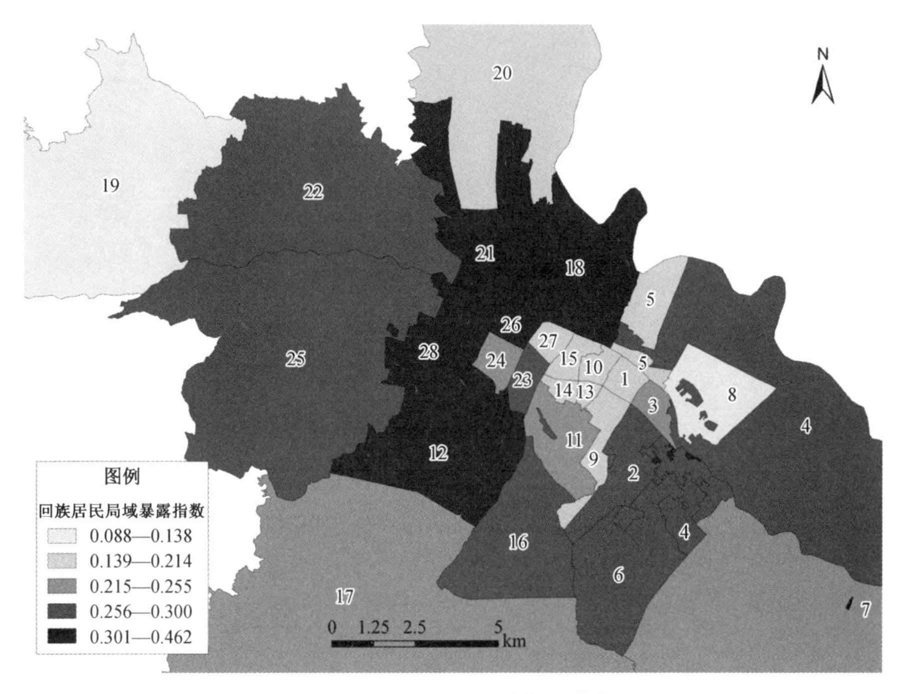

图 9-8　回族居民局域暴露指数

9.3　个体测度社会背景与民族差异

9.3.1　个体社会背景测度

本书中对社会背景暴露的测度参照黄永信（Wong，2002）局域隔离指数的定义方式，结合暴露指数原始指标，取其中代表暴露部分的计算方式［参照式（9.8）］，以西宁市汉族、回族居民的局域相互暴露指数作为每个区域的社会背景暴露程度指标。

目前已有大量研究从居住地出发，关注居民居住空间的分异情况与互动可能性。但是实际上，个体在城市空间中活动—移动时所暴露的社会环境很有可能与居住地存在不同程度的差异。以居住在周家泉街道杨家巷居住区的样本 yj-026-0 为例（图 9-9），在其居住地回族居民人口比例较高，在周边地区汉族居民人口比例较高，因此该居民从居住地视角来看，暴露指数相对较高。但结合活动地社会环境暴露情况可以看到，该样本的活动地以城市中西部为主，此地区的社会环境暴露值明显低于居住地，因此从行为视角的社会环境暴露来看，其暴露值要相对偏小。

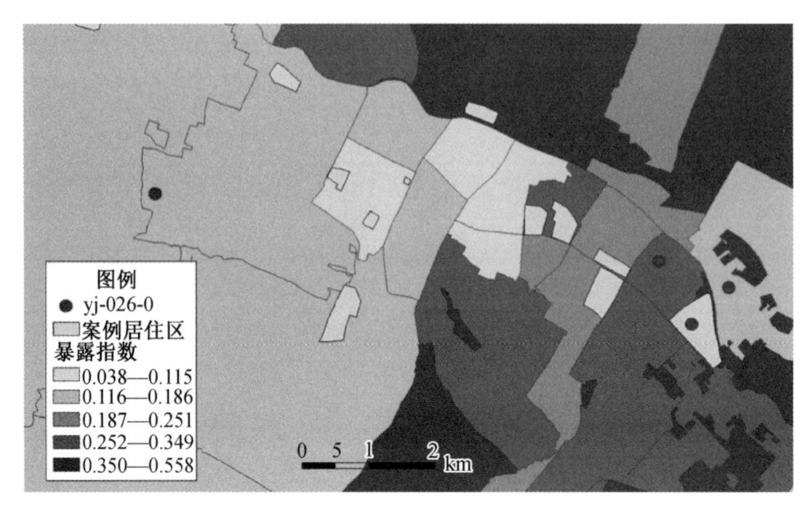

图 9-9 样本 yj－026－0 社会环境暴露示意

基于此，本书从活动视角分析个体的社会环境暴露时，综合考虑居民的活动地点与在某一地点的停留时长，采用式（9.11）对个体的社会环境暴露程度进行定量化计算：

$$E_k = E_{k1}\, t_1 + E_{k2}\, t_2 + \cdots + E_{k3}\, t_n \qquad \text{式 (9.11)}$$

其中，E_k为个体k在城市社会环境中的总暴露值；E_{kn}为个体k在活动点n的暴露值，该值等于n点所在街道的局域相互暴露指数；t_n表示该点n进行活动的持续时长，即个体是社会环境暴露值为其在各活动地点的暴露值用时间加权后的和。需要说明的是，由于采用活动日志数据，无法获知居民具体的出行路径，且出行时长的权重一般相对较低，因此在计算中仅考虑活动信息。

9.3.2 不同社会背景下的个体暴露及民族差异

（1）基于活动地的居民社会环境暴露

第 8 章中已经就不同地理背景范围内居民所接触的物质环境差异进行了讨论，本节针对不同地理背景范围内个体的社会环境暴露差异进行阐述。

在社会环境对人行为的研究中，研究者发现一些危险行为不仅受到居住区内社会经济状况的影响，而且也会受到社会交往中各种非居住场合的左右（Wiehe et al.，2008），因此居住地的社会环境并不是对个体行为产生影响的唯一区域，居民在其他场所的社会环境暴露同样与行为产生互动（Matthews，2008，2011；Kwan，2009）。以西宁市研究数据为例，将调查样本的全部活动点在图上表示，底图为汉族、回族居民的相互社会环境暴露指数，深灰色多边形区域为被调查者所在的居住区（可参考前图5-6），得到图9-10。从图中可以看到，西宁市居民虽然在居住区及周边进行一定比例的活动，但同时存在大量的居住区外活动点，受此影响，个体所受到的社会环境暴露与其所在的地理背景关系密切。以城东区为例，居住在回族聚居区周边的居民同时存在大量的机会与本民族和其他民族居民接触时，其暴露值较高，但如果其活动地点为城市中心地区，则整体活动的暴露值要低于居住地。相反，如果是居住在城西区或城市中心的汉族居民，当其到访回族居民聚居区周边时，其暴露值会相应升高。

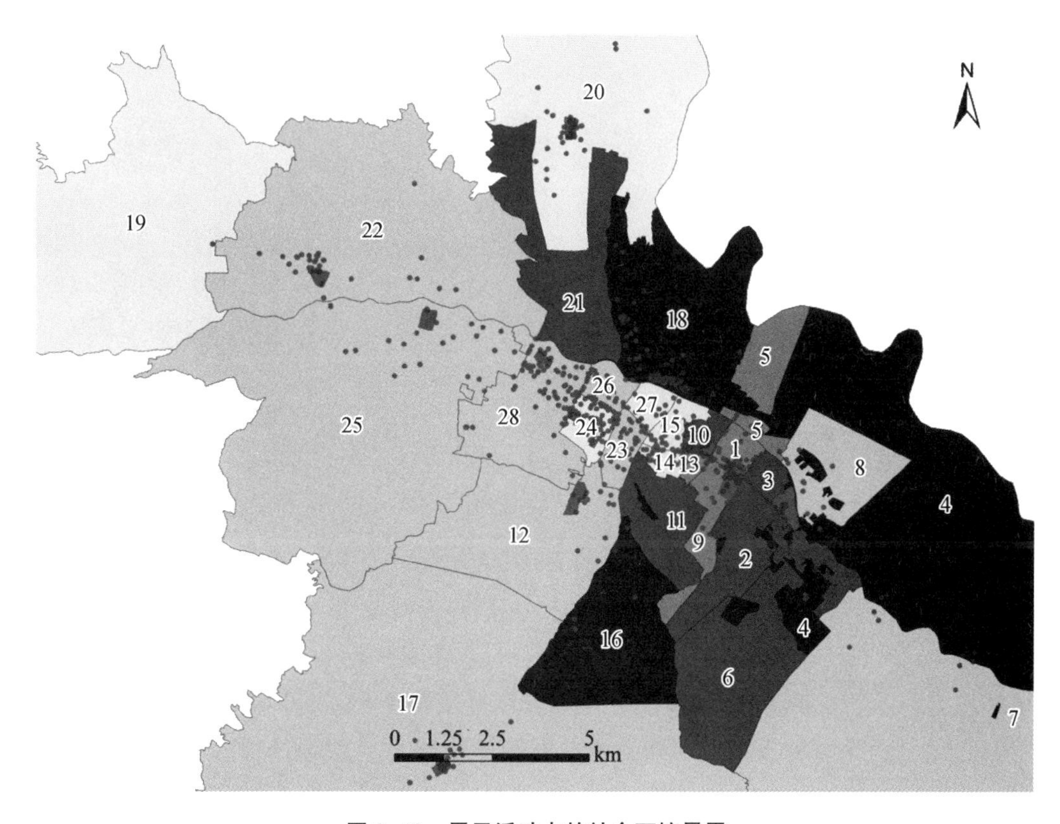

图9-10　居民活动点的社会环境暴露

研究采用配对T检验，对居民居住地、整日活动地的社会环境暴露值进行差异检验。其中为保证数据之间具有可比性，涉及活动时长加权后得到的个人整体或家外社会环境暴露指数时，将其除以总体或家外活动时间，以便进行比较。结果显示，居民居住地社会环境暴露平均值为0.213，标准差为0.128，整日活动地的社会环境暴露的平均值为0.210，标准差为0.108，两者存在显著差异。由此可见，不同社会背景下的居民社会空间暴露存在显著差异，且活动地个体间的暴露差异小于居住地。

(2) 社会环境暴露的民族差异

不同民族个体间的社会环境暴露同样存在一定的差异。研究分别根据汉族、回族居民的活动点进行时间加权，计算出其活动的时空分布密度，并与社会环境暴露值的空间变化进行比较，如图 9-11 所示。图中斑块状连片灰色区域为活动的时空密度，颜色越深表示密度越高，为便于与社会环境暴露值对比，对该区域进行了透明度处理。从图中可以看到西宁市汉族居民的活动以中西部地区为主，以居住地和城市中心为双锚点进行主要活动，主要活动地区的暴露值相对较低，回族居民活动点在全市均有分布，但以城市商业中心与东部聚居区为主，主要活动地区的暴露值相对较高。

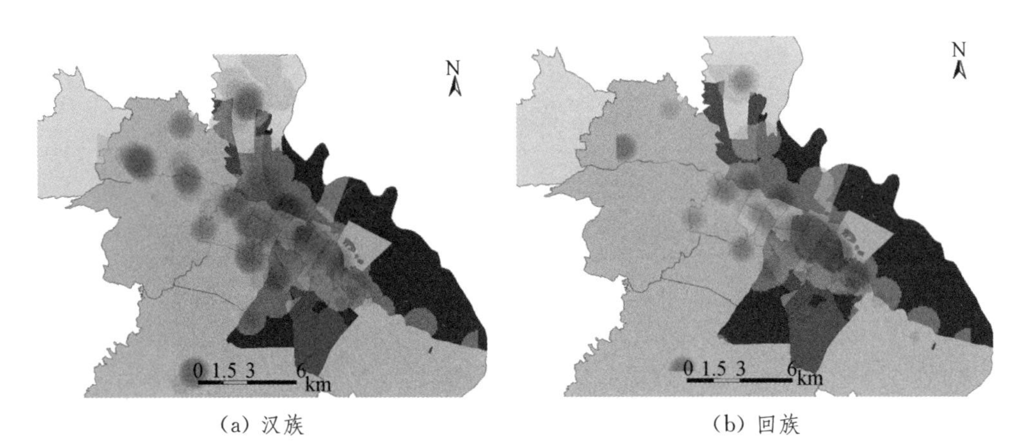

(a) 汉族　　(b) 回族

图 9-11　活动空间社会环境暴露的民族差异

为进一步定量揭示民族间的社会环境暴露差异，采用 ANOVA 分析，对汉族和回族居民的居住地、整日的社会环境暴露值的民族差异进行比较（表 9-3）。不管是工作日还是休息日，回族居民所受到的平均暴露值均大于汉族居民，即回族居民有更多和其他民族居民交互的可能性。

表 9-3　社会环境暴露的民族差异

分类	居住地			活动地		
	平均值	标准差	F 值	平均值	标准差	F 值
汉族	0.204	0.139	20.5***	0.201	0.109	34.4***
回族	0.248	0.057	—	0.245	0.069	—

注：*** 表示在 0.01 水平上显著；** 表示在 0.05 水平上显著；* 表示在 0.1 水平上显著。

针对汉族居民对回族居民、回族居民对汉族居民的单向暴露而言，根据统计结果，汉族居民在城市空间中对回族居民的暴露值进行时间加权后的平均值为532.9（即 E_{ba}），而回族居民对汉族居民的时间加权的平均暴露值为616.0（即 E_{ab}），明显高于回族居民，同样说明回族居民存在更多接触汉族居民的可能性，而汉族居民与回族居民接触的可能性相对较低。而实际上，这一交互一方面加强了民族间融合的可能性，另一方面被动地暴露了在其他民族居民中进行活动时，又可能使个体面临权威制约等，影响甚至改变其时空行为。

9.4 居民社会背景暴露的影响因素分析

9.4.1 多层线性模型与研究假设

数据结构的多层次特征在社会科学研究中具有普遍性，特别是涉及个体数据与汇总数据（组数据）的数据集中，由于变量之间存在不同层级的嵌套关系，即使个体成分都是独立的、组成分在不同组之间也是独立的，但是在组内是高相关的（雷雳等，2002）。在时空行为研究中，如果忽略了变量的层级特性，例如对调查汇总后所得到的空间变量和非调查汇总后所得到的个人/家庭属性变量进行同样处理，往往在统计上得到不真实的关系。多层线性模型（Hierarchical Linear Models，HLM）是针对经典统计技术（如线性回归模型）在处理具有多层结构的数据时所存在的局限而提出来的，通过引入参数估计的收缩方法，在技术层面上把宏观层面和微观层面的内容联系起来，整合多层次的变量，从而克服传统非分层分析的不足（斯蒂芬·W. 劳登布什等，2007）。目前，多层线性模型已在地理学乃至时空行为研究中得到应用，例如施瓦恩等（Schwanen et al.，2008）利用多层线性模型，将俄亥俄州哥伦布活动日志数据划分为活动、个人两个层级，以分析各类活动的时空固定性及其性别差异；关美宝和韦伯（Kwan et al.，2003）运用俄勒冈州波特兰的调查数据构建个人、地区两个层级的多层线性模型，以分析个人及地区属性对时空可达性的影响。

在测度回族居民、汉族居民的个人活动空间暴露值的基础上，本书进一步探讨个人活动空间暴露值的影响因素。已有研究表明，个人尺度的社会空间分异状况受到个人社会经济属性、居住区位等因素的影响，因此本书假设民族、其他个人社会经济属性（包括性别、受教育水平、收入水平等）以及居住区位等变量显著影响西宁市居民的活动空间暴露值。结合上一章的分析结果，就业方式、宗教活动参与是导致西宁市时空行为民族分异的主要原因，因此本书还假设居民的工作时长、活动空间中的清真寺密度均为个人活动空间暴露值的影响因素。除了个人层次的因素，本书认为居民所居住街道的民族构成（即街道暴露值）也可能对其整日活动空间暴露值产生显著影响，原因是，邻里本身是个人日常生活社会环境的重要组成部分，对地理背景范围存在锚点效应；即使社会经济属性相同，如果居住在民族构成不同的街道（如少数民族聚居区与非聚居区），其社会环境暴露也很可能存在明显差异。

基于上述假设，本书构建个人活动空间暴露值的影响因素模型。显然，上述假设的影响因素涉及两个层次——个人层次、街道层次，这两个层次无论在地理尺度上还是在社会组织方面都表现出明显的层级关系及从属关系，因此有必要借助分层模型技术进行变量关系的构建。

9.4.2 模型建构

本书所构建的多层线性模型的因变量为个人活动空间暴露值。在模型中，第二层次（街道层次）共有 25 个样本，解释变量为街道暴露值。第一层次共有 1 066 个样本，分别从属于 25 个街道，解释变量包括民族、性别、年龄、受教育水平、就业状况、收入水平、住房来源、居住区位、工作时长及清真寺密度。为了探讨街道尺度的民族构成与个人尺度的民族属性对个人社会环境暴露的交互影响（例如，回族聚居区与非聚居区的回族居民的暴露差异），本书设置了一个跨层次的交叉项——“街道暴露值×民族”，以分析个人层次的民族变量的效应在街道层次上的变异。模型的概念框架如图 9-12 所示。

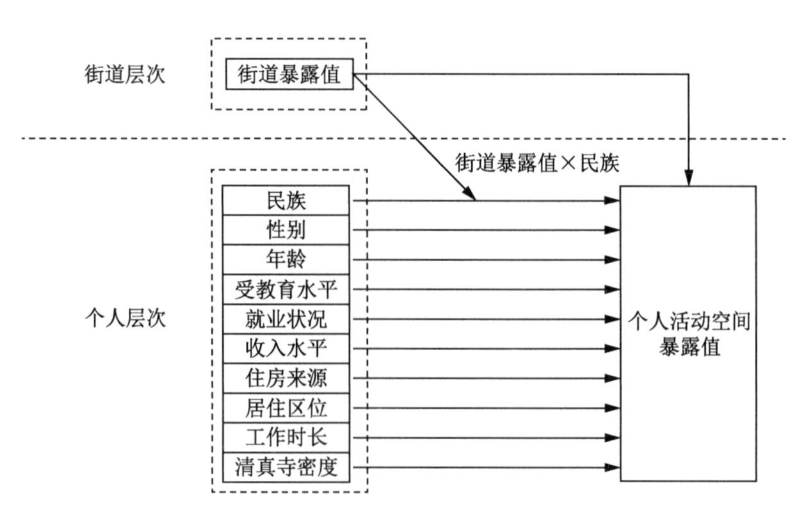

图 9-12 多层线性模型的概念框架

具体来说，第一层次（个人层次）的模型公式如下：

$$y_{ij} = \beta_{0j} + \beta_{1j}\,Ethnic_{ij} + \beta_2\,Gender_{ij} + \beta_3\,Age^{(1)}{}_{ij} + \beta_4\,Age^{(2)}{}_{ij} + \beta_5 \times Edu_{ij}^{(1)} + \beta_6\,Edu_{ij}^{(2)} + \beta_7\,Job^{(1)}{}_{ij} + \beta_8\,Job^{(2)}{}_{ij} + \beta_9\,Job^{(3)}{}_{ij} + \beta_{10} \times Income_{ij}^{(1)} + \beta_{11}\,Income_{ij}^{(2)} + \beta_{12}\,House_{ij}^{(1)} + \beta_{13}\,House^{(2)}{}_{ij} + \beta_{14} \times House^{(3)}{}_{ij} + \beta_{15}\,Location_{ij} + \beta_{16}\,Work_{ij} + \beta_{17}\,Mosque_{ij} + e_{ij} \tag{9.12}$$

其中，y_{ij} 表示居住在街道 j 的居民 i 的活动空间暴露值；X_{ij}（如 $Ethnic_{ij}$ 、$Gender_{ij}$ 等）为各自变量；β_{0j} 与 β_{1j} 分别为控制街道层次影响的截距与斜率；e_{ij} 是个体层面上的残差，表示个体的暴露值与样本平均暴露值的差异。各变量的含义及测量的影响因素如表 9-4 所示。

为了检验就业方式、宗教活动参与等民族生活方式因素对社会环境暴露及社会空间分异的独立影响，本书分别构建了两个模型，以进行拟合效果的比较：模型 1 不考虑工作时长、清真寺密度变量（即 $\beta_{16} = 0$，$\beta_{17} = 0$），而模型 2 则为完整模型（$\beta_{16} \neq 0$，$\beta_{17} \neq 0$）。

第二层次（街道层次）的模型公式为

$$\beta_{0j} = \gamma_{00} + \gamma_{01}\,Local_j + \mu_{0j} \tag{9.13}$$

$$\beta_{1j} = \gamma_{10} + \gamma_{11}\,Local_j + \mu_{1j} \tag{9.14}$$

其中，$Local_j$ 为街道层次的自变量（街道暴露值）；μ_{0j} 与 μ_{1j} 为街道层次的残差，表示个体的暴露值与街道居民平均暴露值的差异。

表 9-4　多层线性模型的变量说明

影响因素	测量方式	变量名	变量含义
民族（参照：汉族）	分类变量	$Ethnic_{ij}$	回族
性别（参照：男）	分类变量	$Gender_{ij}$	女
年龄层次（参照：>50 岁）	等级变量	$Age^{(1)}{}_{ij}$	<30 岁
		$Age^{(2)}{}_{ij}$	30—50 岁
受教育水平（参照：大学本科及以上）	等级变量	$Edu^{(1)}{}_{ij}$	初中及以下
		$Edu^{(2)}{}_{ij}$	大专、高中、中专
就业状况（参照：无职业）	分类变量	$Job^{(1)}{}_{ij}$	全职就业
		$Job^{(2)}{}_{ij}$	兼职就业
		$Job^{(3)}{}_{ij}$	离退休
收入水平（参照：高收入水平）	等级变量	$Income^{(1)}{}_{ij}$	低收入水平
		$Income^{(2)}{}_{ij}$	中等收入水平

续表 9-4

影响因素	测量方式	变量名	变量含义
住房来源类型 （参照：其他）	分类变量	$House^{(1)}_{ij}$	住房：商品房
		$House^{(2)}_{ij}$	住房：单位住宅
		$House^{(3)}_{ij}$	住房：政策性住房
居住区位	连续变量	$Location_{ij}$	与市中心的距离
工作时长	连续变量	$Work_{ij}$	工作活动时长
活动空间的清真寺密度	连续变量	$Mosque_{ij}$	清真寺密度
居住街道的民族构成	连续变量	$Local_j$	街道暴露值

9.4.3 居民社会背景暴露的影响因素

（1）民族变量对社会背景暴露的影响

在此基础上，本书利用西宁市调查数据，在多层线性模型软件平台上利用极大似然估计进行模型拟合。建模结果如表 9-5 所示，两个模型的−2 倍对数极大似然值（即变异系数）分别为 14 216.00、14 213.00，显示模型拟合效果理想。模型 2 的变异系数略低于模型 1，反映了引入工作时长、清真寺密度变量的模型 2 的拟合效果更优，在一定程度上验证了上文对于就业方式、宗教活动参与等民族生活方式因素对社会环境暴露的独立影响的假设。以下从与民族相关的影响因素、其他影响因素两个方面进一步分析各自变量对因变量的影响系数及其显著性。

表 9-5 多层线性模型的拟合结果

分类	模型 1		模型 2	
	系数	显著性	系数	显著性
民族：回族	−78.79	0.100	−82.16	0.088
性别：女	−27.98	0.028	−26.12	0.039
年龄：＜30 岁	83.67	0.003	77.09	0.005
年龄：30—50 岁	38.81	0.122	32.68	0.201
受教育水平 1	59.33	0.181	57.80	0.189
受教育水平 2	21.55	0.314	21.19	0.322
全职就业	−47.87	0.084	−56.86	0.066
兼职就业	−29.58	0.189	−42.06	0.080

续表 9-5

分类	模型 1		模型 2	
	系数	显著性	系数	显著性
离退休	17.92	0.404	17.06	0.431
收入水平 1	32.00	0.319	37.10	0.239
收入水平 2	31.52	0.117	33.78	0.087
住房：商品房	−43.65	0.143	−45.02	0.123
住房：单位住宅	−41.92	0.269	−45.32	0.238
住房：政策性住房	−21.06	0.457	−23.35	0.413
与市中心的距离	−0.05	0.000	−0.05	0.000
工作活动时长	—	—	0.03	0.232
清真寺密度	—	—	−9.34	0.089
街道暴露值	1 696.28	0.000	1 658.53	0.000
民族×街道暴露值	68.96	0.670	102.99	0.518
常数项	558.36	0.002	566.96	0.002
个人层次随机部分（方差）	39 418.42	39 343.530	—	—
街道层次随机部分（方差）	18 126.12	17 183.660	—	—
−2 倍对数极大似然值	14 216.00	14 213.000	—	—

首先，无论是模型 1 还是模型 2，民族变量均对个人活动空间的暴露值产生负向的显著影响，表明在控制其他变量的前提下，回族居民在日常活动中暴露于其他群体的可能性小于汉族居民。这一发现与上文描述统计中所发现的“回族居民平均活动暴露值高于汉族居民”的结论似乎不相吻合。具体来说，根据描述统计分析，在城市尺度上，汉族居民总人口数多于回族居民，使得回族居民的暴露于汉族居民的机会较多、汉族居民暴露于回族居民的机会相对较少。但本节利用多层线性模型，有效地控制了街道尺度的民族构成属性，发现回族居民实际接触汉族居民活动的可能性较低，而汉族居民实际接触回族居民的可能性更高，两个结论似乎相互悖斥。这一发现表明，个人活动空间暴露值在很大程度上受到邻里社会环境的影响，而回族居民多数居住在民族构成相对均衡的社区中（相对于以汉族居民为主的居住区），导致其个人活动空间暴露值偏高。当控制街道变量、假定所有居民的邻里环境相同时，才能得到民族因素对个人环境暴露值的独立影响，即回族居民实际面临比汉族居民更为严重的社会空间隔离（而非单纯的平均值中所反映的“暴露值高于汉族居民”）。这种隔离的现象可能是因为回族居民由于其特定的生

活习惯（例如餐饮偏好）、宗教信仰、工作偏好等，倾向于使用特定的城市空间，所以活动空间分布表现出有异于汉族居民的集聚特征。

其次，街道层次的民族构成特征（即街道的暴露值）在模型1和模型2中均对个人活动空间暴露值产生显著的正向影响，即居民居住地所在街道的民族构成越均衡，其日常活动中接触非同族居民的机会就越多。这一发现验证了上文关于“邻里本身是个人日常生活的社会环境的重要组成部分”的假设。但跨层次的交叉项“街道暴露值×民族”并没有对个人活动空间暴露值产生显著影响，即个人层次的民族变量的效应在街道层次上发生了变异，由之前的显著影响变为不显著影响。根据这一发现，回族居民聚居区与非聚居区的回族居民的暴露水平并不相同，居住在汉族居民人口比例较高的街道的回族居民相比于回族聚居区的居民更有可能与汉族居民相接触。这一发现反映了邻里尺度的居住混合能在一定程度上促进不同族群居民在日常生活中的融合，同时也提出了新的研究问题，即居住社区的变迁（从民族聚居的传统社区向民族混合的新型社区转型）是否会改变少数民族居民的行为模式、社会网络乃至生活习惯，这一问题有待在未来的研究中做进一步探讨。

此外，模型2中增设的变量“活动空间中的清真寺密度”对个人的社会环境暴露产生了显著的负向影响，即个人在日常生活空间范围内接触的清真寺数量越多，其与非同族居民接触的机会就越少。这一变量与回族居民的宗教信仰特征有密切关系，反映了回族居民由于民族宗教信仰特征，其活动空间分布表现出向清真寺集聚的趋势，因此个人活动空间中的清真寺数量与民族构成特征呈现出较强的相关性。与此同时，工作时长变量对个人生活空间暴露值并没有产生显著影响。

结合上述发现可以认为，与民族相关的影响因素对个人的社会环境暴露产生了显著影响，这一影响可能源于回族居民特定的生活方式及其对城市空间的使用偏好。与此同时，邻里的社会背景对于民族的影响效应起到了一定的调节作用，居住在民族混合的邻里的回族居民比民族聚居区内的回族居民有更多的机会与汉族居民互动，从而有更多的可能性实现日常生活的融合。

（2）其他变量对社会背景暴露的影响

除了与民族相关的影响因素外，其他个人层级的变量（包括性别、年龄、就业状况、收入水平及居住区位）均对个人活动空间暴露值产生了显著影响。性别变量对因变量产生了显著的负向影响，即女性居民的活动空间暴露值显著小于男性居民，这一发现与已有研究中有关性别与民族/种族分异的显著关系相类似（Doyle et al.，2000），其可能的原因是在家庭劳动分工模式下（特别是回族居民），女性承担了更多的家务活动（特别是家内的家务活动），因此家外活动的时间分配以及在城市空间中的活动范围小于男性，因此与非同族居民互动的机会也显著少于男性。

在年龄方面，小于 30 岁的年轻居民的活动空间暴露值显著多于较年长居民，其可能的解释是年轻居民在日常活动中所受到的时空制约相对较小，而较年长居民与非同族居民接触的机会受到其日常活动模式的限制；同时，城市居民的民族身份认知、社会网络建构等本身就存在代际差异，在一定程度上也影响了不同年龄层居民的社会环境暴露特征及潜在的社会互动机会（Phinney，1990；Wrzus et al.，2013）。

就业状况对个人活动空间暴露值产生了显著影响，表现为居民的工作参与程度越高，其活动空间暴露值越低，特别是全职就业的居民在两个模型中均表现出较低的个人活动空间暴露水平。对此，可能的解释是工作活动对居民日常活动范围产生了时空制约，影响了居民暴露的地理背景范围及相应的社会互动机会，并且这种时空制约与工作的参与程度呈正相关；与此同时，这一发现也揭示了劳动力市场上可能存在一定的民族分异，导致两个民族的就业空间存在分化，随着工作参与程度的提高，民族分异的状况愈发明显。已有研究揭示了劳动力市场上的种族/民族差异是城市社会空间分异的重要成因之一（Kain，1968；Ellis et al.，2004）。

在收入水平方面，模型 2 中的“收入水平 2”这一变量对个人活动空间暴露值产生了显著的正向影响，反映了中等收入水平的居民在日常生活中有更多的机会与非同族居民互动。对于这一发现，可能的原因包括两个方面：其一，结合本书调查样本的社会经济属性特征，回族居民的收入水平总体上低于汉族居民，特别是在低收入水平区间中回族居民占比较大，在高收入水平区间中汉族居民占比较大，因此低收入水平及高收入水平群体的民族构成均表现出以某个民族占大多数，二者在各自的日常生活中所接触的民族群体相对同质化；而中等收入群体的民族混合程度相对较高，居民有较多的机会接触到非同族群体。其二，低收入水平居民受到移动性的制约，活动范围及社会互动的机会均受到一定的限制；而高收入水平居民在社会网络构建以及社会交往空间选择上有较强的自主性，并且倾向于同阶层的社会互动、与不同阶层群体形成主动性隔离（Self-Segregation）（Dwyer，2007）。

在居住区位方面，居住地与市中心的距离对个人活动空间暴露产生了显著的负向影响，即居住地越偏离市中心、越接近城市远郊，居民在日常生活中接触非同族居民的机会就越少。对这一现象可能的解释包括：第一，西宁市的就业机会、宗教场所及大部分商业设施与服务设施集中分布在中心城区（特别是市中心），由于中心城区的活动机会密度远高于城市边缘区及郊区，因此该区域集中了大量不同社会经济属性的居民参与各类活动。居住在中心城区的居民在日常活动中暴露的机会密度及社会构成的多样性均高于郊区居民，从而导致了中心城区居民与郊区居民的社会环境暴露的显著差异。第二，居住在郊区的居民受到长距离出行（特别是通勤）的时空制约，其日常活动空间及暴露的地理背景范围均受到限制，因此社会互动的机会显著少于中心城区居民。这一发现与已有文献中有关“远郊居民由于可达性的制约而缺乏社会互动与社会资本”的结论相类似（Greenbaum et al.，2008）。

9.5 小结

个体在城市空间中的暴露不仅仅受到所接触、暴露的地理背景范围内物质环境的影响，其暴露的社会环境同样存在差异并影响人的行为。从居住地视角出发的城市社会空间分异研究重点关注城市的隔离水平并进行了一系列的指标测度，用以描述城市社会空间分异程度。但居住地并不能涵盖居民日常的全部活动，个体活动—移动空间分异与其受到的社会维度地理背景的暴露情况同样与行为存在互动，且不同民族之间的社会环境暴露也不尽相同。本章以西宁城市社会空间的暴露程度作为地理背景，探讨面向不同地理背景界定方式、不同民族的社会环境暴露程度差异，并认为民族、性别、是否在少数民族聚居区居住、强制性活动时间都会对个体所受到的社会环境暴露存在影响。

（1）城市社会空间分异指标各有侧重，在对空间分异的定量化、标准化的过程中具有重要作用。

城市社会空间分异指标存在多种测度方法，从早期的单一维度、非空间性、局限于两个群体之间分异程度的指标，已逐渐发展为多维度、具有空间性的多群体指标。在本章重点关注的隔离—暴露维度的相关测度指标方面，既有从全局出发的经典分异指数、隔离指数，这些指标使用广泛，便于横向的城市比较与纵向的不同时间比较，同时也有能够更为细致地表现内部空间分异情况的区位熵、局域隔离指数等相应指标，从局域人口占比、本区域与邻域居民接触情况等多角度来定量化分析城市社会空间的隔离程度。

在对西宁城市社会空间分异的研究中，分异指数被用来判断各区与主城区的分异程度，并可与已有的不同时段研究进行比较，发现西宁城市社会空间分异相比于2000年第五次全国人口普查时期有小幅加强的动态变化；暴露指数分别从回族居民与汉族居民互动可能性、汉族居民与回族居民互动可能性出发，说明在人口分布空间结构的影响下，回族居民与汉族居民接触的可能性远高于汉族居民与回族居民互动可能性的单向暴露总体情况。这些全局性指数从宏观视角说明社会空间分异的总体情况，但无法精确分析其内部不同地区的分异差异性。

局域性指标从内部更为精细化的尺度补充社会空间分异的差异性：区位熵说明了西宁市回族居民在城东区大众街、清真巷、林家崖、东关大街等街道的集中性与这些街道对回族居民的居住吸引力，但没有空间性考虑；局域暴露指数综合考虑了与领域地区不同民族居民接触的可能性，强调互动层面的含义，发现在邻近城东回族聚居地的区域中，民族互动的可能性最高；同时局域暴露指数也可以单向表示汉族居民接触到回族居民的可能性与回族居民在空间中对汉族居民的暴露情况，发现汉族居民的暴露指数主要取决于回族居民集中地区的分布，而回族居民对汉族居民的暴露指数变化以聚居区为核心，形成低—高—低的圈层状空间结构。各指标从多角度分析了西宁社会空间分异现状，为西宁社会环境的定量研究提供了基础。

(2) 个体在社会背景中的暴露存在民族差异。

对于居民个体而言，一方面个体间的属性与行为差异所产生的社会距离带来了城市社会空间分异的结果，另一方面也在接触不同的社会空间背景时对其行为产生着影响与反应。相比于基于居住地视角的整体城市社会空间分异情况，个体在城市空间穿梭进行日常活动的过程中，既受到居住地社会背景的影响，又暴露于其他城市空间的社会环境地理背景之下，使得居民的社会环境暴露值具有一定的动态性。

在西宁市的实证研究中发现，受访居民存在大量的居住区外活动点，个体所受到的社会环境暴露与其所在的地理背景关系密切，表现为基于居住地的社会环境暴露值与从行为视角出发的整日活动的社会环境暴露值存在显著差异。这种社会环境暴露的差异性同样体现在不同民族之间。西宁市汉族居民在全市散布，活动地以居住地和城市中心为主，回族居民大部分集中在城市东部居住，活动地以城市商业中心与东部聚居区为主，受居住地与活动地地理背景的共同影响，回族居民所受到的社会环境暴露总体上高于汉族居民，即有更多的可能性与汉族居民互动。

(3) 社会背景暴露情况受个体社会经济属性、居住区位等多要素共同影响。

个体在社会环境中的暴露与互动机会本身存在较为明显的群体分异，这一分异一方面与其居住的邻里空间的社会有关，另一方面源自整日活动中所接触到的社会环境地理背景，且邻里尺度的居住混合能在一定程度上促进不同族群居民在日常生活中的融合。

结合西宁市的研究发现，个体的社会环境暴露受民族、其他社会经济属性和居住区位、建成环境等多要素的共同影响。在民族方面，当控制了街道尺度的民族构成后（即在街道民族构成相同的情况下），通过民族因素对个人环境暴露值的独立影响看到，回族居民实际面临比汉族居民更为明显的社会空间分异，同时这一暴露情况的民族差异具有尺度效应，表现为：在城市尺度上，汉族居民总人口数多于回族居民，造成回族居民的平均暴露值高于汉族居民；在邻里尺度上，综合考虑社区实际与邻里的社会环境的影响，回族居民在区域内部面临更高的社会分异程度。另外，回族居民的生活方式及其对特定城市空间（如清真寺）的使用偏好也影响了个人活动空间暴露值。在其他方面，表现为男性、小于 30 岁、工作参与程度较高、收入水平中等以及居住在中心城区的居民的个人活动空间暴露水平显著高于其对照群体，即这些群体在日常生活中有较多的机会与非同族群体互动乃至融合。这些发现与西方研究中有关性别与民族/种族分异的显著关系、民族身份认知的代际差异、劳动力市场的族群差异、高收入阶层在社交空间上的自主性以及郊区居民缺乏社会互动等研究结论相吻合。未来可以对居住社区的变迁（从民族聚居的传统社区向民族混合的新型社区转型）是否会改变少数民族居民的行为模式、社会网络乃至生活习惯这一问题做进一步探讨。

10 行为视角下的城市社会空间研究与未来

10.1 社会空间、行为空间与城市空间关系框架

在对社会与空间互动关系理解的基础上，本书立足对时空行为的实证研究，对社会空间、行为空间和城市空间三者的联系进行讨论，形成基于行为的社会空间及其分异解读（图 10-1）。

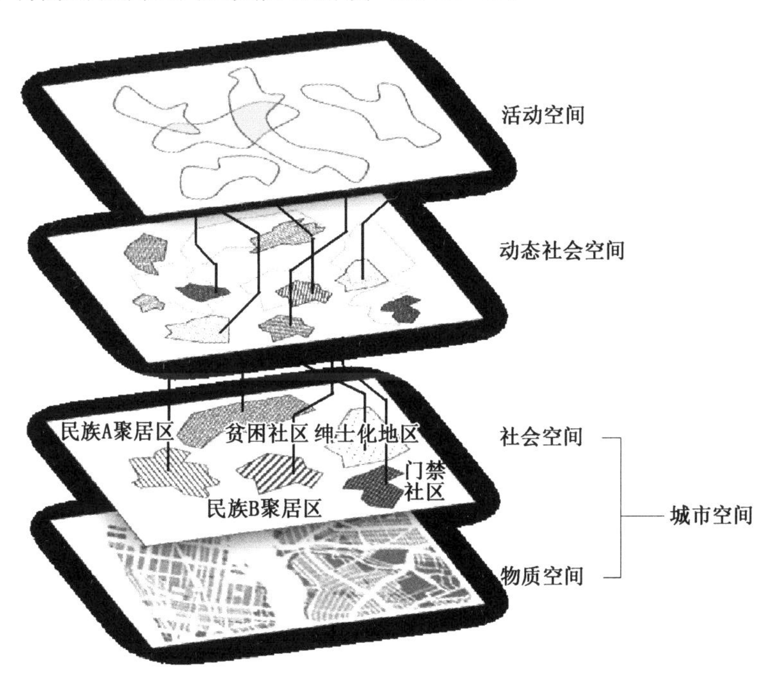

图 10-1 社会空间、行为空间、城市空间关系示意

物质空间作为城市空间的基础，主要包括地理层与建筑层，是人生存、生产、活动中所涉及的自然资源、道路交通、公共服务设施、建筑等建成环境的集合（张伟等，2013）。物质空间的特征在宏观尺度上表现为城市结构与形态，即由城市各类功能区、中心体系以及地区之间的社会经济联系构成的整体结构；在微观尺度上表现为各类活动机会的分

布特征、交通网络形态以及二者共同决定的活动机会的空间可达性。物质空间既是社会空间与居民时空活动的基础与载体，也是反映社会空间性的实体，并作为城市空间的一部分而存在。

社会空间是指社会生产、构筑、组织而成的具体可视的地理空间，反映特定社会群体生活与活动场所占据的地理范围，可视为城市人口的社会经济分化在城市空间上的投影。社会空间的形成受到城市人口的社会经济分化（如收入分异、族群文化差异等）以及物质空间层面上的住房机会不均等（表现为住房子市场的空间分布）的共同影响。社会空间的形成通常伴随着社会群体之间的竞争、演替等社会生态过程，在城市空间上表现为不同社会群体居住空间的集聚、分化乃至隔离化(Ghettoization)，最终形成以不同类型的聚居区（Enclave）为表征的居住空间分异，例如少数民族聚居区、新移民社区、贫困社区、门禁社区、绅士化地区等。

城市物质空间及社会空间的形态特征共同影响着各社会群体中每个个体的日常生活活动。城市空间机会的不均衡以及不同社会群体在居住空间上的分化，导致了居住区位以及就业、设施可达性的差异性，进而对日常活动的时空范围形成不同的能力制约；同时不同社会群体的社会网络类型与规模、社会融合程度、居住与生活空间的排他性等特征，进一步对个体日常活动范围施加了组合制约与权威制约。上述时空制约以及个体的日常活动企划的互动形成了个体日常活动的时空路径，反映了个体及群体在城市空间利用上的差异。个体整日活动的时空路径在城市空间上的投影，即个体的活动空间，它表征个体日常活动中直接接触的地点及途径的区域。与汇总意义上的城市物质空间及社会空间不同，个体活动空间反映了个体在日常生活中实际利用或接触的城市物质环境与社会环境，隐含着个体自身与城市空间的相互关系。

个体在日常生活活动中的空间移动，在汇总层面上导致了社会群体空间分布的动态性特征。对于城市空间而言，社会群体分布所构成的空间景观并不是静止的，并不受居住空间的限制，而是在城市空间内表现出一定的流动性，在各个时间截面上形成不同的社会空间形态。对于城市中生活的个体而言，随着日常生活的开展，个体在不同的活动地点与活动时间上所暴露的社会环境、所接触的社会群体也不尽相同。

综上所述，城市物质空间形态（特别是空间机会的不均等）以及人口的社会经济分化，共同影响了城市社会空间，表现为不同群体居住空间的分异；而物质空间与社会空间共同制约了个体的日常活动，塑造了个体及群体行为空间（特别是活动空间）的差异。个体的日常活动与移动在城市空间上汇总为动态、流动的社会空间，并导致个体在不同的活动地点与活动时间上所暴露的社会环境的变化与差异。

10.2 城市时空行为的社会空间分异研究

10.2.1 西宁城市时空行为的社会分异特征

(1) 总体特征为工作制约弱、活动丰富、民族差异明显

相较于东部沿海城市，西宁市在自然环境、宏观制度、社会文化等多方面因素的影响下，其社会经济发展水平、市场化水平普遍滞后于东部发达城市。居民时空行为在此背景下呈现出一系列特征。

研究发现，相比于东部城市，西宁市存在工作活动比例低、平均时长短、早通勤时间延后、午休返家等特点，同时居民所受到的固定活动制约小，时间安排更加灵活。居民的主要活动范围沿河谷分布，除近家活动外多集中在城市中心地区，每日存在三次出行高峰，其中工作活动集中在中心地区，新建居住区在周边分布，易造成通勤高峰时段的拥堵，休闲活动与购物活动空间与城市的休闲、购物类设施布局存在一定的空间错位，从微观行为需要视角揭示了西宁城市空间问题。同时，西宁市为多民族聚居城市，西宁市汉族居民与人数最多的少数民族——回族居民之间同样存在显著的行为差异。

(2) 时空行为在惯常与日常尺度上存在民族差异

民族间时空行为的分异反映在不同尺度上。在惯常行为尺度上，汉族与回族居民在通勤交通方式、休闲活动类型等多方面存在差异，同时相较于汉族居民，回族居民在工作感受上要优于汉族居民，工作压力也更小，而其以维持生存、生理需求为主的消费结构，使得回族居民在购物、休闲方面的中高端消费比例相对较低，但这也促使回族居民更易获得较高的心理收益。此外，惯常行为的研究还发现，回族居民的社会网络以亲属等强联系为主，活动中对 ICT 的使用相对有限。这些相对稳定的惯常行为差异性，说明了汉族与回族居民在一般性的行为习惯上存在分异。

在日常行为尺度上，本书发现汉族与回族居民不仅在时间利用方式、出行频率与时长、活动范围上存在差异，而且民族内部的男性与女性也因分工的差别而存在明显的时空行为分异。在活动时间利用上，回族居民受工作活动的制约相对较弱，活动时间安排的自主性更强，并具有丰富性、细碎性的特点，同时“男主外，女主内”的家庭分工模式倾向也更为明显；在活动空间分布与出行特征上，汉族居民以城市中心为核心，回族居民则围绕城市聚居区和城市商业中心，并倾向于通过长时

间的单次出行来补偿能力制约的影响。此外，在宗教信仰的影响下，回族居民的宗教活动对其时空行为也存在制约，是与汉族居民行为差异的一个方面。

这些基于活动日志的日常行为差异性，是汉族与回族居民在选择与制约下的行为表现，既是个体行为意愿的体现，更是制约效应下的行为结果，透视了民族群体特征所伴随的差异化的时空行为制约。

(3) 居民对城市空间的利用机会上存在民族差异

在城市空间机会的不均等背景下，居民的居住空间与活动空间所反映的日常生活中实际利用和接触的城市物质环境的差异，体现了群体对城市空间利用机会的差异。

在本书中，从居住地周边的建成环境设施密度来看，回族居民由于聚居区邻近城市商业中心，周边设施密度相对较高，因此其对居住地周边城市空间的利用机会要显著高于汉族居民。从活动视角来看，汉族居民休息日活动空间中的商业零售、餐饮娱乐设施密度明显高于居住地与工作日，说明其在休息日对此类设施与城市中心的依赖程度，回族居民工作日活动地周边的设施密度会因远离城市中心的工作活动而降低，说明强制性活动在时空上的安排降低了回族居民的城市空间利用机会。

(4) 个体的社会背景暴露上存在民族差异

社会空间是城市人口的社会经济分化在城市空间上的投影，而社会群体在城市空间中的分布并不局限于居住空间，而是伴随着居民在城市空间中的活动—移动而动态变化的。本书首先基于汇总的人口数据，对西宁城市中的汉族、回族居民的城市社会空间分异与暴露情况进行度量，发现回族居民与汉族居民接触的可能性远高于汉族居民与回族居民互动的可能性，同时发现汉族居民的暴露情况与回族居民聚居地区的分布相一致，而回族居民以聚居区为核心，形成低—高—低的圈层状空间结构。与上述基于人口分布的分析结果相应，当考虑日常活动中民族间相互接触的可能性时，回族居民同样存在更多接触汉族居民的可能性。本书认为，行为视角下的社会空间暴露反映了不同民族群体间在日常生活中的交互，这种交互一方面有利于民族间的社会融合，另一方面对于被动地暴露于其他民族居民的个体而言，又可能会产生日常活动的权威制约，甚至改变其时空行为。

10.2.2 城市社会空间分异的微观影响机制

(1) 结合活动地的地理与社会背景解释城市社会空间分异

居住地作为居民活动最重要的锚点之一，一直是关注的焦点和最为常用的研究视角。但是综合考虑到居民的整日活动安排与地理背景、社会背景的动态性，研究分别基于居住地与活动地视角，讨论在不同地理背景与社会背景下，城市居民社会空间分异与民族差异的微观影响机制。

通过比较两种视角下的地理背景对个体行为作用效应的分析结果，发现仅关注居住地会导致夸大民族间实际活动的地理背景差异性；而综合基于活动地地理背景，对家外活动时长、出行时长和活动空间有一定的解释力，且更为接近于“真实”的地理背景，能够捕捉到一些重要的影响因素，修正有悖于常识的结论。而在不同社会背景下的研究中，同样发现仅关注居住地会忽视活动空间中的民族互动与接触情况，从而错误估计居民的行为分异程度，因此在进行民族间时空行为及其对城市空间的利用差异时，需要结合活动地的地理背景与社会背景来分析城市社会空间分异与民族差异的微观机制。

（2）居民特征是影响居民时空行为模式的重要因素

西宁市的回族居民在民俗习惯、宗教信仰、家庭分工、经济生活等方面与汉族居民存在差异。这些差异性反映在时空行为中，制约着居民对城市空间的利用，影响居民在社会背景中的暴露。

在对居民时空行为模式影响因素的研究中发现，民族因素对个体活动空间范围、时空行为模式、社会背景暴露方面均存在显著影响。特别是在不同地理背景与社会背景下，民族因素仍对时空行为模式存在显著影响，表明民族特征差异是西宁市居民时空行为差异与城市社会空间分异的直接动因之一。

具体来看，民族因素（表现为汉族与回族居民在家庭分工模式、宗教信仰及宗教活动参与、就业类型等方面的差异）以及民族群体各自的居住地与活动地地理背景，共同作用于个体的时空行为要素间的关系与时空行为模式，并塑造了汉族与回族居民的行为空间，表现出社会空间的动态分异。而个体在社会环境中的暴露状态与社会空间的融合/分异表现互为因果，回族居民的生活方式及其对特定城市空间的使用偏好也影响了个体在社会环境中的暴露值，从而影响城市社会空间分异的动态机制。

（3）建成环境是制约不同民族居民活动时空安排的客观原因

本书分别从基于居住地和基于活动地的地理背景范围，研究建成环境对居民的活动空间及分异、时空行为模式、社会背景暴露三个方面的影响，具体包括：在城市不同区位居民的活动空间及分异方面，中心城区居民依赖于居住地与活动地的建成环境，特别是在工作日更为依赖于活动地的建成环境，而近郊区居民居住地与活动地的建成环境均显著影响活动空间，远郊区居民则高度依赖于家外活动地点。结合时空行为模式具体来看，社区的公共交通可达性越好，居民在家外强制性活动上分配的时间则越多，并且活动范围越大；在社会背景暴露方面，则表现为居住地越偏离市中心、设施密度越低，居民在日常生活中接触非同族居民的机会就越少。

结合西宁城市民族居民分布实际，回族居民多集中在邻近城市中心与稍偏东部地区，总体上居住地周边设施密度高，出行便利，建成环境为回族居民在居住地周边进行大部分日常活动提供了可能，同时在该地区清真寺集中分布，也为回族居民一天多次往返清真寺进行宗教活动带来了便利，使其活动的时空安排更为灵活。此外，这一时间、地点制约性强的活动，也促使回族居民的时间安排更为碎片化，制约了其活动范围。而汉族居民广泛分布在西宁市，特别是城西的居住组团中，新住宅楼以供居住，但配套设施尚未配套，这些群体则倾向于单次、长时间的非工作活动安排。建成环境从客观上制约了不同民族居民活动的时空安排。

10.3 行为视角下的社会空间研究未来

本书完善了时空行为视角下的城市社会空间分异研究理论框架，该框架在理解城市社会空间分异与民族差异问题中显示出其有效性，未来在此框架下希望从以下几个方面进行研究与探讨：

在研究理论上，综合不同时间尺度，关注长期行为与短期时空行为的互动，从多时空尺度视角补充、完善时空行为视角下的城市社会空间分异研究理论；进一步结合时空行为研究的理论特色，如企划、地方秩序嵌套等理论视角对少数民族日常生活的空间资源、社会网络、宗教文化等因素进行再思考，挖掘各类社会—地理背景制约下的个体行为企划及其民族差异。

在研究数据上，尝试采用覆盖区域更广、精度更高、更为实时化的GPS定位数据、手机数据、签到数据、社交网络数据等多种数据来源获取居民时空行为信息，弥补传统活动日志数据收集难度大、成本高、非实时等问题，另外结合深度访谈数据尝试补充家庭与个体的个案质性研究，结合主观感受与行为动因对城市社会空间分异和民族差异研究进行佐证和补充。

在研究内容上，从长期行为、家庭视角、少数民族社区或聚居区、个人情感体验等方面展开进一步研究，具体包括：采用长期行为数据，从居住空间视角研究迁居决策对城市社会空间分异现象的形成机制，结合不同时间尺度的时空行为数据，讨论少数民族居民的长短期行为互动；加入对家庭层面因素的考虑，从民族通婚习俗与情况、家庭生命周期阶段、子女教育观等方面，讨论城市社会空间分异与民族差异问题，并分析对时空行为的影响；从社区差异视角讨论少数民族社区与汉族社区、同民族不同类型社区间的时空行为差异与城市社会空间分异；通过深度访谈等方式关注少数民族居民活动中的个人情感体验，结合质性研究方法理解个体在日常活动中对城市社会空间的动态主观感知。

参考文献

·中文文献·

埃米尔·涂尔干，2000. 社会分工论 [M]. 渠东，译. 北京：生活·读书·新知三联书店.

艾少伟，陈肖飞，李伟伟，2015. 中国散杂居回族社区的关系建构及理论阐释：以开封为个案 [J]. 人文地理，30 (3)：12-20.

爱德华·W. 苏贾，2004. 后现代性地理学：重申批判社会理论中的空间 [M]. 王文斌，译. 北京：商务印书馆.

爱德华·W. 苏贾，2005. 第三空间：去往洛杉矶和其他真实和想象地方的旅程 [M]. 陆扬，等译. 上海：上海教育出版社.

白凯，2012. 自我叙事式解读回族宗教活动空间的意义 [J]. 地理学报，67 (12)：1698-1715.

白永秀，王颂吉，2014. 丝绸之路经济带：中国走向世界的战略走廊 [J]. 西北大学学报（哲学社会科学版），44 (4)：32-38.

包亚明，2003. 现代性与空间的生产 [M]. 上海：上海教育出版社.

柴彦威，1998. 时间地理学的起源、主要概念及其应用 [J]. 地理科学，18 (1)：65-72.

柴彦威，1999. 中日城市结构比较研究 [M]. 北京：北京大学出版社.

柴彦威，2005. 行为地理学研究的方法论问题 [J]. 地域研究与开发，24 (2)：1-5.

柴彦威，2009. 基于个体行为的城市地理学研究范式 [M] // 刘卫东，柴彦威，周尚意. 地理学评论（第一辑）：第四届人文地理学沙龙纪实. 北京：商务印书馆.

柴彦威，等，2012a. 城市地理学思想与方法 [M]. 北京：科学出版社.

柴彦威，等，2014a. 空间行为与行为空间 [M]. 南京：东南大学出版社.

柴彦威，龚华，2000. 关注人们生活质量的时间地理学 [J]. 中国科学院院刊，15 (6)：417-420.

柴彦威，李昌霞，2005. 中国城市老年人日常购物行为的空间特征：以北京、深圳和上海为例 [J]. 地理学报，60 (3)：401-408.

柴彦威，刘璇，2002b. 城市老龄化问题研究的时间地理学框架与展望 [J]. 地域研究与开发，21 (3)：55-59.

柴彦威，刘志林，李峥嵘，等，2002a. 中国城市的时空间结构 [M]. 北京：北京大学出版社.

柴彦威，马静，张文佳，2010. 基于巡回的北京市居民出行时空间决策的社区分异［J］．地理研究，29（10）：1725-1734．
柴彦威，申悦，马修军，等，2013．北京居民活动与出行行为时空数据采集与管理［J］．地理研究，32（3）：441-451．
柴彦威，申悦，塔娜，2014b．基于时空行为研究的智慧出行应用［J］．城市规划，38（3）：83-89．
柴彦威，申悦，肖作鹏，等，2012b．时空间行为研究动态及其实践应用前景［J］．地理科学进展，31（6）：667-675．
柴彦威，沈洁，2008a．基于活动分析法的人类空间行为研究［J］．地理科学，28（5）：594-600．
柴彦威，沈洁，翁桂兰，2008b．上海居民购物行为的时空间特征及其影响因素［J］．经济地理，28（2）：221-227．
柴彦威，谭一洺，2017a．中国西部城市居民时空间行为特征研究：以西宁市为例［J］．人文地理，32（4）：37-44．
柴彦威，谭一洺，申悦，等，2017b．空间—行为互动理论构建的基本思路［J］．地理研究，36（10）：1959-1970．
柴彦威，王恩宙，1997．时间地理学的基本概念与表示方法［J］．经济地理，17（3）：55-61．
柴彦威，肖作鹏，刘志林，2011a．基于空间行为约束的北京市居民家庭日常出行碳排放的比较分析［J］．地理科学，31（7）：843-849．
柴彦威，肖作鹏，张艳，2011b．中国城市空间组织与规划转型的单位视角［J］．城市规划学刊（6）：28-35．
柴彦威，颜亚宁，冈本耕平，2008c．西方行为地理学的研究历程及最新进展［J］．人文地理，23（6）：1-6，59．
柴彦威，张雪，2014c．北京郊区女性居民一周时空间行为的日间差异研究［J］．地理科学，34（6）：725-732．
柴彦威，张艳，刘志林，2011c．职住分离的空间差异性及其影响因素研究［J］．地理学报，66（2）：157-166．
柴彦威，赵莹，2009．时间地理学研究最新进展［J］．地理科学，29（4）：593-600．
柴彦威，周尚意，吴莉萍，等．2007．人文地理学研究的现状与展望［M］//中国地理学会．2006—2007 地理科学学科发展报告．北京：中国科学技术出版社：111-147．
陈琼，周强，梁生甫，等，2010．西宁市主城区城市土地利用格局变化分析［J］．经济地理，30（2）：244-248．
陈文言，2001．回民的生活居住特性及其与旧城改造的关系［J］．经济地理，21（4）：431-434．
陈肖飞，2013．地理学视角下西宁东关回族社区转型研究［D］．开封：河南大学．

陈肖飞，艾少伟，张落成，等，2014. 非正式制度下城市清真寺周边商业空间区位研究：基于西宁东关回族社区的调查［J］. 经济地理，34（6）：108-114.
陈永根，2009. 清真寺建筑形制中的功能性因素探究［J］. 阿拉伯世界研究（1）：29-35.
陈志杰，张志斌，2015. 兰州城市社会空间结构分析［J］. 兰州大学学报（自然科学版），51（2）：285-292，296.
陈梓烽，柴彦威，周素红，2015. 不同模式下城市郊区居民工作日出行行为的比较研究：基于北京与广州的案例分析［J］. 人文地理，30（2）：23-30.
程遂营，2006. 我国居民的休闲时间、旅游休闲与休闲旅游［J］. 旅游学刊，21（12）：9-10.
邓春凤，石晓红，黄耀志，2012. 社会转型背景下桂北少数民族聚落空间重构策略研究［J］. 城市发展研究，19（11）：70-75.
杜芳娟，陈晓亮，朱竑，2011. 民族文化重构实践中的身份与地方认同：仡佬族祭祖活动案例［J］. 地理科学，31（12）：1512-1517.
杜芳娟，朱竑，2010a. 贵州仡佬族精英的民族身份认同及其建构［J］. 地理研究，29（11）：2089-2098.
杜芳娟，朱竑. 2010b. 中国民族文化研究态势与审思：基于国家社会科学基金资助角度［J］. 人文地理，25（4）：71-76.
恩格斯，1951. 论住宅问题［M］. 曹葆华，关其侗，译. 北京：人民出版社.
方创琳，2014. 中国城市发展方针的演变调整与城市规模新格局［J］. 地理研究，33（4）：674-686.
房全忠，2008. 中国回族概览［M］. 银川：宁夏人民出版社.
冯健，陈秀欣，兰宗敏，2007. 北京市居民购物行为空间结构演变［J］. 地理学报，62（10）：1083-1096.
冯健，周一星，2004a. 郊区化进程中北京城市内部迁居及相关空间行为：基于千份问卷调查的分析［J］. 地理研究，23（2）：227-242.
冯健，周一星，2008. 转型期北京社会空间分异重构［J］. 地理学报，63（8）：829-844.
冯健，周一星，王晓光，等，2004b. 1990年代北京郊区化的最新发展趋势及其对策［J］. 城市规划，28（3）：13-29.
干迪，王德，朱玮，2015. 上海市近郊大型社区居民的通勤特征：以宝山区顾村为例［J］. 地理研究，34（8）：1481-1491.
高承海，2012. 民族内隐理论对民族认同和民族刻板印象的影响［D］. 兰州：西北师范大学.
高峰，2007. 空间的社会意义：一种社会学的理论探索［J］. 江海学刊（2）：44-48.
高军波，田春艳，2014. 基于个体行为的城市居民医疗服务消费特征及社会分异：以广州中心城区为例［J］. 热带地理，34（2）：234-240.
高翔，鱼腾飞，宋相奎，等，2010a. 兰州市少数民族流迁人口空间行为特征及动力机制［J］. 地理科学进展，29（6）：716-724.
高翔，鱼腾飞，张燕，2010b. 城市中穆斯林流动人口的空间行为特征及动力机制研究：以兰州市回族、东乡族为例［J］. 世界地理研究，19（2）：60-68.
古杰，周素红，闫小培，等，2012. 居民日常出行时空集聚视角下的城市交通拥堵形成机制研究：以广州为例［J］. 地理科学，32（8）：921-927.
顾朝林，2002. 城市社会学［M］. 南京：东南大学出版社.
顾朝林，2011. 转型发展与未来城市的思考［J］. 城市规划，35（11）：23-34，41.
顾朝林，C. 克斯特洛德，1997. 北京社会极化与空间分异研究［J］. 地理学报，52（5）：385-393.
管彦波，2011. 民族地理学［M］. 北京：社会科学文献出版社.
郝时远，2013. 类族辨物："民族"与"族群"概念之中西对话［M］. 北京：中国社会科学出版社.
胡鞍钢，鄢一龙，王亚华，2010. 中国"十二五"发展主要目标与指标［J］. 清华大学学报（哲学社会科学版），25（1）：105-112.
虎有泽，2005. 兰州城关区回族居住格局研究［J］. 青海民族研究，16（2）：95-100.
华文璟，2016. 基于行为特征的西宁东关回族聚居区公共交往空间布局研究［D］. 西安：西安建筑科技大学.
荒井良雄，川口太郎，冈本耕平，等，1989. 生活的时间都市的空间［M］. 东京：古今书院.
黄继刚，2009. 爱德华·索雅的空间文化理论研究［D］. 济南：山东大学.
黄怡，2001. 住宅产业化进程中的居住隔离：以上海为例［J］. 现代城市研究，16（4）：40-43.
黄怡，2004. 城市居住隔离及其研究进程［J］. 城市规划汇刊（5）：65-72，96.
黄怡，2006. 城市社会分层与居住隔离［M］. 上海：同济大学出版社.
黄正良，钟慧润，2011. 西安市土地利用空间分异研究［J］. 地域研究与开发，30（4）：108-111.
焦华富，韩会然，2013. 中等城市居民购物行为时空决策过程及影响因素：以安徽省芜湖市为例［J］. 地理学报，68（6）：750-761.
景跃军，张景荣，1999. 社会分层研究与中国社会分层现状［J］. 人口学刊，21（5）：30-33.
凯文·林奇，2001. 城市意象［M］. 方益萍，何晓军，译. 北京：华夏出版社：35-69.

寇怀云，周俭，2014. 文化空间视角的民族村寨保护规划思考 [J]. 上海城市规划（3）：44-49.
兰宗敏，冯健，2010. 城中村流动人口的时间利用以及生活活动时空间结构：对北京 5 个城中村的调查 [J]. 地理研究，29（6）：1092-1104.
兰宗敏，冯健，2012. 城中村流动人口日常活动时空间结构：基于北京若干典型城中村的调查 [J]. 地理科学，32（4）：409-417.
雷军，2015. 中国多民族聚居城市社会空间结构研究：以乌鲁木齐为例 [M]. 北京：科学出版社.
雷雳，张雷，2002. 多层线性模型的原理及应用 [J]. 首都师范大学学报（社会科学版）（2）：110-114.
李敏纳，覃成林，2010. 中国社会性公共服务空间分异研究 [J]. 人文地理，25（1）：26-30.
李倩，张文忠，余建辉，等，2012. 北京不同收入家庭的居住隔离状态研究 [J]. 地理科学进展，31（6）：693-700.
李强，2008. 改革开放 30 年来中国社会分层结构的变迁 [J]. 北京社会科学（5）：47-60.
李双成，蔡运龙，2005. 地理尺度转换若干问题的初步探讨 [J]. 地理研究，24（1）：11-18.
李松，刘洋，卢梦迪，等，2015. 新疆民—汉族群人口居住空间分异演变分析：基于 1982—2010 年人口普查数据 [J]. 西北人口，36（5）：119-123.
李松，张小雷，李寿山，等，2015. 乌鲁木齐市天山区居住分异测度及变化分析：基于 1982—2010 年人口普查数据 [J]. 干旱区资源与环境，29（10）：62-67.
李兴华，2008. 西宁伊斯兰教研究 [J]. 回族研究，18（4）：79-100.
李亚娟，陈田，王开泳，等，2013. 国内外民族社区研究综述 [J]. 地理科学进展，32（10）：1520-1534.
李永文，1996. 社会空间研究的方法 [J]. 地理科学进展，15（4）：35-37.
李志刚，刘晔，陈宏胜，2011. 中国城市新移民的“乡缘社区”：特征、机制与空间性：以广州“湖北村”为例 [J]. 地理研究，30（10）：1910-1920.
李志刚，吴缚龙，2006. 转型期上海社会空间分异研究 [J]. 地理学报，61（2）：199-211.
李志刚，吴缚龙，卢汉龙，2004. 当代我国大都市的社会空间分异：对上海三个社区的实证研究 [J]. 城市规划，28（6）：60-67.
李志刚，薛德升，杜枫，等，2009. 全球化下“跨国移民社会空间”的地方响应：以广州小北黑人区为例 [J]. 地理研究，28（4）：920-932.
梁茂春，2001. 南宁市区汉壮民族的居住格局 [J]. 广西民族学院学报（哲学社会科学版），23（5）：9-15.
廖贺贺，高翔，2016. 转型期兰州市流动穆斯林居住偏好研究 [J]. 民族论坛

(9)：14-17.
林钧昌，赵民，2014. 西北地区城市化进程中人口流动对民族关系的影响［M］. 北京：民族出版社.
林岚，施林颖，2012. 国外休闲制约研究进展及启示［J］. 地理科学进展，31（10)：1377-1389.
刘春艳，2004. 兰州—西宁城市区域发展研究［D］. 兰州：西北师范大学.
刘慧，叶尔肯·吾扎提，王成龙，2015. “一带一路”倡议对中国国土开发空间格局的影响［J］. 地理科学进展，34（5)：545-553.
刘沛林，刘春腊，李伯华，等，2010. 中国少数民族传统聚落景观特征及其基因分析［J］. 地理科学，30（6)：810-817.
刘旺，张文忠，2004. 国内外城市居住空间研究的回顾与展望［J］. 人文地理，19（3)：6-11.
刘望保，闫小培，2007. 转型期广州市居住迁移影响因素于户籍之间的比较［J］. 地理研究，26（5)：1055-1066.
刘卫东，2015. “一带一路”倡议的科学内涵与科学问题［J］. 地理科学进展，34（5)：538-544.
刘小平，黎夏，陈逸敏，等，2010. 基于多智能体的居住区位空间选择模型［J］. 地理学报，65（6)：695-707.
刘玉亭，2005. 转型期中国城市贫困的社会空间［M］. 北京：科学出版社.
刘玉亭，何深静，李志刚，2005. 南京城市贫困群体的日常活动时空间结构分析［J］. 中国人口科学（S1)：85-93.
刘玉亭，何深静，魏立华，等，2007. 市场转型背景下南京市的住房分异［J］. 中国人口科学（6)：82-92.
刘玉亭，吴缚龙，何深静，等，2006. 转型期城市低收入邻里的类型、特征和产生机制：以南京市为例［J］. 地理研究，25（6)：1073-1082.
刘争光，张志斌，2014. 兰州城市居住空间分异研究［J］. 干旱区地理，37（4)：846-856.
刘志林，柴彦威，2001. 深圳市民周末休闲活动的空间结构［J］. 经济地理，21（4)：504-508.
刘志林，张艳，柴彦威，2009. 中国大城市职住分离现象及其特征：以北京市为例［J］. 城市发展研究，16（9)：110-117.
龙江智，王苏，2013. 深度休闲与主观幸福感：基于中国老年群体的本土化研究［J］. 旅游学刊，28（2)：77-85.
吕斌，张纯，陈天鸣，2013. 城市低收入群体的就业可达性变化研究：以北京为例［J］. 城市规划，37（1)：56-63.
吕露光，2005. 从分异隔离走向和谐交往：城市社会交往研究［J］. 学术界（3)：106-114.
栾斌，2013. 嫩江流域少数民族居住文化在现代住宅设计中的风格化研究

[D]. 齐齐哈尔：齐齐哈尔大学.
骆桂花，2007. 甘青宁回族女性传统社会与文化变迁研究 [M]. 北京：民族出版社.
马进虎，2011. 百年青海伊斯兰教研究的轨迹与特征 [J]. 回族研究，21 (3)：139-144.
马克・戈特迪纳，雷・哈奇森，2011. 新城市社会学 [M]. 黄怡，译. 3 版. 上海：上海译文出版社.
马戎，1997. 西方民族社会学的理论与方法 [M]. 天津：天津人民出版社.
马文慧，2007. 西宁市区的居住格局与回汉族居民的社会交往 [J]. 青海民族学院学报（社会科学版），33 (4)：55-59.
马宗保，2000. 试析回族的空间分布及回汉民族居住格局 [J]. 宁夏社会科学 (3)：95-100.
马宗保，金英花，1997. 银川市区回汉民族居住格局变迁及其对民族间社会交往的影响 [J]. 回族研究，7 (2)：19-30，103.
孟斌，2009. 北京城市居民职住分离的空间组织特征 [J]. 地理学报，64 (12)：1457-1466.
孟斌，湛东升，郝丽荣，2013. 基于社会属性的北京市居民通勤满意度空间差异分析 [J]. 地理科学，33 (4)：410-417.
南文渊，张和平，周忠瑜，等，1987. 对西宁地区回族个体经济的特点及其社会作用的调查与分析 [J]. 青海民族学院学报（社会科学版），13 (3)：28-36.
宁越敏，2012. 中国城市化特点、问题及治理 [J]. 南京社会科学 (10)：19-27.
庞瑞秋，2009. 中国大城市社会空间分异研究：以长春市为例 [D]. 长春：东北师范大学.
庞中英，1996. 族群、种族和民族 [J]. 欧洲，14 (6)：4-15.
齐一聪，刘文俊，刘燕，等，2014. 析银川市清真寺与城市肌理的环境关系 [J]. 现代城市，9 (1)：51-54.
仇保兴，2012. 新型城镇化：从概念到行动 [J]. 行政管理改革 (11)：11-18.
单纬东，2004. 少数民族文化旅游资源保护与产权合理安排 [J]. 人文地理，19 (4)：26-29.
单昕. 2011. 城市多民族社区居住格局变迁研究：以乌鲁木齐市解放南路街道为例 [D]. 乌鲁木齐：新疆大学.
申悦，柴彦威，2010. 转型期深圳居民日常活动的时空特征及其变化 [J]. 地域研究与开发，29 (4)：67-71.
申悦，柴彦威，2012. 基于 GPS 数据的城市居民通勤弹性研究：以北京市郊区巨型社区为例 [J]. 地理学报，67 (6)：733-744.

申悦，柴彦威，2013. 基于GPS数据的北京市郊区巨型社区居民日常活动空间［J］. 地理学报，68（4）：506-516.
石恩名，刘望保，唐艺窈，2015. 国内外社会空间分异测度研究综述［J］. 地理科学进展，34（7）：818-829.
石水照雄，1976. 计量地理学概说［M］. 东京：古今书院.
石崧，宁越敏，2005. 人文地理学“空间”内涵的演进［J］. 地理科学，25（3）：340-345.
石天戈，张小雷，杜宏茹，等，2013. 乌鲁木齐市居民出行行为的空间特征和碳排放分析［J］. 地理科学进展，32（6）：897-905.
斯蒂芬·W. 劳登布什，安东尼·S. 布里克. 2007. 分层线性模型：应用与数据分析方法［M］. 郭志刚，等译. 北京：社会科学文献出版社.
宋伟轩，徐昀，王丽晔，等，2011. 近代南京城市社会空间结构：基于1936年南京城市人口调查数据的分析［J］. 地理学报，66（6）：771-784.
孙斌栋，吴雅菲，2008. 上海居住空间分异的实证分析与城市规划应对策略［J］. 上海经济研究，20（12）：3-10.
孙九霞，张士琴，2015. 民族旅游社区的社会空间生产研究：以海南三亚回族旅游社区为例［J］. 民族研究（2）：68-77.
孙立平，2001. 社区、社会资本与社区发育［J］. 学海（4）：93-96.
塔娜，柴彦威，2010. 时间地理学及其对人本导向社区规划的启示［J］. 国际城市规划，25（6）：36-39.
塔娜，柴彦威，关美宝，2015. 建成环境对北京市郊区居民工作日汽车出行的影响［J］. 地理学报，70（10）：1675-1685.
谭一洺，2013. 转型期兰州市民族间居住空间格局与居住分异研究［D］. 兰州：兰州大学.
谭一洺，柴彦威，关美宝，2017a. 地理背景的不确定性对时空行为模式分析的影响：基于西宁市的实证研究［J］. 地理学报，72（4）：657-670.
谭一洺，柴彦威，关美宝，2017b. 地理背景对时空行为分析的影响及其空间分异：基于西宁市的实证研究［J］. 城市发展研究，24（3）：22-30.
谭一洺，柴彦威，王小梅，2017c. 时间地理学视角下西宁城市回族居民时空间行为分析［J］. 地域研究与开发，36（5）：164-168，174.
谭一洺，柴彦威，杨永春，2017d. 基于“推—拉”理论的城市少数民族居民迁居动因探讨［J］. 南京社会科学（3）：64-70，80.
汤茂林，2009. 我国人文地理学研究方法多样化问题［J］. 地理研究，28（4）：865-882.
唐雪琼，2004. 县级城镇居民休闲行为研究：以云南蒙自县为例［J］. 人文地理，19（4）：41-44.
唐雪琼，朱竑，2010. 旅游发展对云南世居父权制少数民族妇女社会性别观念的影响：基于撒尼、傣和哈尼三民族案例的比较研究［J］. 人文地理，

25（1）：123-128.
陶海燕，黎夏，陈晓翔，等，2007. 基于多智能体的地理空间分异现象模拟：以城市居住空间演变为例［J］. 地理学报，62（6）：579-588.
佟玉权，龙花楼，2015. 贵州民族传统村落的空间分异因素［J］. 经济地理，35（3）：133-137，93.
万华，2015.“一带一路”倡议下的西部机遇［J］. 中国市场（25）：236-237.
汪天德，2013. 美国社会学与中国社会经济的发展［M］. 北京：中国人民大学出版社.
王益澄，马仁锋，孙东波，等，2015. 宁波城市老年人的购物行为及其空间特征［J］. 经济地理，35（3）：120-126.
王月梅，2016. 天水秦州回族聚居区空间更新研究［D］. 西安：西安建筑科技大学.
王云飞，王力，2015. 社会学视角下的“拉美化”问题：以巴西社会发展为例［J］. 山西农业大学学报（社会科学版），14（9）：959-963.
魏立华，丛艳国，李志刚，等，2007. 20 世纪 90 年代广州市从业人员的社会空间分异［J］. 地理学报，62（4）：407-417.
魏明洁，艾少伟，陈肖飞，2013. 城市清真寺周边商业环境的空间区位分析：以青海西宁东关大寺为例［J］. 经济地理，33（2）：90-96.
吴江洁，孙斌栋，2016. 通勤时间的幸福绩效：基于中国家庭追踪调查的实证研究［J］. 人文地理，31（3）：33-39.
吴鹏森，2002. 当代中国社会分层结构的历史演变及其启示［J］. 南京师大学报（社会科学版）（6）：13-20.
吴启焰，吴小慧，陈果，等，2013. 基于小尺度五普数据的南京旧城区社会空间分异研究［J］. 地理科学，33（10）：1196-1205.
吴忠军，张瑾，2008. 旅游业发展对山地少数民族村寨文化遗产保护的影响：以广西龙脊梯田景区为例［J］. 经济地理，28（5）：891-896.
谢妍翰，薛德升，2009. 女性非正规就业研究述评［J］. 人文地理，24（6）：16-23.
修春亮，孙平军，王绮，2013. 沈阳市居住就业结构的地理空间和流空间分析［J］. 地理学报，68（8）：1110-1118.
徐卞融，吴晓，2010. 基于“居住—就业”视角的南京市流动人口空间分异研究［J］. 规划师，26（7）：113-120.
徐旳，朱喜钢，李唯，2009. 西方城市社会空间结构研究回顾及进展［J］. 地理科学进展，28（1）：93-102.
徐杰舜，2002. 论族群与民族［J］. 民族研究（1）：12-18.
许宪隆，等，2013. 散杂居民族概论［M］. 北京：人民出版社.
许晓霞，柴彦威，2011. 城市女性休闲活动的影响因素及差异分析：基于休息日与工作日的对比［J］. 城市发展研究，18（12）：95-100.

许晓霞，柴彦威，颜亚宁，2010. 郊区巨型社区的活动空间：基于北京市的调查 [J]. 城市发展研究，17 (11)：41-49.
许学强，胡华颖，叶嘉安，1989. 广州市社会空间结构的因子生态分析 [J]. 地理学报，44 (4)：385-399.
许学强，周一星，宁越敏，1997. 城市地理学 [M]. 北京：高等教育出版社.
薛德升，黄耿志，2008. 管制之外的“管制”：城中村非正规部门的空间集聚与生存状态：以广州市下渡村为例 [J]. 地理研究，27 (6)：1390-1398.
薛东前，刘溪，周会粉，2013. 中国居民时间的利用特征及其影响因素分析 [J]. 地理研究，32 (9)：1688-1698.
杨上广，王春兰，2006. 上海城市居住空间分异的社会学研究 [J]. 社会，26 (6)：117-137.
杨文炯，2007. 互动：调适与重构 [M] 北京：民族出版社.
杨永春，2011. 突变生长：中国（西部）城市转型的多维透视 [M]. 兰州：兰州大学出版社.
杨永春，谭一洺，黄幸，等，2012. 基于文化价值观的中国城市居民住房选择：以成都市为例 [J]. 地理学报，67 (6)：841-852.
杨正文，1997. 复兴与发展：黔东南苗族社区的变迁态势 [J]. 西南民族学院学报（哲学社会科学版），18 (4)：19-24.
姚华松，薛德升，许学强，2007. 城市社会空间研究进展 [J]. 现代城市研究，22 (9)：74-81.
姚士谋，张平宇，余成，等，2014. 中国新型城镇化理论与实践问题 [J]. 地理科学，34 (6)：641-647.
叶超，2012. 人文地理学空间思想的几次重大转折 [J]. 人文地理，27 (5)：1-5，61.
应超，2009. 当代城市少数族群的族群认同与族群关系 [D]. 武汉：中南民族大学.
于丽苹，2014. 少数民族“非遗产性”文化的保护现状研究 [J]. 环球人文地理 (2)：66-68.
俞路，赵永全，2007. 人口分布、隔离指数及其地理视角：以上海市外来人口分布为例 [J]. 市场与人口分析，13 (3)：1-8.
虞蔚，1986a. 城市社会空间的研究与规划 [J]. 城市规划，10 (6)：25-28.
虞蔚，1986b. 西方城市地理学中的因子生态分析 [J]. 国外人文地理，1 (2)：36-39.
约翰·R. 洛根，哈维·L. 莫洛奇. 2015. 都市财富：空间的政治经济学 [M]. 陈那波，等译. 上海：格致出版社.
约翰斯顿，1999. 地理学与地理学家 [M]. 唐晓峰，李平，译. 北京：商务印书馆.
张纯，柴彦威，李昌霞，2007. 北京城市老年人的日常活动路径及其时空特征［J］. 地域研究与开发，26（4）：116-120.
张鸿雁，2002. 论当代中国城市社区分异与变迁的现状及发展趋势［J］. 规划师，18（8）：5-8.
张建新，刘辉，2010. 西宁城市景观格局的时空演化［J］. 城市问题（9）：40-45.
张践，2002. 宗教在民族形成和发展过程中的重要作用［M］//中央民族大学宗教研究所. 宗教与民族（第壹辑）. 北京：宗教文化出版社：103-118.
张利，雷军，张小雷，等，2012. 乌鲁木齐城市社会区分析［J］. 地理学报，67（6）：817-828.
张凌云，李松，张洁，等，2014. 基于空间自相关的乌鲁木齐市民族居住格局研究［J］. 干旱区资源与环境，28（3）：50-56.
张伟，袁顺全，李鹏，2013. 新型城镇化战略对我国城市物质空间构建的影响［C］//中国软科学研究会. 第九届中国软科学学术年会论文集，北京：中国软科学研究会：51-56.
张文佳，柴彦威，2009. 时空制约下的城市居民活动—移动系统：活动分析法的理论和模型进展［J］. 国际城市规划，24（4）：60-68.
张文奎，1990. 行为地理学研究的基本理论问题［J］. 地理科学，10（2）：159-167，192.
张文忠，刘旺，李业锦，2003. 北京城市内部居住空间分布与居民居住区位偏好［J］. 地理研究，22（6）：751-759.
张艳，柴彦威，2009. 基于居住区比较的北京城市通勤研究［J］. 地理研究，28（5）：1327-1340.
张艳，柴彦威，2011. 北京城市中低收入者日常活动时空间特征分析［J］. 地理科学，31（9）：1056-1064.
张艳，柴彦威，2013. 生活活动空间的郊区化研究［J］. 地理科学进展，32（12）：1723-1731.
张艳，柴彦威，郭文伯，2014. 北京城市居民日常活动空间的社区分异［J］. 地域研究与开发，33（5）：65-71.
张志斌，杨莹，居翠屏，等，2014. 兰州市回族人口空间演化及其社会响应［J］. 地理科学，34（8）：921-929.
张志斌，袁寒，2008. 西宁城市空间结构演化分析［J］. 干旱区资源与环境，22（5）：36-41.
赵杰，杨占武，2015. 回族用语及其构成述略［J］. 宁夏社会科学（3）：106-112.
赵霖，甄峰，龙萨金，2013. 信息技术对南京城市居民休闲活动与出行的影响［J］. 人文地理，28（1）：56-61.
赵莹，柴彦威，桂晶晶，2016. 中国城市休闲时空行为研究前沿［J］. 旅游学刊，31（9）：30-40.
郑静，许学强，陈浩光，1995. 广州市社会空间的因子生态再分析［J］. 地理研究，14（2）：15-26.
郑凯，2010. 乌鲁木齐市维吾尔族日常生活活动时空间结构研究［D］. 乌鲁木齐：新疆师范大学.
郑凯，崔宁，李亚军，等，2011. 购物出行空间的等级结构比较：以乌鲁木齐汉族与维吾尔族为例［J］. 云南地理环境研究，23（4）：25-30，41.
郑凯，金海龙，贾丽娟，等，2009. 城市中少数民族购物活动时空特征：以乌鲁木齐市维吾尔族为例［J］. 云南地理环境研究，21（3）：16-21.
周春山，胡锦灿，童新梅，等，2016. 广州市社会空间结构演变跟踪研究［J］. 地理学报，71（6）：1010-1024.
周春山，刘洋，朱红，2006. 转型时期广州市社会区分析［J］. 地理学报，61（10）：1046-1056.
周春山，叶昌东，2013. 中国城市空间结构研究评述［J］地理科学进展，32（7）：1030-1038.
周尚意，1997. 现代大都市少数民族聚居区如何保持繁荣：从北京牛街回族聚居区空间特点引出的布局思考［J］. 北京社会科学（1）：76-85.
周尚意，朱立艾，王雯菲，等，2002. 城市交通干线发展对少数民族社区演变的影响：以北京马甸回族社区为例［J］. 北京社会科学（4）：33-39，50.
周素红，邓丽芳，2010a. 基于 T-GIS 的广州市居民日常活动时空关系［J］. 地理学报，65（12）：1454-1463.
周素红，林耿，闫小培，2008. 广州市消费者行为与商业业态空间及居住空间分析［J］. 地理学报，63（4）：395-404.
周素红，刘玉兰，2010b. 转型期广州城市居民居住与就业地区位选择的空间关系及其变迁［J］. 地理学报，65（2）：191-201.
周新刚，乐阳，叶嘉安，等，2014. 动态数据空间分析的不确定性问题：以城市中心识别为例［J］. 武汉大学学报（信息科学版），39（6）：701-705.
周一星，1996. 北京的郊区化及引发的思考［J］. 地理科学，16（3）：198-206.
周源，2009. 城市住区公共服务配套设施空间分异研究：以上海为例［D］. 上海：同济大学.
庄解忧，1985. 世界上第一次工业革命的经济社会影响［J］. 厦门大学学报（哲学社会科学版）（4）：54-60，68.

·外文文献·

ABLER R F，ADAMS J S，GOULD P. 1971. Spatial organization：the geographer's view of the world［M］. London：Prentice-Hall.

ABRAMSON A J, TOBIN M S, VANDERGOOT M R, 1995. The changing geography of metropolitan opportunity: the segregation of the poor in US metropolitan areas, 1970 to 1990 [J]. Housing policy debate, 6 (1): 45-72.

AHAS R, 2010. Mobile positioning [M] // BUSCHER M, URRY J, WITCHGER K. Mobile methods. London: Routledge.

AITKEN S C, 1991. Person-environment theories in contemporary perceptual and behavioural geography I: personality, attitudinal and spatial choice theories [J]. Progress in human geography, 15 (2): 179-193.

ANDREEV P, SALOMON I, PLISKIN N, 2010. Review: state of teleactivities [J]. Transportation research part C: emerging technologies, 18 (1): 3-20.

ANDRIENKO G, ANDRIENKO N, 2010. A general framework for using aggregation in visual exploration of movement data [J]. Cartographic journal, 47 (1): 22-40.

ANDRIENKO G, ANDRIENKO N, WROBEL S, 2007. Visual analytics tools for analysis of movement data [J]. ACM SIGKDD explorations newsletter, 9 (2): 38-46.

ANEMONE R L, 2011. Race and biological diversity in humans [M] // ANEMONE R L. Race and human diversity: a biocultural approach. Upper Saddle River, NJ: Prentice-Hall: 1-12.

ANSELIN L, 1995. Local indicators of spatial association: LISA [J]. Geographical analysis, 27 (2): 93-115.

ARENTZE T, HOFMAN F, VAN MOURIK H, et al, 2000. Albatross: multiagent, rule-based model of activity pattern decisions [J]. Transportation research record: journal of the transportation research board, 1706 (1): 136-144.

ARENTZE T, TIMMERMANS H, 2004. A learning-based transportation oriented simulation system [J]. Transportation research part B: methodological, 38 (7): 613-633.

ÅSLUND O, SKANS O N, 2010. Will I see you at work? Ethnic workplace segregation in Sweden, 1985 - 2002 [J]. Industrial and labor relations review, 63 (3): 471-493.

ATKINSON R, 2000. Measuring gentrification and displacement in Greater London [J]. Urban studies, 37 (1): 149-165.

ATKINSON R, 2004. The evidence on the impact of gentrification: new lessons for the urban renaissance [J]. European journal of housing policy, 4 (1): 107-131.

BARTH F, 1998. Ethnic groups and boundaries [M]. Illinois: Waveland Press: Prospect Heights.

BARTHOLOMEW D J, THEIL H, 1973. Statistical decomposition analysis with application in the social and administrative sciences [J]. Journal of the royal statistical society series A (general), 136 (3): 462.

BASTA L A, RICHMOND T S, WIEBE D J, 2010. Neighborhoods, daily activities, and measuring health risks experienced in urban environments [J]. Social science & medicine, 71 (11): 1943-1950.

BAUM S, 2006. A typology of socio-economic advantage and disadvantage in Australia's large non-metropolitan cities, towns and regions [J]. Australian geographer, 37 (2): 233-258.

BAUM S, HAYNES M, VAN GELLECUM Y, et al, 2006. Advantage and disadvantage across Australia's extended metropolitan regions: a typology of socioeconomic outcomes [J]. Urban studies, 43 (9): 1549-1579.

BELL W, 1954. A probability model for the measurement of ecological segregation [J]. Social forces, 32 (4): 357-364.

BERKE E M, KOEPSELL T D, MOUDON A V, et al, 2007. Association of the built environment with physical activity and obesity in older persons [J]. American journal of public health, 97 (3): 486-492.

BERLIE J A, 2007. Islam in China: Hui and Uyghurs between modernization and sinicization [M]. Bangkok: White Lotus Co. Ltd..

BERRY B J L, 1964. Approaches to regional analysis: a synthesis [J]. Annals of the association of American geographers, 54 (1): 2-11.

BEVELANDER P, 2004. Immigration patterns, economic integration and residential segregation-Sweden in the late 20th century [EB/OL]. (2004-03-05) [2017-03-10]. http://dspace.mah.se/dspace/bitstream/handle/2043/1219/386.pdf?sequence=3.

BHAT C R, KOPPELMAN F S, 1993. A conceptual framework of individual activity program generation [J]. Transportation research part A: policy and practice, 27 (6): 433-446.

BHAT C R, MISRA R, 1999. Discretionary activity time allocation of individuals between in-home and out-of-home and between weekdays and weekends [J]. Transportation, 26 (2): 193-229.

BICKFORD A, MASSEY D S, 1991. Segregation in the second ghetto: racial and ethnic segregation in American public housing, 1977 [J]. Social forces, 69 (4): 1011-1036.

BLASIUS J, FRIEDRICHS J, GALSTER G, 2007. Introduction: frontiers of quantifying neighbourhood effects [J]. Housing studies, 22 (5):

627-636.

BLUMEN O, ZAMIR I, 2001. Two social environments in a working day: occupation and spatial segregation in metropolitan Tel Aviv [J]. Environment and planning A: economy and space, 33 (10): 1765-1784.

BOBO L, ZUBRINSKY C L, 1996. Attitudes on residential integration: perceived status differences, mere in-group preference, or racial prejudice [J]. Social forces, 74 (3): 883-909.

BÖCKER L, DIJST M, PRILLWITZ J, 2013. Impact of everyday weather on individual daily travel behaviours in perspective: a literature review [J]. Transport reviews, 33 (1): 71-91.

BOLLEN K A, 1989. A new incremental fit index for general structural equation models [J]. Sociological methods & research, 17 (3): 303-316.

BOLT G, BURGERS J, VAN KEMPEN R, 1998. On the social significance of spatial location; spatial segregation and social inclusion [J]. Netherlands journal of housing and the built environment, 13 (1): 83-95.

BRANDS J, SCHWANEN T, VAN AALST I, 2015. Fear of crime and affective ambiguities in the night-time economy [J]. Urban studies, 52 (3): 439-455.

BROOKS-GUNN J, DUNCAN G J, KLEBANOV P K, et al, 1993. Do neighborhoods influence child and adolescent development [J]. American journal of sociology, 99 (2): 353-395.

BROWN L A, CHUNG S Y, 2006. Spatial segregation, segregation indices and the geographical perspective [J]. Population, space and place, 12 (2): 125-143.

BROWN L A, MOORE E G, 1970. The intra-urban migration process: a perspective [J]. Geografiska annaler: series B, human geography, 52 (1): 1-13.

BUHAI S, VAN DER LEIJ M, 2006. A social network analysis of occupational segregation [Z]. Amsterdam: Tinbergen Institute.

BULIUNG R N, KANAROGLOU P S, 2006a. A GIS toolkit for exploring geographies of household activity/travel behavior [J]. Journal of transport geography, 14 (1): 35-51.

BULIUNG R N, KANAROGLOU P S, 2006b. Urban form and household activity-travel behavior [J]. Growth and change, 37 (2): 172-199.

BURGESS E W, 1925. The growth of the city: an introduction to a research project [M] // PARK R E, BURGESS E W. The city. Chicago: The University of Chicago Press.

BURGMAN M A, FOX J C, 2003. Bias in species range estimates from minimum convex polygons: implications for conservation and options for improved planning [J]. Animal conservation, 6 (1): 19-28.

BURNS L D, 1979. Transportation, temporal and spatial components of accessibility [M]. Lexington: Lexington Books.

CALLAHAN S P, et al, 2008. Direct volume rendering [J]. Computing in science & engineering, 10 (1): 8-92.

CANER G, BÖLEN F, 2013. Implications of socio-spatial segregation in urban theories [J]. Journal of planning, 23 (3): 153-161.

CAO J, CAO X S, 2014. The impacts of LRT, neighbourhood characteristics, and self-selection on auto ownership: evidence from Minneapolis-St. Paul [J]. Urban studies, 51 (10): 2068-2087.

CAO X Y, CHAI Y W, 2007. Gender role-based differences in time allocation: case study of Shenzhen, China [J]. Transportation research record: journal of the transportation research board, 2014 (1): 58-66.

CARLSTEIN T, PARKS D, THRIFT N, 1978. Timing space and spacing time Vol. 2: human activity and time geography [M]. London: Edward Arnold.

CARTER C, GRIECO M, 2000. New deals, no wheels: social exclusion, tele-options and electronic ontology [J]. Urban studies, 37 (10): 1735-1748.

CASAS I, 2007. Social exclusion and the disabled: an accessibility approach [J]. The professional geographer, 59 (4): 463-477.

CASAS I, HORNER M W, WEBER J, 2009. A comparison of three methods for identifying transport-based exclusion: a case study of children's access to urban opportunities in Erie and Niagara counties, New York [J]. International journal of sustainable transportation, 3 (4): 227-245.

CASTELLS M, 1978. City, class and power [M]. London: Macmillan Education UK: 167-173.

CASTELLS M, 2011. The rise of the network society: the information age: economy, society, and culture [M]. New York: John Wiley & Sons.

CERVERO R, SARMIENTO O L, JACOBY E, et al, 2009. Influences of built environments on walking and cycling: lessons from Bogotá [J]. International journal of sustainable transportation, 3 (4): 203-226.

CHAI Y W, 2013. Space-time behavior research in China: recent development and future prospect [J]. Annals of the association of American geographers, 103 (5): 1093-1099.

CHAIX B, 2009. Geographic life environments and coronary heart disease: a literature review, theoretical contributions, methodological updates, and a research agenda [J]. Annual review of public health, 30 (1): 81-105.

CHANG M L, 2004. Growing pains: cross-national variation in sex segregation in sixteen developing countries [J]. American sociological review, 69 (1): 114-137.

CHAPIN F S. 1974. Human activity patterns in the city: things people do in time and in space [M]. New York: Wiley-Interscience.

CHAPMAN D W, LARKHAM P J, 1999. Urban design, urban quality and the quality of life: reviewing the department of the environment's urban design campaign [J]. Journal of urban design, 4 (2): 211-232.

CHEN B Y, LI Q Q, WANG D G, et al, 2013. Reliable space-time prisms under travel time uncertainty [J]. Annals of the association of American geographers, 103 (6): 1502-1521.

CHEN S, ZHANG H, YUEN D A, et al, 2008. Volume rendering visualization of 3D spherical mantle convection with an unstructured mesh [J]. Visual geosciences, 13 (1): 97-104.

CHEN X, KWAN M P, 2015. Contextual uncertainties, human mobility, and perceived food environment: the uncertain geographic context problem in food access research [J]. American journal of public health, 105 (9): 1734-1737.

CHURCH A, FROST M, SULLIVAN K, 2000. Transport and social exclusion in London [J]. Transport policy, 7 (3): 195-205.

CHURCH R L, MARSTON J R, 2003. Measuring accessibility for people with a disability [J]. Geographical analysis, 35 (1): 83-96.

CLARK A F, SCOTT D M, 2013. Does the social environment influence active travel? An investigation of walking in Hamilton, Canada [J]. Journal of transport geography, 31: 278-285.

CLARK W A V, 1986. Residential segregation in American cities: a review and interpretation [J]. Population research and policy review, 5 (2): 95-127.

CLARK W A V, 1992. Residential preferences and residential choices in a multiethnic context [J]. Demography, 29 (3): 451-466.

CLARK W A V, WARE J, 1997. Trends in residential integration by socioeconomic status in Southern California [J]. Urban affairs review, 32 (6): 825-843.

Commission of the European Communities. 1993. Growth, competitiveness, employment: the challenges and ways forward into the 21st century [Z]. Luxembourg: Office for Official Publications of the European Communities.

COSGROVE D, 1982. The myth and the stones of Venice: an historical geography of a symbolic landscape [J]. Journal of historical geography, 8 (2): 145-146.

COUCLELIS H, 2009. Rethinking time geography in the information age [J]. Environment and planning A, 41 (7): 1556-1575.

COX K R, 1981. Bourgeois thought and the behavioural geography debate [M] //COX K R, GOLLEDGE R G. Behavioral problems in geography revisited. New York: Methuen: 256-279.

CRESSWELL T, 2006. On the move: mobility in the modern western world [M]. London: Routledge.

CRESSWELL T, MERRIMAN P, 2011. Introduction: geographies of mobilities: practices, spaces, subjects [M]. Farnham: Ashgate Publishing Limited: 1-15.

CRNOVRSANIN T, MUELDER C, CORREA C, et al, 2009. Proximity-based visualization of movement trace data [C]. Altantic City: 2009 IEEE Symposium on Visual Analytics Science and Technology: 11-18.

CUMMINS S, 2007. Commentary: investigating neighbourhood effects on health: avoiding the 'local trap' [J]. International journal of epidemiology, 36 (2): 355-357.

CUTLER D, GLAESER E, VIGDOR J, 1997. The rise and decline of the American ghetto [Z]. New York: National Bureau of Economic Research.

DAVIS M, 1990. City of quartz: excavating the future in Los Angeles [M]. London: Verso.

DAWKINS C J, 2004. Measuring the spatial pattern of residential segregation [J]. Urban studies, 41 (4): 833-851.

DE HAAN A, MAXWELL S, 1998. Editorial: poverty and social exclusion in north and south [J]. IDS bulletin, 29 (1): 1-9.

DE M PINTO F, FREITAS C M D S, 2008. Volume visualization and exploration through flexible transfer function design [J]. Computers & graphics, 32 (5): 540-549.

DE VOS J, SCHWANEN T, VAN ACKER V, et al, 2013. Travel and subjective well-being: a focus on findings, methods and future research needs [J]. Transport reviews, 33 (4): 421-442.

DEAR M, FLUSTY S, 1998. Postmodern urbanism [J]. Annals of the association of American geographers, 88 (1): 50-72.

DELAFONTAINE M, NEUTENS T, SCHWANEN T, et al, 2011. The impact of opening hours on the equity of individual space-time accessibility [J]. Computers, environment and urban systems, 35 (4): 276-288.

DEMŠAR U, VIRRANTAUS K, 2010. Space-time density of trajectories: exploring spatio-temporal patterns in movement data [J]. International journal of geographical information science, 24 (10): 1527-1542.

DENTON N A, MASSEY D S, 1988. Residential segregation of blacks, Hispanics, and Asians by socioeconomic status and generation [J]. Social science quarterly, 69 (4): 797-817.

DENTON N A, MASSEY D S, 1991. Patterns of neighborhood transition in a multiethnic world: U. S. metropolitan areas, 1970-1980 [J]. Demography, 28 (1): 41-63.

DIEZ-ROUX A V, 1998. Bringing context back into epidemiology: variables and fallacies in multilevel analysis [J]. American journal of public health, 88 (2): 216-222.

DIJST M, 1999. Two-earner families and their action spaces: a case study of two Dutch communities [J]. GeoJournal, 48 (3): 195-206.

DIJST M, 2009. ICT and social networks: towards a situational perspective on the interaction between corporeal and connected presence [M] // KITAMURA R, YOSHII T. The expanding sphere of travel behaviour research: selected papers from the 11th international conference on travel behaviour research. Bingley: Emerald Publishing Limited: 45-75.

DIJST M, VIDAKOVIC V, 2000. Travel time ratio: the key factor of spatial reach [J]. Transportation, 27 (2): 179-199.

DOMOSH M, SEAGER J, 2001. Putting women in place: feminist geographers make sense of the world [M]. New York: Guilford Press.

DOWNS J A, HORNER M W, 2012. Probabilistic potential path trees for visualizing and analyzing vehicle tracking data [J]. Journal of transport geography, 23: 72-80.

DOYLE D G, TAYLOR B D, 2000. Variation in metropolitan travel behavior by sex and ethnicity [R]. Washington, DC: Travel Patterns of People of Color.

DUFFY K, 1995. Social exclusion and human dignity in Europe [Z]. Strasbourg: Council of Europe: 21-45.

DUNCAN O D, DUNCAN B, 1955a. A methodological analysis of segregation indexes [J]. American sociological review, 20 (2): 210.

DUNCAN O D, DUNCAN B, 1995b. Residential distribution and occupational stratification [J]. American journal of sociology, 60 (5): 493-503.

DURAND J, MASSEY D S, ZENTENO R M, 2001. Mexican immigration to the United States: continuities and changes [J]. Latin American research review, 36 (1): 107-127.

DWYER R E, 2007. Expanding homes and increasing inequalities: US housing development and the residential segregation of the affluent [J]. Social problems, 54 (1): 23-46.

ECCLES R, KAPLER T, HARPER R, et al, 2008. Stories in GeoTime [J]. Information visualization, 7 (1): 3-17.

ELGETHUN K, FENSKE R A, YOST M G, et al, 2003. Time-location analysis for exposure assessment studies of children using a novel global positioning system instrument [J]. Environmental health perspectives, 111 (1): 115-122.

ELLEGÅRD K, 1999. A time-geographical approach to the study of everyday life of individuals: a challenge of complexity [J]. GeoJournal, 48 (3): 167-175.

ELLEGÅRD K, HÄGERSTRAND T, LENNTORP B, 1977. Activity organization and the generation of daily travel two future alternatives [J]. Economic geography, 53 (2): 126-152.

ELLEGÅRD K, SVEDIN U, 2012. Torsten Hägerstrand's time-geography as the cradle of the activity approach in transport geography [J]. Journal of transport geography, 23: 17-25.

ELLIS M, WRIGHT R, PARKS V, 2004. Work together, live apart? Geographies of racial and ethnic segregation at home and at work [J]. Annals of the association of American geographers, 94 (3): 620-637.

EMERSON M O, YANCEY G, CHAI K J, 2001. Does race matter in residential segregation? Exploring the preferences of white Americans [J]. American sociological review, 66 (6): 922-935.

ENGESTRÖM Y, MIETTINEN R, PUNAMÄKI R-L, 1999. Perspectives on activity theory [M]. Cambridge: Cambridge University Press.

ERBE B M, 1975. Race and socioeconomic segregation [J]. American sociological review, 40 (6): 801-812.

ESTABROOKS P A, LEE R E, GYURCSIK N C, 2003. Resources for physical activity participation: does availability and accessibility differ by neighborhood socioeconomic status [J]. Annals of behavioral medicine, 25 (2): 100-104.

ESTLUND C, 2003. Working together: how workplace bonds strengthen a diverse democracy [M]. Oxford: Oxford University Press.

ETTEMA D F, 1997. Activity-based travel demand modeling [D]. Eindhoven: Technische Universiteit Eindhoven.

ETTEMA D, GÄRLING T, OLSSON L E, et al, 2010. Out-of-home activities, daily travel, and subjective well-being [J]. Transportation

research part A：policy and practice，44 (9)：723-732.
ETTEMA D，TIMMERMANS H，1997. Activity-based approaches to travel analysis [M]. Bradford：Emerald Group Publishing Limited.
ETTEMA D，VAN DER LIPPE T，2009. Weekly rhythms in task and time allocation of households [J]. Transportation，36 (2)：113-129.
FAINSTEIN S S，2000. New directions in planning theory [J]. Urban affairs review，35 (4)：451-478.
FAN Y L，KHATTAK A J，2008. Urban form，individual spatial footprints，and travel [J]. Transportation research record：journal of the transportation research board，2082 (1)：98-106.
FANG Z X，SHAW S L，TU W，et al，2012. Spatiotemporal analysis of critical transportation links based on time geographic concepts：a case study of critical bridges in Wuhan，China [J]. Journal of transport geography，23 (3)：44-59.
FARBER S，NEUTENS T，CARRASCO J A，et al，2014. Social interaction potential and the spatial distribution of face-to-face social interactions [J]. Environment and planning B：planning & design，41 (6)：960-976.
FARBER S，NEUTENS T，MILLER H J，et al，2013. The social interaction potential of metropolitan regions：a time-geographic measurement approach using joint accessibility [J]. Annals of the association of American geographers，103 (3)：483-504.
FARBER S，PÁEZ A，MORENCY C，2012. Activity spaces and the measurement of clustering and exposure：a case study of linguistic groups in Montreal [J]. Environment and planning A，44 (2)：315-332.
FARLEY R，KRYSAN M，JACKSON T，et al，1993. Causes of continued racial residential segregation in detroit：'chocolate city，vanilla suburbs' revisited [J]. Journal of housing research，4 (1)：1-38.
FISCHER M J，2003. The relative importance of income and race in determining residential outcomes in US urban areas，1970-2000 [J]. Urban affairs review，38 (5)：669-696.
FLAMM M，KAUFMANN V，2006. Operationalising the concept of motility：a qualitative study [J]. Mobilities，1 (2)：167-189.
FLOWERDEW R，MANLEY D J，SABEL C E，2008. Neighbourhood effects on health：does it matter where you draw the boundaries [J]. Social science & medicine，66 (6)：1241-1255.
FONG E，CHAN E，2010. The effect of economic standing，individual preferences，and co-ethnic resources on immigrant residential clustering

[J]. International migration review, 44 (1): 111-141.
FORER P, HUISMAN O, 2000. Space, time and sequencing: substitution at the physical/ virtual interface [M] //BATTEN D F, FISCHER M M, HEWINGS G J D, et al. Advances in spatial science. Berlin: Springer Berlin: 73-90.
FOUCAULT M, 1980. Power/Knowledge: selected interviews & other writings: 1972-1977 [M]. New York: Pantheon Books.
FOUCAULT M, 1991. Nietzsche, genealogy, history [M] // RABINOW P. The foucault reader. London: Penguin.
FRANK L D, SCHMID T L, SALLIS J F, et al, 2005. Linking objectively measured physical activity with objectively measured urban form: findings from SMARTRAQ [J]. American journal of preventive medicine, 28 (2): 117-125.
FREY W H, MYERS D, 2000. US metro areas ranked by White/Black dissimilarity index [EB/OL]. (2000-11-08) [2017-03-10]. http: // www. censusscope. org/us/rank _ dissimilarity _ white _ black. html.
FRIEDRICHS J R, GALSTER G, MUSTERD S, 2003. Neighbourhood effects on social opportunities: the European and American research and policy context [J]. Housing studies, 18 (6): 797-806.
GAFFIKIN F, MORRISSEY M, 2011. Planning in divided cities: collaborative shaping of contested space [M]. Oxford: Blackwell Publishing Ltd..
GAO D L, 2009. 3D seismic volume visualization and interpretation: an integrated workflow with case studies [J]. Geophysics, 74 (1): 1-12.
GETIS A, ORD J K, 2010. The analysis of spatial association by use of distance statistics [M] //ANSELIN L, REY S J. Perspectives on spatial data analysis. Berlin: Springer Berlin: 127-145.
GIDDENS A, 1984. The constitution of society: outline of the theory of structuration [M]. Berkeley: University of California Press.
GINI C, 1921. Measurement of inequality of incomes [J]. The economic journal, 31 (121): 124-126.
GIULIANO G, 2003. Travel, location and race/ethnicity [J]. Transportation research part A: policy and practice, 37 (4): 351-372.
GLADNEY D C, 1987. Muslim tombs and ethnic folklore: charters for hui identity [J]. The journal of Asian studies, 46 (3): 495-532.
GLIEBE J P, KOPPELMAN F S, 2002. A model of joint activity participation between household members [J]. Transportation, 29 (1): 49-72.
GOLD J R, 1980. An introduction to behavioural geography [M]. Oxford:

Oxford University Press.
GOLLEDGE R G，1993. Geography and the disabled：a survey with special reference to vision impaired and blind populations [J]. Transactions of the institute of British geographers，18 (1)：63-85.
GOLLEDGE R G，KWAN M P，GÄRLING T，1994. Computational process modeling of household travel decisions using a geographical information system [J]. Papers in regional science，73 (2)：99-117.
GOLLEDGE R G，STIMSON R J，1997. Spatial behavior：a geographic perspective [M]. New York：Guilford Press.
GOLOB T F，2003. Structural equation modeling for travel behavior research [J]. Transportation research part B：methodological，37 (1)：1-25.
GOLOB T F，MCNALLY M G，1997. A model of activity participation and travel interactions between household heads [J]. Transportation research part B：methodological，31 (3)：177-194.
GOODCHILD M F，JANELLE D G，1984. The city around the clock：space-time patterns of urban ecological structure [J]. Environment and planning A，16 (6)：807-820.
GOODIN R E，RICE J M，BITTMAN M，et al，2005. The time-pressure illusion：discretionary time vs. free time [J]. Social indicators research，73 (1)：43-70.
GOODWIN P，VAN DENDER K，2013. 'Peak car'：themes and issues [J]. Transport reviews，33 (3)：243-254.
GORDON D，ADELMAN L，ASHWORTH K，et al，2000. Poverty and social exclusion in Britain [Z]. New York：Joseph Rowntree Foundation.
GOTTDIENER M，HUTCHISON R，2006. The new urban sociology [M]. Boulder：Westview Press.
GOULIAS K G，BHAT C R，PENDYALA R M，et al，2011. Simulator of activities，greenhouse emissions，networks，and travel (SimAGENT) in Southern California：design，implementation，preliminary findings，and integrations plans [C]. Vienna：2011 IEEE Forum on Integrated and Sustainable Transportation Systems：164-169.
GREENBAUM S，HATHAWAY W，RODRIGUEZ C，et al，2008. Deconcentration and social capital：contradictions of a poverty alleviation policy [J]. Journal of poverty，12 (2)：201-228.
GRIFFITH D A，1983. The boundary value problem in spatial statistical analysis [J]. Journal of regional science，23 (3)：377-387.
GU C L，WANG F H，LIU G L，2005. The structure of social space in Beijing in 1998：a socialist city in transition [J]. Urban geography，26 (2)：

167-192.

GULLIVER J, BRIGGS D J, 2005. Time-space modeling of journey-time exposure to traffic-related air pollution using GIS [J]. Environmental research, 97 (1): 10-25.

GUO Z H, 2014. Nationality, Hukou, and ethnicity: the institutional structure of citizenship in contemporary Mainland China [J]. Cambridge journal of China studies, 9 (4): 1-9.

HADWIGER M, SIGG C, SCHARSACH H, et al, 2005. Real-time ray-casting and advanced shading of discrete isosurfaces [J]. Computer graphics forum, 24 (3): 303-312.

HÄGERSTRAND T, 1970. What about people in regional science [J]. Papers of the regional science association, 24 (1): 6-21.

HÄGERSTRAND T, 1984. Presence and absence: a look at conceptual choices and bodily necessities [J]. Regional studies, 18 (5): 373-379.

HANDY S , 2005. Smart growth and the transportation-land use connection: what does the research tell us [J]. International regional science review, 28 (2): 146-167.

HANSON S, HANSON P, 1993. Chapter 10 the geography of everyday life [M] //GÄRLING T, REGINALD G G. Advances in psychology. Amsterdam: Elsevier: 249-269.

HARDWICK S W, MEACHAM J E, 2005. Heterolocalism, networks of ethnicity, and refugee communities in the Pacific northwest: the Portland story [J]. The professional geographer, 57 (4): 539-557.

HARRIES K, 2006. Extreme spatial variations in crime density in Baltimore County, MD [J]. GeoForum, 37 (3): 404-416.

HARRIS C D, ULLMAN E L, 1945. The nature of cities [J]. The annals of the American academy of political and social science, 242 (1): 7-17.

HARVEY D, 1989. The condition of postmodernity: an enquiry into the conditions of cultural change [M]. Oxford: Basil Blackwell.

HAWLEY A H, 1986. Human ecology: a theoretical essay [M]. Chicago: University of Chicago Press.

HAWTHORNE T L, KWAN M P, 2013. Exploring the unequal landscapes of healthcare accessibility in lower-income urban neighborhoods through qualitative inquiry [J]. GeoForum, 50: 97-106.

HINE J, GRIECO M, 2003. Scatters and clusters in time and space: implications for delivering integrated and inclusive transport [J]. Transport policy, 10 (4): 299-306.

HORTON F E, REYNOLDS D R, 1971. Effects of urban spatial structure on

individual behavior [J]. Economic geography, 47 (1): 36-48.
HOUSTON D S, 2009. Methods to test the spatial mismatch hypothesis [J]. Economic geography, 81 (4): 407-434.
HOYT H, 1939. The structure and growth of residential neighborhoods in American cities [Z]. Washington, DC: Federal Housing Administration.
HSIEH T J, CHEN C K, MA K L, 2010. Visualizing field-measured seismic data [C]. Taipei: Proceedings of the IEEE Pacific Visualization Symposium: 65-72.
ICELAND J, WEINBERG D H, 2002. Racial and ethnic residential segregation in the United States: 1980 - 2000 [R]. New York: Bureau of Census.
IHLANFELDT K R, SJOQUIST D, 1998. The spatial mismatch hypothesis: a review of recent studies [J]. Housing policy debate, 9 (4): 849-892.
ISAACMAN S, BECKER R, CÁCERES R, et al, 2010. A tale of two cities [C]. Annapolis: Proceedings of the Eleventh Workshop on Mobile Computing Systems & Applications-HotMobile'10: 19-24.
ISAKSSON C, ELLEGÅRD K, 2015. Anchoring energy efficiency information in households' everyday projects: peoples' understanding of renewable heating systems [J]. Energy efficiency, 8 (2): 353-364.
JACOBS J, 1996. The death and life of great American cities [M]. New York: Random House.
JANG Y, VARETTO U, 2009. Interactive volume rendering of functional representations in quantum chemistry [J]. IEEE transactions on visualization and computer graphics, 15 (6): 1579-1586.
JÄRV O, AHAS R, WITLOX F, 2014. Understanding monthly variability in human activity spaces: a twelve-month study using mobile phone call detail records [J]. Transportation research part C: emerging technologies, 38: 122-135.
JÄRV O, MÜÜRISEPP K, AHAS R, et al, 2015. Ethnic differences in activity spaces as a characteristic of segregation: a study based on mobile phone usage in Tallinn, Estonia [J]. Urban studies, 52 (14): 2680-2698.
JOHNSTON R J, 1986. Philosophy and human geography: an introduction to contemporary approaches [M]. London: Edward Arnold.
JOHNSTON R, JONES K, PROPPER C, et al, 2007. Region, local context, and voting at the 1997 general election in England [J]. American journal of political science, 51 (3): 640-654.
JOHNSTON R, PROPPER C, BURGESS S, et al, 2005. Spatial scale and the

neighbourhood effect: multinomial models of voting at two recent British general elections [J]. British journal of political science, 35 (3): 487-514.

JONES M, PEBLEY A R, 2014. Redefining neighborhoods using common destinations: social characteristics of activity spaces and home census tracts compared [J]. Demography, 51 (3): 727-752.

JONES P M, DIX M C, CLARKE M I, et al, 1983. Understanding travel behaviour [M]. Aldershot: Gower Publishing Co..

JORGEN BENDIXEN H, ELLEGÅRD K, 2014. Occupational therapists' job satisfaction in a changing hospital organisation: a time-geography-based study [J]. Work, 47 (2): 159-171.

JUSTEN A, MARTÍNEZ F J, CORTÉS C E, 2013. The use of space-time constraints for the selection of discretionary activity locations [J]. Journal of transport geography, 33 (6): 146-152.

KÄHRIK A, 2006. Socio-spatial residential segregation in post-socialist cities: the case of Tallinn, Estonia [M]. Tartu: Tartu University Press.

KAIN J F, 1968. Housing segregation, Negro employment, and metropolitan decentralization [J]. Quarterly journal of economics, 82 (2): 175-197.

KANTROWITZ N, 1973. Ethnic and racial segregation in the New York Metropolis: residential patterns among white ethnic groups, blacks and Puerto Ricans [M]. New York: Praeger Publishers.

KAPLER T, WRIGHT W, 2005. GeoTime information visualization [J]. Information visualization, 4 (2): 136-146.

KASARDA J D, 1993. Inner-city concentrated poverty and neighborhood distress: 1970 to 1990 [J]. Housing policy debate, 4 (3): 253-302.

KATZ P, SCULLY V J, BRESSI T W, 1994. The new urbanism: toward an architecture of community [J]. Environmental protection, 17 (2-3): 285-300.

KAUFMANN V, BERGMAN M M, JOYE D, 2004. Motility: mobility as capital [J]. International journal of urban and regional research, 28 (4): 745-756.

KHALIL H A E E, 2012. Enhancing quality of life through strategic urban planning [J]. Sustainable cities and society, 5: 77-86.

KIE J G, BALDWIN J A, EVANS C J, 1996. CALHOME: a program for estimating animal home ranges [J]. Wildlife society bulletin (1973-2006), 24: 342-344.

KINLOCH G C, 1988. American sociology's changing interests as reflected in two leading journals [J]. The American sociologist, 19 (2): 181-194.

KNOX P, PINCH S, 2009. Urban social geography: an introduction [M]. 6th ed. London: Routledge.

KOLACZYK E D, HUANG H Y, 2010. Multiscale statistical models for hierarchical spatial aggregation [J]. Geographical analysis, 33 (2): 95-118.

KRAAK M J, 2003. The space-time cube revisited from a geovisualization perspective [C]. Durban: The 21st International Cartographic Conference: 1988-1996.

KRAAK M J, 2008. Geovisualization and time-new opportunities for the space-time cube [M] // DODGE M, MCDERBY M, TURNER M. Geographic visualization. Chichester: John Wiley & Sons, Ltd.: 293-306.

KRAAK M J, HUISMAN O, 2009. Beyond exploratory visualization of space-time paths [M] // MILLER H J, HAN J. Geographic data mining and knowledge discovery. 2nd ed. London: CRC Press: 431-443.

KRIVO L J, WASHINGTON H M, PETERSON R D, et al, 2013. Social isolation of disadvantage and advantage: the reproduction of inequality in urban space [J]. Social forces, 92 (1): 141-164.

KWAN M P, 1999. Gender and individual access to urban opportunities: a study using space-time measures [J]. The professional geographer, 51 (2): 211-227.

KWAN M P, 2000. Interactive geovisualization of activity-travel patterns using three-dimensional geographical information systems: a methodological exploration with a large data set [J]. Transportation research part C: emerging technologies, 8 (1-6): 185-203.

KWAN M P, 2002. Feminist visualization: re-envisioning GIS as a method in feminist geographic research [J]. Annals of the association of American geographers, 92 (4): 645-661.

KWAN M P, 2007. Affecting geospatial technologies: toward a feminist politics of emotion [J]. The professional geographer, 59 (1): 22-34.

KWAN M P, 2008a. Gender, the home-work link, and space-time patterns of nonemployment activities [J]. Economic geography, 75 (4): 370-394.

KWAN M P, 2008b. From oral histories to visual narratives: re-presenting the post-September 11 experiences of the Muslim women in the USA [J]. Social & cultural geography, 9 (6): 653-669.

KWAN M P, 2009. From place-based to people-based exposure measures [J]. Social science & medicine, 69 (9): 1311-1313.

KWAN M P, 2012a. The uncertain geographic context problem [J]. Annals of the association of American geographers, 102 (5): 958-968.

KWAN M P，2012b. How GIS can help address the uncertain geographic context problem in social science research [J]. Annals of GIS，18 (4)：245-255.

KWAN M P，2013. Beyond space (as we knew it)：toward temporally integrated geographies of segregation，health，and accessibility：space-time integration in geography and GIScience [J]. Annals of the association of American geographers，103 (5)：1078-1086.

KWAN M P，2016. Algorithmic geographies：big data，algorithmic uncertainty，and the production of geographic knowledge [J]. Annals of the American association of geographers，106 (2)：274-282.

KWAN M P，DIJST M，SCHWANEN T，2007. The interaction between ICT and human activity-travel behavior [J]. Transportation research part A：policy and practice，41 (2)：121-124.

KWAN M P，DING G X，2008. Geo-narrative：extending geographic information systems for narrative analysis in qualitative and mixed-method research [J]. The professional geographer，60 (4)：443-465.

KWAN M P，HAWTHORNE T，CALDER C，et al，2009. Activity-space measures for studying spatial crime and social isolation [R]. Las Vegas：Annual meeting of the Association of American Geographers.

KWAN M P，KOTSEV A，2015. Gender differences in commute time and accessibility in Sofia，Bulgaria：a study using 3D geovisualization [J]. The geographical journal，181 (1)：83-96.

KWAN M P，LEE J，2004. Geovisualization of human activity patterns using 3D GIS：a time-geographic approach [M] // GOODCHILD M F，JANELLE D G. Spatially integrated social science. Oxford：Oxford University Press：48-66.

KWAN M P，LIU D，VOGLIANO J，2014a. Assessing dynamic exposure to air pollution [M] // KWAN M P，RICHARDSON D，WANG D，et al. Space-time integration in geography and GIScience：research frontiers in the US and China. Dordrecht：Springer Netherlands：283-300.

KWAN M P，WEBER J，2003. Individual accessibility revisited：implications for geographical analysis in the twenty-first century [J]. Geographical analysis，35 (4)：341-353.

KWAN M P，XIAO N C，DING G X，2014b. Assessing activity pattern similarity with multidimensional sequence alignment based on a multiobjective optimization evolutionary algorithm [J]. Geographical analysis，46 (3)：297-320.

LAM W W Y，YAO S J，LOO B P Y，2014. Pedestrian exposure measures：a time-space framework [J]. Travel behaviour and society，1 (1)：

22-30.

LAWS G, 1997. Women's life courses, spatial mobility, and state policies [M] // JONES J P, NAST H J, ROBERTS S M. Thresholds in feminist geography: difference, methodology, representation. Lanham: Rowman and Littlefield: 47-64.

LEAL C, CHAIX B, 2011. The influence of geographic life environments on cardiometabolic risk factors: a systematic review, a methodological assessment and a research agenda [J]. Obesity reviews, 12 (3): 217-230.

LEDERGERBER C, GUENNEBAUD G, MEYER M, et al, 2008. Volume MLS ray casting [J]. IEEE transactions on visualization and computer graphics, 14 (6): 1372-1379.

LEFEBVRE H, 1991. The production of space [M]. Oxford: Wiley-Blackwell.

LENNTORP B, 1976. Paths in space-time environments: a time-geographic study of movement possibilities of individuals [J]. Lund studies in geography (44): 961-972.

LENNTORP B, 2004. Path, prism, project, pocket and population: an introduction [J]. Geografiska annaler: series B, human geography: 86 (4): 223-226.

LEONTYEV A N, 1977. Activity and consciousness [M] // DAGLISH R. Philosophy in the USSR, problems of dialectical materialism. Moscow: Progress Publishers: 180-202.

LEVITAS R, PANTAZIS C, FAHMY E, et al, 2007. The multi-dimensional analysis of social exclusion, department of sociology and school for social policy, townsend centre for the international study of poverty and Bristol institute for public affairs [Z]. Bristol: University of Bristol.

LI F, WANG D G, 2017. Measuring urban segregation based on individuals' daily activity patterns: a multidimensional approach [J]. Environment and Planning A, 49 (2): 467-486.

LIAO F X, RASOULI S, TIMMERMANS H, 2014. Incorporating activity-travel time uncertainty and stochastic space-time prisms in multistate super networks for activity-travel scheduling [J]. International journal of geographical information science, 28 (5): 928-945.

LIEBERMAN L, KIRK R C, CORCORAN M, 2003. The decline of race in American physical anthropology [J]. Anthropological review, 66: 3-21.

LIEBERSON S, CARTER D K, 1982a. A model for inferring the voluntary and involuntary causes of residential segregation [J]. Demography, 19

(4): 511-526.
LIEBERSON S, CARTER D K, 1982b. Temporal changes and urban differences in residential segregation: a reconsideration [J]. American journal of sociology, 88 (2): 296-310.
LLOYD C D, SHUTTLEWORTH I G, WONG D W, 2015. Social-spatial segregation: concepts, processes and outcomes [M]. Bristol: Policy Press.
LOGAN J R, ALBA R D, MCNULTY T, et al, 1996. Making a place in the metropolis: locational attainment in cities and suburbs [J]. Demography, 33 (4): 443-453.
LONGHURST R, 2001. Bodies: exploring fluid boundaries [M]. Philadelphia: Psychology Press.
LONGLEY P A, 2012. Geodemographics and the practices of geographic information science [J]. International journal of geographical information science, 26 (12): 2227-2237.
LONGLEY P A, ADNAN M, 2016. Geo-temporal Twitter demographics [J]. International journal of geographical information science, 30 (2): 369-389.
LU X D, PAS E I, 1999. Socio-demographics, activity participation and travel behavior [J]. Transportation research part A: policy and practice, 33 (1): 1-18.
LU Y M, FANG T B, 2014. Examining personal air pollution exposure, intake, and health danger zone using time geography and 3D geovisualization [J]. ISPRS international journal of geo-information, 4 (1): 32-46.
LUCAS K, 2012. Transport and social exclusion: where are we now [J]. Transport policy, 20: 105-113.
LUO F X, CAO G F, MULLIGAN K, et al, 2016. Explore spatiotemporal and demographic characteristics of human mobility via Twitter: a case study of Chicago [J]. Applied geography, 70: 11-25.
MA T Y, GERBER P, CARPENTIER S, et al, 2014. Geographic, social-cultural and modal usage determinants of activity space: a case study of EU institutions in Luxembourg and strasbourg [J]. Transportation research procedia, 3: 109-118.
MACALLISTER I, JOHNSTON R, PATTIE C, et al, 2001. Class dealignment and the neighbourhood effect: Miller revisited [J]. British journal of political science, 31 (1): 41-59.
MALLENKOPF J H, CASTELLS M, 1991. Dual city: restructuring New

York [M]. New York：Harcourt Brace Jovanovich Press.
MARKSTRÖM A M，2009. The parent：teacher conference in the Swedish preschool：a study of an ongoing process as a ‘pocket of local order’ [J]. Contemporary issues in early childhood，10 (2)：122-132.
MASSEY D S，DENTON N A，1988. The dimensions of residential segregation [J]. Social forces，67 (2)：281-315.
MASSEY D S，DENTON N A，1993a. American apartheid [M]. Cambridge：Harvard University Press.
MASSEY D S，EGGERS M L，1993b. The spatial concentration of affluence and poverty during the 1970s [J]. Urban affairs review，29 (2)：299-315.
MASSEY D S，FISCHER M J，1999. Does rising income bring integration? New results for blacks，Hispanics，and Asians in 1990 [J]. Social science research，28 (3)：316-326.
MATHIESON J，POPAY J，ENOCH E，et al，2008. Social exclusion meaning，measurement and experience and links to health inequalities. A review of literature [Z]. Lancashire：WHO Social Exclusion Knowledge Network：1，91.
MATTHEWS S A，2008. The salience of neighborhood：some lessons from sociology [J]. American journal of preventive medicine，34 (3)：257-259.
MATTHEWS S A，2011. Spatial polygamy and the heterogeneity of place：studying people and place via egocentric methods [M] // BURTON L，et al. Communities，neighborhoods，and health. New York：Springer.
MCCRAY T，BRAIS N，2007. Exploring the role of transportation in fostering social exclusion：the use of GIS to support qualitative data [J]. Networks and spatial economics，7 (4)：397-412.
MCDONALD N C，2007. Travel and the social environment：evidence from Alameda County，California [J]. Transportation research part D：transport and environment，12 (1)：53-63.
MCENTEE J，AGYEMAN J，2010. Towards the development of a GIS method for identifying rural food deserts：geographic access in Vermont，USA [J]. Applied geography，30 (1)：165-176.
MCLAFFERTY S，1997. Gender，race，and the determinants of commuting：New York in 1990 [J]. Urban geography，18 (3)：192-212.
MCLLWAINE C，1999. Geography and development：violence and crime as development issues [J]. Progress in human geography，23 (3)：453-463.
MCQUOID J，DIJST M，2012. Bringing emotions to time geography：the case of

mobilities of poverty [J]. Journal of transport geography, 23: 26-34.
MENDES DE LEON C F, CAGNEY K A, BIENIAS J L, et al, 2009. Neighborhood social cohesion and disorder in relation to walking in community-dwelling older adults: a multilevel analysis [J]. Journal of aging and health, 21 (1): 155-171.
MENNIS J, MASON M J, 2011. People, places, and adolescent substance use: integrating activity space and social network data for analyzing health behavior [J]. Annals of the association of American geographers, 101 (2): 272-291.
MILLER H J, 1991. Modelling accessibility using space-time prism concepts within geographical information systems [J]. International journal of geographical information systems, 5 (3): 287-301.
MILLER H J, 1999. Measuring space-time accessibility benefits within transportation networks: basic theory and computational procedures [J]. Geographical analysis, 31 (2): 187-212.
MILLER H J, 2007. Place-based versus people-based geographic information science [J]. Geography compass, 1 (3): 503-535.
MILLER H J, BRIDWELL S A, 2009. A field-based theory for time geography [J]. Annals of the association of American geographers, 99 (1): 49-75.
MORGAN B S, 1975. The segregation of socio-economic groups in urban areas: a comparative analysis [J]. Urban studies, 12 (1): 47-60.
MORRILL R L, 2016. On the measure of geographic segregation [J]. Geography research forum, 11: 25-36.
MORRISON N, 2003. Neighbourhoods and social cohesion: experiences from Europe [J]. International planning studies, 8 (2): 115-138.
MU L, WANG F H, 2008. A scale-space clustering method: mitigating the effect of scale in the analysis of zone-based data [J]. Annals of the association of American geographers, 98 (1): 85-101.
MÜHLER K, TIETJEN C, RITTER F, et al, 2010. The medical exploration toolkit: an efficient support for visual computing in surgical planning and training [J]. IEEE transactions on visualization and computer graphics, 16 (1): 133-146.
MUSTERD S, 2005. Social and ethnic segregation in Europe: levels, causes, and effects [J]. Journal of urban affairs, 27 (3): 331-348.
MUSTERD S, 2013. Urban segregation and the welfare state [M]. London: Routledge.
MUSTERD S, DE WINTER M, 1998. Conditions for spatial segregation:

some European perspectives [J]. International journal of urban and regional research, 22 (4): 665-673.

MUSTERD S, PRIEMUS H, VAN KEMPEN R, 1999. Towards undivided cities: the potential of economic revitalisation and housing redifferentiation [J]. Housing studies, 14 (5): 573-584.

MUSTERD S, VAN KEMPEN R, 2009. Segregation and housing of minority ethnic groups in Western European cities [J]. Tijdschrift voor economische en sociale geografie, 100 (4): 559-566.

NEUTENS T, 2015. Accessibility, equity and health care: review and research directions for transport geographers [J]. Journal of transport geography, 43: 14-27.

NEUTENS T, DANIELS S, MINNEN J, et al, 2014. Spatial and temporal fluctuations in individual accessibility: a comparative analysis among subgroups of the population [J]. Geografisk tidsskrift: danish journal of geography, 114 (2): 119-131.

NEUTENS T, DELAFONTAINE M, SCHWANEN T, et al, 2012. The relationship between opening hours and accessibility of public service delivery [J]. Journal of transport geography, 25: 128-140.

NEUTENS T, SCHWANEN T, WITLOX F, 2011. The prism of everyday life: towards a new research agenda for time geography [J]. Transport reviews, 31 (1): 25-47.

NEUTENS T, SCHWANEN T, WITLOX F, et al, 2010a. Equity of urban service delivery: a comparison of different accessibility measures [J]. Environment and planning A: economy and space, 42 (7): 1613-1635.

NEUTENS T, SCHWANEN T, WITLOX F, et al, 2010b. Evaluating the temporal organization of public service provision using space-time accessibility analysis [J]. Urban geography, 31 (8): 1039-1064.

NEWSOME T H, WALCOTT W A, SMITH P D, 1998. Urban activity spaces: illustrations and application of a conceptual model for integrating the time and space dimensions [J]. Transportation, 25 (5): 357-377.

NOVÁK J, SYKORA L, 2007. A city in motion: time-space activity and mobility patterns of suburban inhabitants and the structuration of the spatial organization of the Prague metropolitan area [J]. Geografiska annaler: series B, human geography, 89 (2): 147-168.

O'SULLIVAN D, WONG D W S, 2007. A surface-based approach to measuring spatial segregation [J]. Geographical analysis, 39 (2): 147-168.

OLIVER L N, SCHUURMAN N, HALL A W, 2007. Comparing circular and network buffers to examine the influence of land use on walking for leisure and errands [J]. International journal of health geographics, 6: 41.

OLSSON G, 2015. Inference problems in locational analysis [M] //COX K R, GOLLEDGE R G. Behavioral problems in geography revisited. London: Routledge, 35-39.

OPENSHAW S, TAYLOR P J, 1979. A million or so correlation coefficients: three experiments on the modifiable areal unit problem [J]. Statistical applications in the spatial sciences, 21: 127-144.

PACIONE M, 2003. Urban environmental quality and human wellbeing: a social geographical perspective [J]. Landscape and urban planning, 65 (1-2): 19-30.

PÁEZ A, MERCADO R, FARBER S, et al, 2010. Relative accessibility deprivation indicators for urban settings: definitions and application to food deserts in Montreal [J]. Urban studies, 47 (7): 1415-1438.

PALMER J R B, 2012. Activity-space segregation: understanding social divisions in space and time [R]. San Francisco, CA: Paper Presented at the Annual Meetings of the Population Association of America.

PALMER J R B, ESPENSHADE T J, BARTUMEUS F, et al, 2013. New approaches to human mobility: using mobile phones for demographic research [J]. Demography, 50 (3): 1105-1128.

PARK D C, RADFORD J P, VICKERS M H, 1998. Disability studies in human geography [J]. Progress in human geography, 22 (2): 208-233.

PARK R E, BURGESS E W, MCKENZIE R D, 1925. The city [M]. Chicago: University of Chicago Press.

PAS E I, 1996. Recent advances in activity-based travel demand modeling [C]. New Orleans: Travel Model Improvement Program Activity-Based Travel Forecasting Conference Proceedings.

PEACH C, 1991. Review of 'ethnic minority housing: explanations and policies' [J]. Housing studies, 6 (1): 73-76.

PEACH C, 1996. The meaning of segregation [J]. Planning practice & research, 11 (2): 137-150.

PEACH C, 1998. South Asian and Caribbean ethnic minority housing choice in Britain [J]. Urban studies, 35 (10): 1657-1680.

PERSSON O, ELLEGÅRD K, 2012. Torsten Hägerstrand in the citation time web [J]. The professional geographer, 64 (2): 250-261.

PETER LOBO A, FLORES R J O, SALVO J J, 2002. The impact of Hispanic growth on the racial/ethnic composition of New York city neighborhoods [J]. Urban affairs review, 37 (5): 703-727.

PHINNEY J S, 1990. Ethnic identity in adolescents and adults: review of research [J]. Psychological bulletin, 108 (3): 499-514.
POGGI A, 2004. Persistence of social exclusion in Italy: a multidimensional approach [R]. Modena: XIX National Conference of Labor Economics.
PRED A, 1977. The choreography of existence: comments on Hägerstrand's time-geography and its usefulness [J]. Economic geography, 53 (2): 207-221.
PRED A, 1981. Social reproduction and the time-geography of everyday life [J]. Geografiska annaler: series B, human geography, 63 (1): 243-260.
PRED A, 1984. Place as historically contingent process: structuration and the time-geography of becoming places [J]. Annals of the association of American geographers, 74 (2): 279-297.
PREIM B, OELTZE S, MLEJNEK M, et al, 2009. Survey of the visual exploration and analysis of perfusion data [J]. IEEE transactions on visualization and computer graphics, 15 (2): 205-220.
PYCHYL T A, LITTLE B R, 1998. Dimensional specificity in the prediction of subjective well-being: personal projects in pursuit of the PhD [J]. Social indicators research: an international and interdisciplinary journal for quality-of-life measurement, 45 (1): 423-473.
RAANAN M G, SHOVAL N, 2014. Mental maps compared to actual spatial behavior using GPS data: a new method for investigating segregation in cities [J]. Cities, 36: 28-40.
RATTI C, FRENCHMAN D, MARIA PULSELLI R, et al, 2006. Mobile landscapes: using location data from cell phones for urban analysis [J]. Environment and planning B: planning and design, 33 (5): 727-748.
REARDON S F, BISCHOFF K, 2011. Income inequality and income segregation [J]. American journal of sociology, 116 (4): 1092-1153.
REARDON S F, FIREBAUGH G, 2002. Measures of multigroup segregation [J]. Sociological methodology, 32 (1): 33-67.
REARDON S F, O'SULLIVAN D, 2004. Measures of spatial segregation [J]. Sociological methodology, 34 (1): 121-162.
REICHMAN S, 1976. Travel adjustments and life styles: a behavioral approach [M] // STOPHER P R, MEYBURG A H. Behavioral travel-demand models. Lexington: Lexington Books: 143-152.
REN F, KWAN M P, SCHWANEN T, 2013. Investigating the temporal dynamics of internet activities [J]. Time & society, 22 (2): 186-215.
REN F, TONG D Q, KWAN M P, 2014. Space-time measures of demand for

service: bridging location modelling and accessibility studies through a time-geographic framework [J]. Geografiska annaler: series B, human geography, 96 (4): 329-344.

RICHARDSON D B, VOLKOW N D, KWAN M P, et al, 2013. Spatial turn in health research [J]. Science, 339 (6126): 1390-1392.

RIVA M, GAUVIN L, APPARICIO P, et al, 2009. Disentangling the relative influence of built and socioeconomic environments on walking: the contribution of areas homogenous along exposures of interest [J]. Social science & medicine, 69 (9): 1296-1305.

ROOM G, 1995. Beyond the threshold: the measurement and analysis of social exclusion [M]. Bristol: Policy Press.

ROOT E D, 2012. Moving neighborhoods and health research forward: using geographic methods to examine the role of spatial scale in neighborhood effects on health [J]. Annals of the association of American geographers, 102 (5): 986-995.

ROSE G, 1993. Feminism & geography: the limits of geographical knowledge [M]. Minnesota: University of Minnesota Press.

SCHELLING T C, 1971. Dynamic models of segregation [J]. The journal of mathematical sociology, 1 (2): 143-186.

SCHNELL I, YOAV B, 2001. The sociospatial isolation of agents in everyday life spaces as an aspect of segregation [J]. Annals of the association of American geographers, 91 (4): 622-636.

SCHOLTEN C, FRIBERG T, SANDÉN A, 2012. Re-reading time-geography from a gender perspective: examples from gendered mobility [J]. Tijdschrift voor economische en sociale geografie, 103 (5): 584-600.

SCHÖNFELDER S, AXHAUSEN K W, 2003. Activity spaces: measures of social exclusion [J]. Transport policy, 10 (4): 273-286.

SCHWANEN T, KWAN M P, 2008. The internet, mobile phone and space-time constraints [J]. GeoForum, 39 (3): 1362-1377.

SCHWANEN T, KWAN M P, REN F, 2014a. The internet and the gender division of household labour [J]. The geographical journal, 180 (1): 52-64.

SCHWANEN T, VAN AALST I, BRANDS J, et al, 2012. Rhythms of the night: spatiotemporal inequalities in the nighttime economy [J]. Environment and planning A, 44 (9): 2064-2085.

SCHWANEN T, WANG D G, 2014b. Well-being, context, and everyday activities in space and time [J]. Annals of the association of American geographers, 104 (4): 833-851.

SCOTT D M, HE S Y, 2012. Modeling constrained destination choice for shopping: a GIS-based, time-geographic approach [J]. Journal of transport geography, 23 (3): 60-71.

SCOTT D M, HORNER M W, 2004. Urban form and social exclusion: an exploratory analysis in a US setting [Z]. Hamilton : Centre for Spatial Analysis, McMaster University.

SEMYONOV M, GLIKMAN A, 2009. Ethnic residential segregation, social contacts, and anti-minority attitudes in European societies [J]. European sociological review, 25 (6): 693-708.

SEN A, 2000. Social exclusion: concept, application and scrutiny [Z]. Manila: Office of Environment and Social Development, Asian Development Bank: 1.

SHARECK M, KESTENS Y, FROHLICH K L, 2014. Moving beyond the residential neighborhood to explore social inequalities in exposure to area-level disadvantage: results from the interdisciplinary study on inequalities in smoking [J]. Social science & medicine, 108: 106-114.

SHAW S L, 2006. What about 'time' in transportation geography [J]. Journal of transport geography, 14 (3): 237-240.

SHAW S L, 2011. Geographic information systems for transportation [M]. Amsterdam: Elsevier.

SHELLER M, URRY J, 2006. The new mobilities paradigm [J]. Environment and planning A: economy and space, 38 (2): 207-226.

SHERMAN J E, SPENCER J, PREISSER J S, et al, 2005. A suite of methods for representing activity space in a healthcare accessibility study [J]. International journal of health geographics, 4 (1): 24.

SHEVKY E, WILLIAMS M, 1949. The social areas of Los Angeles, analysis and typology [M]. Berkeley: University of California Press.

SHIFFMAN S, 2009. Ecological momentary assessment (EMA) in studies of substance use [J]. Psychological assessment, 21 (4): 486-497.

SILM S, AHAS R, 2014a. Ethnic differences in activity spaces: a study of out-of-home nonemployment activities with mobile phone data [J]. Annals of the association of American geographers, 104 (3): 542-559.

SILM S, AHAS R, 2014b. The temporal variation of ethnic segregation in a city: evidence from a mobile phone use dataset [J]. Social science research, 47: 30-43.

SILVERMAN B W, 1986. Density estimation in action [M] // SILVERMAN B W, et al. Density estimation for statistics and data analysis. Boston:

Springer US：120-158.

SMEEDING T M，GRODNER A，2000. Changing income inequality in OECD countries：updated results from the Luxembourg income study（LIS）[M] // HAUSER R，BECKER I. The personal distribution of income in an international perspective. Berlin：Springer Berlin：205-224.

SMITH D M，1994. Geography and social justice：social justice in a changing world [M]. Oxford：Wiley-Blackwell.

Social Exclusion Unit，1998. Bringing Britain together：a national strategy for neighbourhood renewal [Z]. London：The Stationary Office.

Social Exclusion Unit，2003. Making the connections：transport and social exclusion [Z]. London：The Stationary Office.

SOJA E W，1989. Postmodern geographies：the reassertion of space in critical social theory [M]. London：Verso.

SOJA E W，1995. Heteropologies：a remmemberance of other cities in the Citadel-LA [M] // WATSON S，GIBSON K. Postmodern cities & spaces. Oxford：Wiley-Blackwell.

SOJA E W，2009. The city and spatial justice [M] // LANDY F，GERVAIS LAMBONY P，BRET B. Justice et injustices spatiales. Paris：Presses Universitaires de Paris Ouest：56-72.

SONG Y，MILLER H J，2014. Beyond the boundary：new insights from inside the space-time prism [M] //KWAN M P，RICHARDSON D，WANG D，et al. Space-time integration in geography and GIScience：research frontiers in the US and China. Dordrecht：Springer Netherlands：189-209.

SONG Y，MILLER H J，ZHOU X，2015. Modeling visit probabilities within network time prisms using continuous-time semi-markov techniques [R]. Washington，DC：Transportation Research Board 94th Annual Meeting.

ST. JOHN C，CLYMER R，2000. Racial residential segregation by level of socioeconomic status [J]. Social science quarterly，81（3）：701-715.

STRADLING S，CARRENO M，RYE T，et al，2007. Passenger perceptions and the ideal urban bus journey experience [J]. Transport policy，14（4）：283-292.

SUI D，2012. Looking through Hägerstrand's dual vistas：towards a unifying framework for time geography [J]. Journal of transport geography，23（7）：5-16.

SUSILO Y O，KITAMURA R，2005. Analysis of day-to-day variability in an individual's action space：exploration of 6-week mobidrive travel diary data [J]. Transportation research record：journal of the transportation research

board, 1902 (1): 124-133.
TAJFEL H, TURNER J C, 1986. The social identity theory of intergroup behavior [M] //WORCHEL S, AUSTIN W G. Psychology of intergroup relations. Chicago: Nelson-Hall Publishers.
TAN Y M, KWAN M P, CHAI Y W, 2017. Examining the impacts of ethnicity on space-time behavior: evidence from the city of Xining, China [J]. Cities, 64: 26-36.
TELLES E E, 1992. Residential segregation by skin color in Brazil [J]. American sociological review, 57 (2): 186-197.
THRIFT N, 1977. Time and theory in human geography: part I [J]. Progress in human geography, 1 (1): 65-101.
TIMMERMANS H, ARENTZE T, JOH C, 2002. Analysing space-time behaviour: new approaches to old problems [J]. Progress in human geography, 26 (2): 175-190.
TIMMERMANS H, GOLLEDGE R G, 1990. Applications of behavioural research on spatial problems I: cognition [J]. Progress in human geography, 14 (1): 311-354.
TOBLER W, 1970. A computer movie simulating urban growth in the Detroit region [J]. Economic geography, 46 (2): 234-240.
TOOMET O, SILM S, SALUVEER E, et al, 2012. Where do ethnic groups meet? Copresence at places of residence, work, and free-time [EB/OL]. (2012-07-22) [2017-03-10]. http: //www. obs. ee/siim/Segregation domains. pdf.
TÖRNQVIST E, SIGHOLM J, NADJM-TEHRANI S, 2009. Hastily formed networks for disaster response: technical heterogeneity and virtual pockets of local order [R]. Gothenburg: The 6th International ISCRAM Conference (ISCRAM 2009).
TROPED P J, WILSON J S, MATTHEWS C E, et al, 2010. The built environment and location-based physical activity [J]. American journal of preventive medicine, 38 (4): 429-438.
UMEMOTO K, SPENCER J, MIAO T A, et al, 2012. Disproportionate minority contact in the Hawaii juvenile justice system [EB/OL]. (2012-05-16) [2017-03-10]. http: //www. americanbar. org/content/dam/aba/administrative/diversity/Umemoto. authcheckdam. pdf.
URRY J, 2007. Mobilities [M]. Cambridge: Polity Press.
VALLÉE J, CADOT E, GRILLO F, et al, 2010. The combined effects of activity space and neighbourhood of residence on participation in preventive health-care activities: the case of cervical screening in the Paris

metropolitan area (France) [J]. Health & place, 16 (5): 838-852.
VAN KEMPEN R, 2007. Divided cities in the 21st century: challenging the importance of globalisation [J]. Journal of housing and the built environment, 22 (1): 13-31.
VAN KEMPEN R, MURIE A, 2009. The new divided city: changing patterns in European cities [J]. Tijdschrift voor economische en sociale geografie, 100 (4): 377-398.
VAN KEMPEN R, ÖZUEKREN A S, 1998. Ethnic segregation in cities: new forms and explanations in a dynamic world [J]. Urban studies, 35 (10): 1631-1656.
VAN WEESEP J, VAN KEMPEN R, 1992. Economic change, income differentiation and housing: urban response in the Netherlands [J]. Urban studies, 29 (6): 979-990.
VROTSOU K, FORSELL C, COOPER M, 2010. 2D and 3D representations for feature recognition in time geographical diary data [J]. Information visualization, 9 (4): 263-276.
WANG D G, CHAI Y W, 2009. The jobs-housing relationship and commuting in Beijing, China: the legacy of Danwei [J]. Journal of transport geography, 17 (1): 30-38.
WANG D G, CHAI Y W, LI F, 2011. Built environment diversities and activity-travel behaviour variations in Beijing, China [J]. Journal of transport geography, 19 (6): 1173-1186.
WANG D G, LI F, 2016. Daily activity space and exposure: a comparative study of Hong Kong's public and private housing residents' segregation in daily life [J]. Cities, 59: 148-155.
WANG D G, LI F, CHAI Y W, 2012. Activity spaces and sociospatial segregation in Beijing [J]. Urban geography, 33 (2): 256-277.
WANG D G, LIN T, 2013. Built environments, social environments, and activity-travel behavior: a case study of Hong Kong [J]. Journal of transport geography, 31: 286-295.
WANG Q, ŠTRKALJ G, SUN L, 2003. On the concept of race in Chinese biological anthropology: alive and well [J]. Current anthropology, 44 (3): 403.
WARD D, 2010. The internal spatial structure of immigrant residential districts in the late nineteenth century [J]. Geographical analysis, 1 (4): 337-353.
WEBER J, KWAN M P, 2002. Bringing time back in: a study on the influence of travel time variations and facility opening hours on individual

accessibility [J]. The professional geographer, 54 (2): 226-240.

WEISKOPF D, ENGEL K, ERTL T, 2003. Interactive clipping techniques for texture-based volume visualization and volume shading [J]. IEEE transactions on visualization and computer graphics, 9 (3): 298-312.

WEISKOPF N, VEIT R, ERB M, et al, 2003. Physiological self-regulation of regional brain activity using real-time functional magnetic resonance imaging (FMRI): methodology and exemplary data [J]. NeuroImage, 19 (3): 577-586.

WEISS L, OMPAD D, GALEA S, et al, 2007. Defining neighborhood boundaries for urban health research [J]. American journal of preventive medicine, 32 (6): 154-159.

WHITE M J, 1983. The measurement of spatial segregation [J]. American journal of sociology, 88 (5): 1008-1018.

WHITE M J, 1986. Segregation and diversity measures in population distribution [J]. Population index, 52 (2): 198-221.

WIDÉN N J, MOLIN A, ELLEGÅRD K, 2012. Models of domestic occupancy, activities and energy use based on time-use data: deterministic and stochastic approaches with application to various building-related simulations [J]. Journal of building performance simulation, 5 (1): 27-44.

WIEHE S E, HOCH S C, LIU G C, et al, 2008. Adolescent travel patterns: pilot data indicating distance from home varies by time of day and day of week [J]. Journal of adolescent health, 42 (4): 418-420.

WIEHE S E, KWAN M P, WILSON J, et al, 2013. Adolescent health-risk behavior and community disorder [J]. PLoS One, 8 (11): 1-7.

WILSON W J, 1984. The black underclass [J]. The wilson quarterly, 8 (2): 88-99.

WISSINK B, SCHWANEN T, VAN KEMPEN R, 2016. Beyond residential segregation: introduction [J]. Cities, 59: 126-130.

WOLPE H, 1972. Capitalism and cheap labour-power in South Africa: from segregation to apartheid [J]. Economy and society, 1 (4): 425-456.

WOLPERT J, 1965. Behavioral aspects of the decision to migrate [J]. Papers of the regional science association, 15 (1): 159-169.

WONG D W S, 1993. Spatial indices of segregation [J]. Urban studies, 30 (3): 559-572.

WONG D W S, 1999. Geostatistics as measures of spatial segregation [J]. Urban geography, 20 (7): 635-647.

WONG D W S, 2002. Modeling local segregation: a spatial interaction approach [J]. Geographical and environmental modelling, 6 (1): 81-97.

WONG D W S, 2003. Implementing spatial segregation measures in GIS [J]. Computers, environment and urban systems, 27 (1): 53-70.

WONG D W S, 2004. Comparing traditional and spatial segregation measures: a spatial scale perspectivel [J]. Urban geography, 25 (1): 66-82.

WONG D W S, SHAW S L, 2011. Measuring segregation: an activity space approach [J]. Journal of geographical systems, 13 (2): 127-145.

WRZUS C, HÄNEL M, WAGNER J, et al, 2013. Social network changes and life events across the life span: a meta-analysis [J]. Psychological bulletin, 139 (1): 53-80.

WYLY E K, 1999. Continuity and change in the restless urban landscape [J]. Economic geography, 75 (4): 309-338.

YAO S J, LOO B P Y, LAM W W Y, 2015. Measures of activity-based pedestrian exposure to the risk of vehicle-pedestrian collisions: space-time path vs. potential path tree methods [J]. Accident analysis & prevention, 75: 320-332.

YIN L, SHAW S L, 2015. Exploring space-time paths in physical and social closeness spaces: a space-time GIS approach [J]. International journal of geographical information science, 29 (5): 742-761.

YIN L, SHAW S L, YU H B, 2011. Potential effects of ICT on face-to-face meeting opportunities: a GIS-based time-geographic approach [J]. Journal of transport geography, 19 (3): 422-433.

YINGER J, 1995. Closed doors, opportunities/lost: the continuing costs of housing discrimination [M]. New York: Russell Sage Foundation.

YONG LEE J, KWAN M P, 2011. Visualisation of socio-spatial isolation based on human activity patterns and social networks in space-time [J]. Tijdschrift voor economische en sociale geografie, 102 (4): 468-485.

YOON S Y, DEUTSCH K, CHEN Y L, et al, 2012. Feasibility of using time-space prism to represent available opportunities and choice sets for destination choice models in the context of dynamic urban environments [J]. Transportation, 39 (4): 807-823.

ZHAO J F, FORER P, HARVEY A S, 2008. Activities, ringmaps and geovisualization of large human movement fields [J]. Information visualization, 7 (3): 198-209.

ZHAO Y, CHAI Y W, 2013. Residents' activity-travel behavior variation by communities in Beijing, China [J]. Chinese geographical science, 23 (4): 492-505.

ZHOU S H, DENG L F, KWAN M P, et al, 2015. Social and spatial differentiation of high and low income groups' out-of-home activities in Guangzhou, China [J]. Cities, 45: 81-90.
ZUBRINSKY-CHARLES C, 2001. Processes of residential segregation [M] // O'CONNOR A, TILLY C, BOBO L D. Urban inequality: evidence from four cities. New York: Russell Sage Foundation.

图表来源

图 2-1 源自：笔者根据 SMEEDING T M，GRODNER A，2000. Changing income inequality in OECD countries：updated results from the Luxembourg income study（LIS）［M］//HAUSER R，BECKER I. The personal distribution of income in an international perspective. Berlin：Springer Berlin：205-224 绘制.

图 2-2 源自：顾朝林，2002. 城市社会学［M］. 南京：东南大学出版社.

图 2-3 源自：LUCAS K，2012. Transport and social exclusion：where are we now［J］. Transport policy，20：105-113.

图 2-4 源自：柴彦威，肖作鹏，刘志林，2011. 基于空间行为约束的北京市居民家庭日常出行碳排放的比较分析［J］. 地理科学，31（7）：843-849.

图 2-5 源自：张艳，柴彦威，郭文伯，2014. 北京城市居民日常活动空间的社区分异［J］. 地域研究与开发，33（5）：65-71.

图 3-1 源自：PERSSON O，ELLEGÅRD K，2012. Torsten Hägerstrand in the citation time web［J］. The professional geographer，64（2）：250-261.

图 3-2 源自：KWAN M P，1999. Gender，the home-work link，and space-time patterns of nonemployment activities［J］. Economic geography，75（4）：370-394.

图 3-3 源自：DEMŠAR U，VIRRANTAUS K，2010. Space-time density of trajectories：exploring spatio-temporal patterns in movement data［J］. International journal of geographical information science，24（10）：1527-1542.

图 4-1 源自：俞路，赵永全，2007. 人口分布、隔离指数及其地理视角：以上海市外来人口分布为例［J］. 人口与发展，13（3）：1-8.

图 5-1 源自：西宁市历次规划现状图（1954 年、1981 年、1955 年、2001 年）.

图 5-2 源自：魏明洁，艾少伟，陈肖飞，2013. 城市清真寺周边商业环境的空间区位分析：以青海西宁东关大寺为例［J］. 经济地理，33（2）：90-96.

图 6-1 源自：柴彦威，谭一洺，2017. 中国西部城市居民时空间行为特征研究：以西宁市为例［J］. 人文地理，32（4）：37-44.

图 6-4 源自：柴彦威，谭一洺，2017. 中国西部城市居民时空间行为特征研究：以西宁市为例［J］. 人文地理，32（4）：37-44.

图 7-5 源自：谭一洺，柴彦威，王小梅，2017. 时间地理学视角下西宁城市回族居民时空间行为分析［J］. 地域研究与开发，36（5）：164-168，174.

图 8-2 源自：谭一洺，柴彦威，关美宝，2017. 地理背景对时空行为分析的影响及其空间分异：基于西宁市的实证研究［J］. 城市发展研究，24

(3)：22-30.

图 8-3 源自：谭一洺，柴彦威，关美宝，2017. 地理背景的不确定性对时空行为模式分析的影响：基于西宁市的实证研究［J］. 地理学报，72（4）：657-670.

图 9-2、图 9-3 源自：WONG D W S，2002. Modeling local segregation：a spatial interaction approach［J］. Geographical and environmental modelling，6（1）：81-97.

表 2-1 源自：ICELAND J，WEINBERG D H，2002. Racial and ethnic residential segregation in the United States：1980-2000［R］. New York：Bureau of Census.

表 7-7 源自：谭一洺，柴彦威，王小梅，2017. 时间地理学视角下西宁城市回族居民时空间行为分析［J］. 地域研究与开发，36（5）：164-168，174.

注：其余未提及图表均为笔者或团队自制。

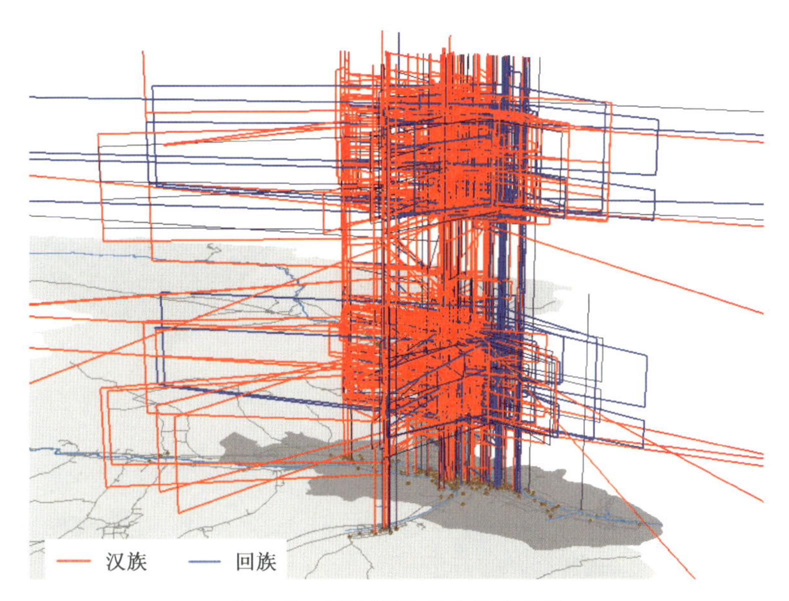

图 6-3　居民连续 48 h 时空路径

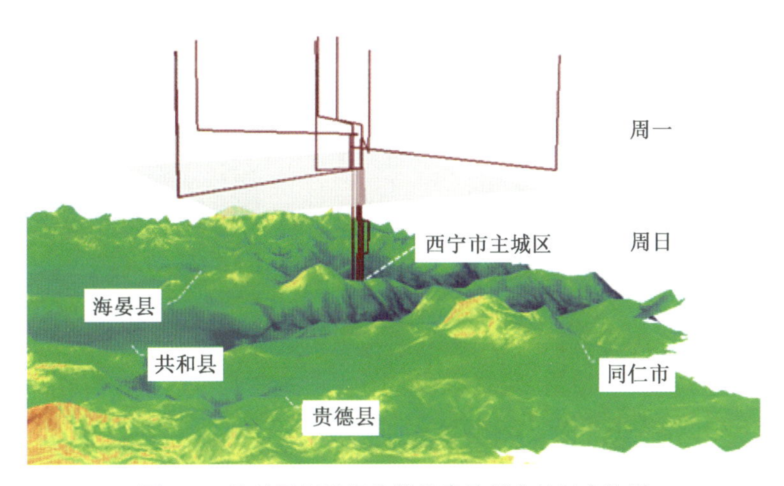

图 6-4　跨地区通勤行为的代表性样本的时空路径

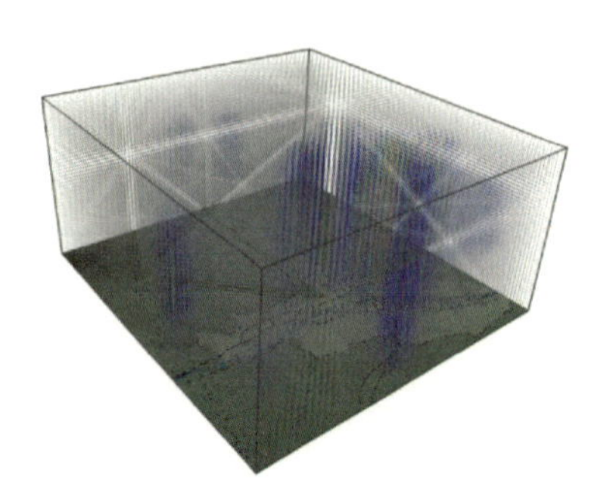

(a) 活动密度时空箱

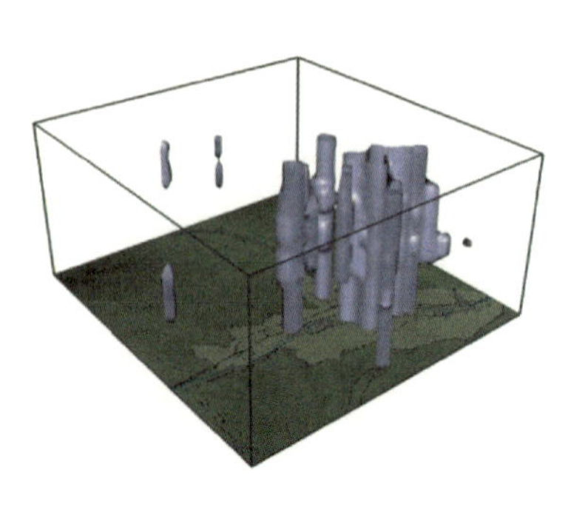

(b) 活动地时空密度等值面

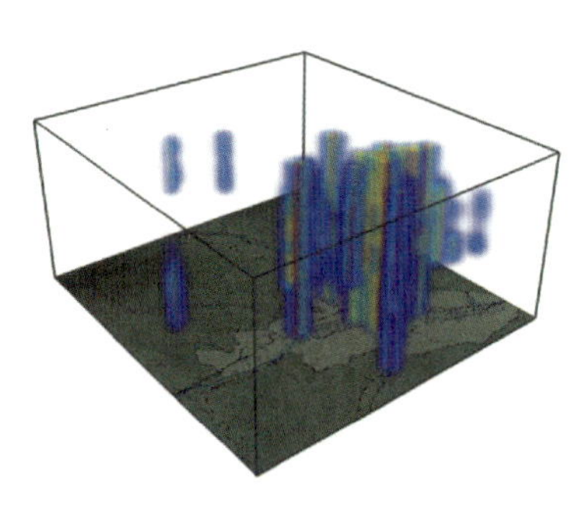

(c) 活动点时空密度渲染

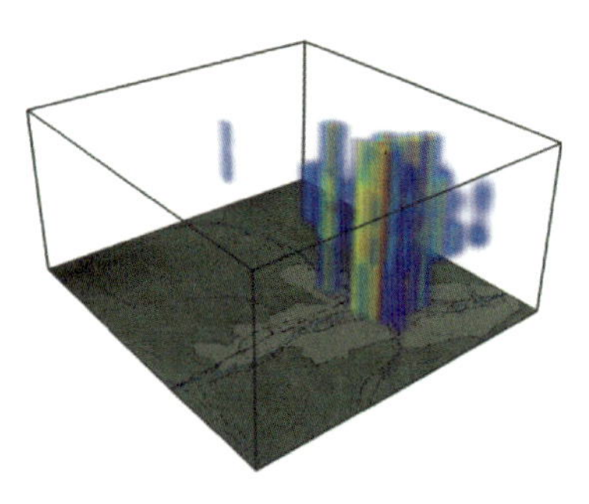

(d) 城区东部地区时空密度体渲染

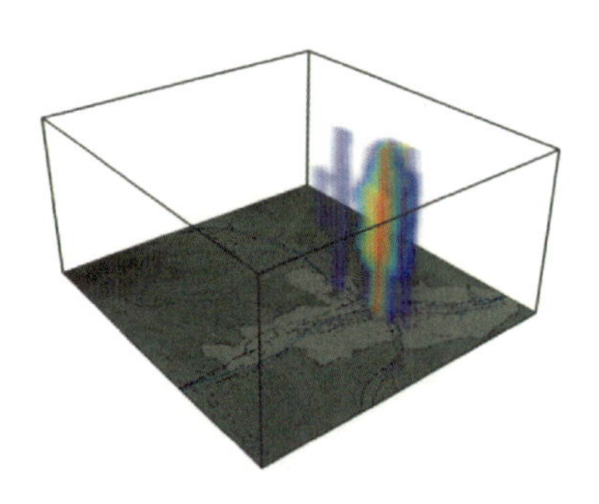

(e) 沿城市南北干道的活动时空密度视切面（观测视角 1）

(f) 沿城市南北干道的活动时空密度视切面（观测视角 2）

图 6-5　居民活动密度的时空密度可视化

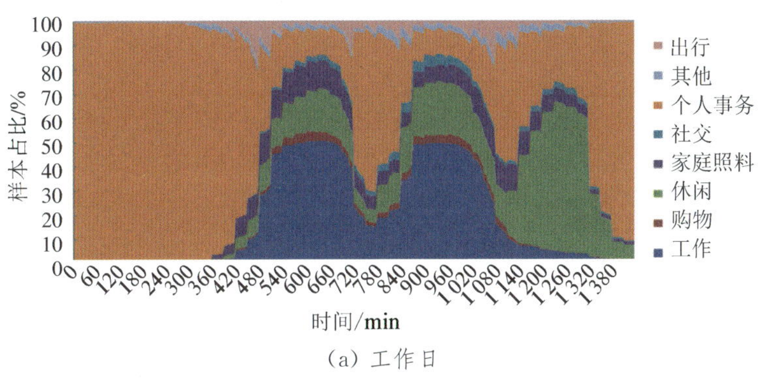

(a) 工作日

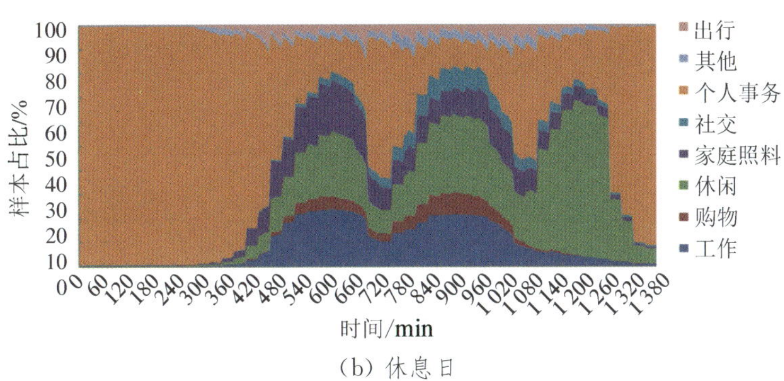

(b) 休息日

图 6-6　居民工作日与休息日的时间节奏

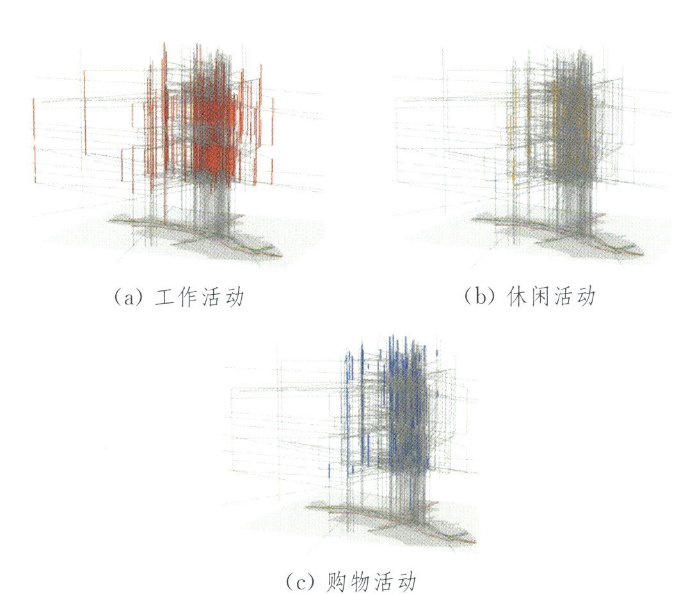

(a) 工作活动　　(b) 休闲活动

(c) 购物活动

图 6-7　工作日不同类型活动的时空分布

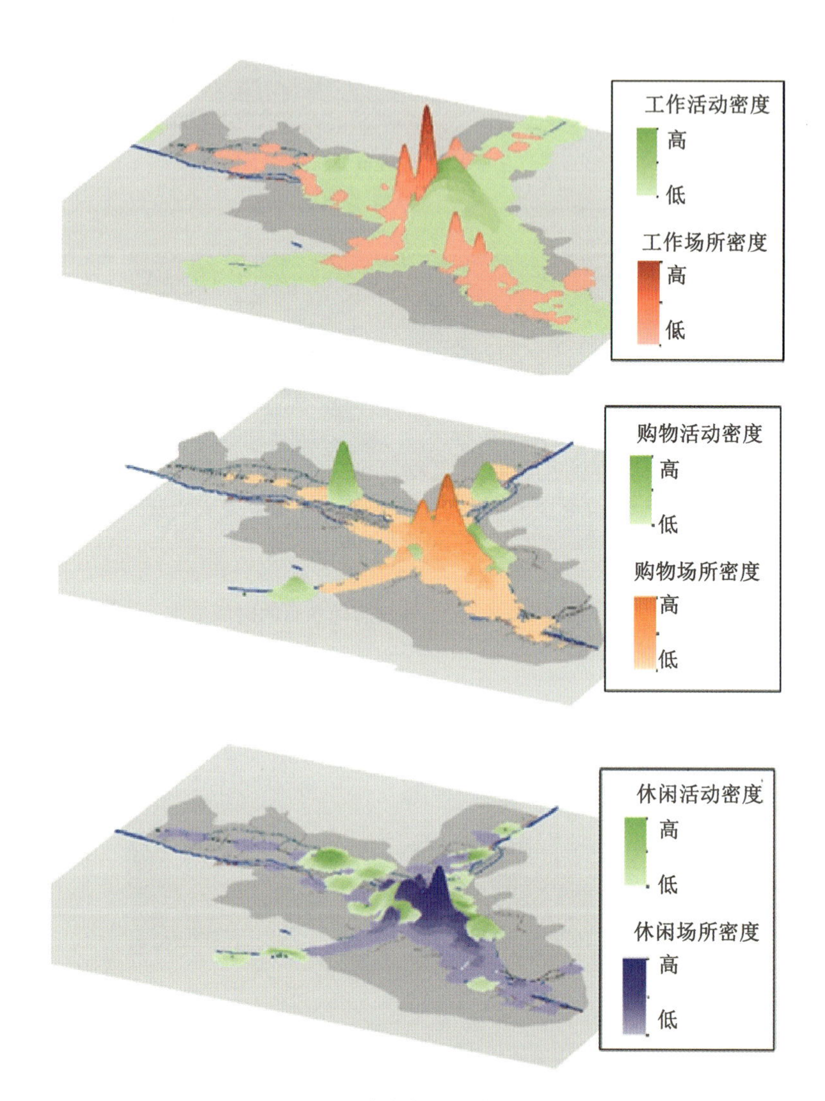

图 6-8　居民活动地点与城市设施匹配情况

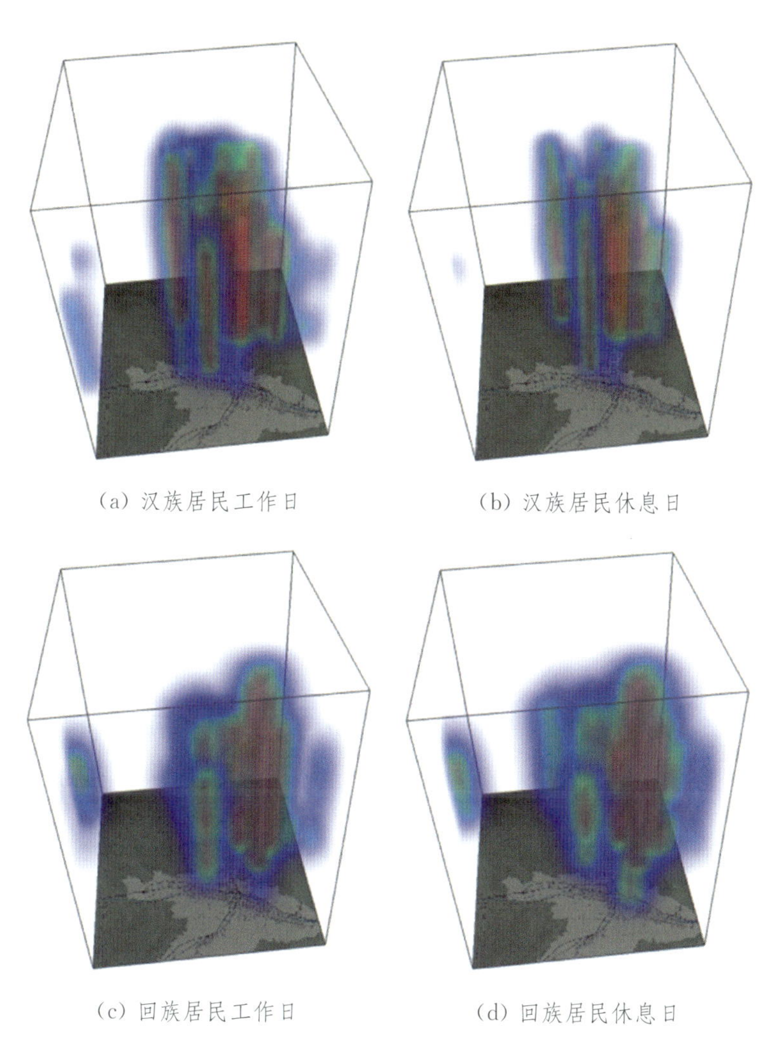
(a) 汉族居民工作日
(b) 汉族居民休息日
(c) 回族居民工作日
(d) 回族居民休息日

图 7-6　工作日、休息日居民家外活动的时空密度与民族差异

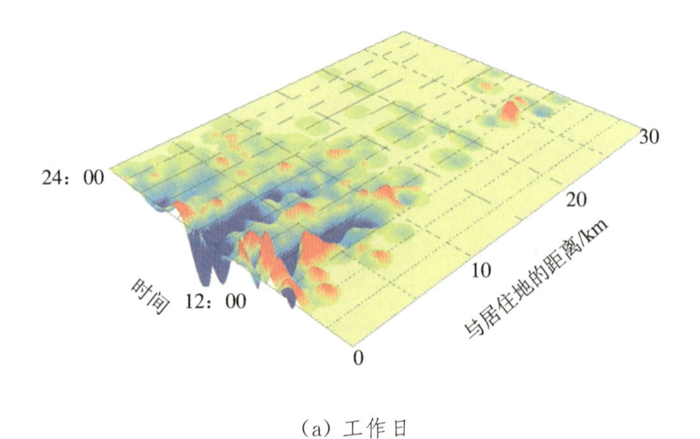

（a）工作日

（b）休息日

图 7-7　工作日、休息日的汉族与回族居民活动密度表面

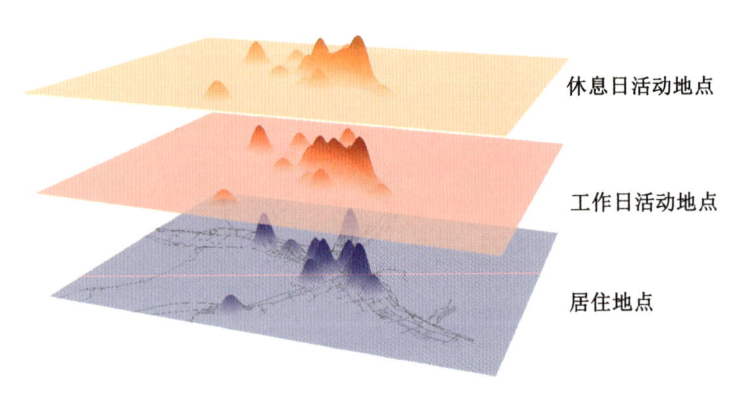

图 8-3　活动地点与居住地点的空间分布及其日间差异

本书作者

谭一洺，辽宁阜新人，北京大学人文地理学博士。中山大学地理科学与规划学院副教授。主要研究方向为城市地理学、时间地理学、城市社会空间等。在《城市研究》（*Urban Studies*）、《城市》（*Cities*）、《人口、空间与地方》（*Population, Space and Place*）、《地理学报》《地理研究》等国内外核心期刊上发表论文30余篇，主持国家自然科学基金面上项目、青年项目，广州市社会科学联合会“羊城青年学人”资助研究项目等。论文曾获得北京大学优秀博士学位论文。